Dragana Thibaut

AVES

edition winterwork

Bibliografische Informationen der Deutschen Nationalbibliothek:
Die Deutsche Nationalbibliothek verzeichnet diese Publikation in der Deutschen Nationalbibliografie. Detaillierte bibliografische Daten im Internet über http://www.d-nb.de abrufbar.

Nachdruck oder Vervielfältigung nur mit Genehmigung des Verlages gestattet. Verwendung oder Verbreitung durch unautorisierte Dritte in allen gedruckten, audiovisuellen und akustischen Medien ist untersagt. Die Textrechte verbleiben beim Autor, dessen Einverständnis zur Veröffentlichung hier vorliegt. Für Satz- und Druckfehler keine Haftung.

Impressum

Dragana Thibaut, »AVES«
www.edition-winterwork.de
© 2015 edition winterwork
Alle Rechte vorbehalten.
Satz: Dragana Thibaut
Umschlag: Dragana Thibaut
Lektorat: Birgit Rentz, www.fehlerjaegerin.de
Zeichnungen: Christiane Multhaup
Druck und Bindung: winterwork Borsdorf

ISBN 978-3-96014-030-6

Dragana Thibaut

AVES

Vorwort

„Gib Dich nur mit Menschen ab, die Dir guttun."

Ich bin dankbar, von so viel lieben Menschen umgeben zu sein.

Namen der Figuren

Adal Wela
Beer Ben
Beer Sandra
Begrun Alek
Bender Anni
Bender Eleonora
Bender Paul
Boniki Tara
Bonnet Leo
Dorin Belar
Eres Ganeese
Forin Guiseppe
Frant Lonn
Indo Granada
Kanter Bastian
Korin Anees
Lakes Ares
Lakes Gade
Lakes Lent
Los Barbara
Mon Sakkara
Nadel Lars
Oris Eirik
Oris Lore
Oris Okor
Sommer Gertrud

Inhalt

A wie Augenblicke 7

V wie Vögel 25

E wie Eirik 48

S wie Sicherheit 84

A wie Avesreich 141

V wie Verlangen 153

E wie Erkenntnis 181

S wie Schluss 234

A wie Anfang 284

A wie Augenblicke

Ich muss sie finden! Wo kann sie nur sein? Ich hoffe, in unserer Hütte. Dort, wo alles zwischen uns begann. Ich liebe sie so sehr! Wenn ihr etwas zustoßen würde ... Ich darf gar nicht daran denken ... Nein! Ich werde sie retten, so wie damals ...
Der Tacho zeigt konstant 190 Stundenkilometer.
Ich sollte langsamer fahren, das ist lebensgefährlich. Nein! Ich muss so schnell wie möglich zur Hütte.
Es regnet so stark, dass das Wasser bereits auf dem Asphalt stehen bleibt. Nur zu gut weiß Dr. Paul Bender, welch schlimme Unfälle durch Aquaplaning passieren. Er hat lange genug auf der Unfallstation einer Universitätsklinik gearbeitet. Manche Bilder, die er dort zu sehen bekam, verfolgen ihn noch heute, und das, obwohl es schon mehr als fünf Jahre zurückliegt.
Heute vor fünf Jahren hat er seine große Liebe Anni geheiratet. Heute vor fünf Jahren hat er sein Namensschild an der Praxistür befestigt. Heute vor acht Jahren hat er seiner Anni in den Bergen das Leben gerettet. Es war Zufall gewesen ...

Er war allein beim Wandern. Als er Rast machte, hörte er einen Schrei. Einen Schrei, der durch Mark und Bein ging. Dann kamen Hilferufe. Hilferufe einer Frau. Hilferufe seiner Anni.
Das wusste er da jedoch noch nicht. Er folgte den Rufen und fand eine Frau, wie sie am Abgrund hing und sich mit letzter Kraft an einer hervorstehenden Baumwurzel

festhielt. Er überlegte nicht lange. Sofort nahm er seinen Rucksack ab, öffnete einen Gurt und band diesen an einen Baum. Das andere Gurtende wickelte er um seine Hand und hielt sich fest. Er beugte sich vor und ergriff die Hand der Frau.

Er brauchte all seine Kraft, um sie hochzuziehen. Er schaffte es.

Keuchend lagen sie nebeneinander auf dem Felsen, sich dessen bewusst, dass beide ihr Leben hätten verlieren können.

Dann drehten sie ihre Köpfe zueinander. Das war er. Der Augenblick. Der Augenblick ihrer gefundenen Liebe. Sie spürten es beide. Instinktiv fingen sie an zu lachen und ihre Hände fanden sich und ließen einander nicht mehr los.

Die folgenden drei Jahre waren ein Traum. Beide konnten ihr Glück nicht fassen. Sie zogen zusammen und jeder ging seinem Beruf nach. Beide konnten sich verwirklichen, ohne den anderen einzuschränken oder zu verlieren. Anni eröffnete ihr eigenes Fotostudio. Sie war eine beliebte Fotografin. Paul arbeitete weiter im Krankenhaus. Bis zu dem Moment, als er das Angebot bekam, in eine Gemeinschaftspraxis einzusteigen. Am gleichen Tag machte Paul seiner Anni einen Heiratsantrag. Alles lief perfekt. In ihrer Hochzeitsnacht beschlossen sie, eine Familie zu gründen. Aber es klappte einfach nicht. Anfangs machten sie sich keinen Stress. Doch als Monat um Monat verging und auch Jahr um Jahr ins Land zog und es immer noch nicht sein sollte, wuchsen der Wunsch und der Druck. Zuerst ließ sich Paul testen. Da war alles okay. Danach unterzog sich Anni einer eingehenden Untersuchung. Das Ergebnis war schockierend. Ihr Uterus war voller Myome, was eine natürliche Schwangerschaft fast unmöglich machte.

Es folgten grauenhafte Monate, die vollgestopft waren mit verschiedenen Operationen bis hin zur künstlichen Befruchtung – der letzte Versuch hatte vor zwei Wochen stattgefunden.

Paul hatte sich heute einen halben Tag freigenommen. Im Blumengeschäft gegenüber der Praxis kaufte er zum Hochzeitstag acht langstielige rote Rosen. Damit wollte er sich für jedes Annijahr bedanken. Als er jedoch nach Hause kam, war keine Anni da. Alles war aufgeräumt, wie immer. Bis auf das Bad. Sämtliche Medikamente, die sie in den letzten Jahren einnehmen musste, lagen im Bad verstreut, dazwischen Duzende benutzter Papiertaschentücher.

Sie muss wohl ihre Periode haben, das heißt, wieder nicht schwanger.

Dies war Pauls einzige Schlussfolgerung. Im Schlafzimmer stand die Schranktür offen. Einige von Annis Kleidern fehlten und die große Reisetasche war auch weg. Er wusste nicht, wo er nach ihr suchen sollte. Dann kam ihm die Idee. Er rannte in den Keller und stellte fest, dass auch Annis Wanderschuhe fehlten. Das war ein Hinweis. Sie musste wohl zur Hütte gefahren sein.

Ein lautes Hupen reißt ihn aus seinen Gedanken.

Verdammt! Ich muss mich auf den Verkehr konzentrieren.

Mit dem Handrücken wischt sich Paul die Tränen weg, die in seinen Augen brennen.

Oh, Anni! Bitte mach keine Dummheit! Bitte, Anni! Gib uns die Chance, diese Hürde gemeinsam zu bestehen. Anni, ich liebe dich! Anni, ich komme! Anni, ich rette dich! Heute wie vor acht Jahren.

Paul biegt rechts ab, auf den Parkplatz. Er stellt das Auto ab.

Mist! Annis Auto ist nicht da. Vielleicht hat sie auf dem Westparkplatz geparkt.

Er steigt aus. Zieht die Jacke enger an sich und schließt den Reißverschluss. Er geht zum Kofferraum. Nimmt seinen Rucksack und die Arzttasche.

Bitte, Anni, hoffentlich brauche ich diese Tasche gar nicht.

Er schaut hinauf zur Hütte.

In zwanzig Minuten bin ich bei dir. Anni, bitte sei da!

Der Regen prasselt auf ihn nieder und der Wind peitscht ihm Blätter und kleine Äste ins Gesicht. Doch er lässt sich nicht beirren. Stramm folgt er dem Weg. Dem Weg zu Anni. Die letzten Meter rennt er. Rennt zur Hütte. Rennt zur Tür. Er drückt die Türklinke herunter, doch die Tür bleibt verschlossen.

„Anni, Anni!", schreit er. Doch hinter der Tür bleibt es stumm.

Der Schlüssel.

Er sucht seine Jackentaschen und seine Hosentaschen ab.

Oh nein, ich habe den Schlüssel vergessen. Anni, wo bist du?

Er lehnt sich mit dem Rücken gegen die Tür und lässt sich langsam nach unten gleiten. Sein Gesicht ist schmerzverzerrt, es kommt jedoch kein Ton aus seiner Kehle. Am Boden angekommen, legt er das Gesicht in seine Hände. Die Hände sind kalt und seine Wangen brennen vor Tränen. Eine starke Windböe wirbelt kleine Kieselsteine auf ihn. Er öffnet die Augen und dreht den Kopf nach rechts Richtung Veranda.

Dort. Dort steht Annis Tasche.
Er springt auf. Holt Luft. Rennt zu Annis Tasche.
„Anni!", ruft er aus vollem Leib. „Anni, wo bist du?"
Die Tasche, die Tasche ist da! Anni muss auch da sein. Nur wo?
Hektisch wendet er sich in alle Richtungen. Aber er kann sie nirgends sehen. Genau genommen sieht er so gut wie gar nichts. Er rennt aufs freie Feld. Der Sturm ist mittlerweile fast ein Orkan und die Regentropfen sind so stark, dass sie auf der Haut schmerzen.
„Anni!", ruft er erneut.
Nichts. Er sieht und hört nichts.
Die Stelle, ich muss zu der Stelle, an der ich sie heute vor acht Jahren gerettet habe.
Bei guten Bedingungen braucht er eine Stunde. Bei diesem Sturm und dem Regen wird es jedoch länger dauern. Seinen Rucksack trägt er noch, aber die Arzttasche steht neben Annis Tasche. Er zögert. Er wäre schneller ohne Arzttasche. Aber er hat Sorge, dass Anni vielleicht verletzt ist. Also rennt er zurück, holt die Arzttasche und spurtet los.
Anni, ich komme. Anni, ich rette dich. Anni, gleich bin ich da. Anni, ich brauche dich. Anni, bitte halte durch. Anni, oh Anni!
Unermüdlich kämpft Paul gegen das Wetter an und steigt den schmalen Pfad hinauf. Er kommt nur schwer voran, doch er gibt nicht auf. Nein, er kämpft mit all seiner Kraft. Mittlerweile hat sich auf dem Pfad ein kleiner Fluss gebildet, doch Paul stapft weiter, immer weiter. Es wird dunkler. Der Wind wird noch stärker. Plötzlich erwischt ihn unerwartet eine Windböe. Diese ist so stark, dass sie ihn umwirft. Paul fällt hin. Er fällt auf die Knie und auf die

Handflächen. Ein tiefer Schmerz durchzuckt ihn. Er hebt seine Hände. Seine rechte Hand blutet stark. Ein tiefer Schnitt. Er muss wohl auf ein scharfkantiges Felsstück gefallen sein. Das Blut und der Regen vermischen sich auf seiner Hand. Er sieht fast nichts, versucht sich zu orientieren.

Wo bin ich? Wie weit ist es noch bis zu Anni? Da hinten ist die Bärenhöhle. Der erste Aussichtspunkt. Von dort ist es noch eine halbe Stunde.

Anni, ich komme!

Er holt ein Stofftaschentuch aus seiner Jacke und bindet es sich um die blutende Hand. Dann setzt er seinen Weg fort.

Mist! Ich muss mir einen Druckverband machen. Das Tuch reicht nicht und die Wunde hört nicht auf zu bluten. Auf der Bank vor der Höhle kann ich meinen Arztkoffer gut abstellen, um nach einem Verband zu suchen. Mist!

Er hebt den Kopf, um nach der Bank Ausschau zu halten. Dort! Dort sitzt jemand! Ein Häufchen Elend. Zusammengekauert. Das Gesicht in den Knien vergraben.

Anni. Das ist Anni, kein Zweifel! Sie lebt!

„Anni!", ruft Paul und rennt los.

Sie hebt den Kopf. Von Weitem sind ihre verquollenen Augen zu erkennen. Als sie Paul sieht, überkommt sie ein weiterer Heulkrampf. „Paul, oh Paul. Wir werden nie ein eigenes Kind haben. Ich wünsche mir nichts sehnlicher als ein Kind mit dir!", schreit sie verzweifelt.

Paul kniet sich vor Anni hin, zieht sie zu sich runter und umarmt sie. „Sch sch sch, alles wird gut, Anni. Jetzt, wo ich dich wiederhabe, wird alles gut. Ich liebe dich, Anni. Wir kriegen das hin. Das verspreche ich dir, aber bitte lass mich nie wieder allein."

Er wiegt sie wie ein kleines Kind und sie vergessen alles um sich herum. Den Wind, den Regen, die Kälte – sie spüren nur sich und ihre Liebe. Und die Traurigkeit darüber, dass sie nie ein eigenes Kind haben werden. Eine halbe Ewigkeit verharren sie in dieser Position. Irgendwann lässt der Wind nach. Der Regen bleibt jedoch.

„Anni, Anni, lass uns in unsere Hütte gehen", schlägt Paul vor. „Wir erkälten uns hier noch."

Anni nickt und steht auf.

Plötzlich hören sie einen Schrei. Und noch einen. Es ist eine Frauenstimme. Wieder. Und wieder.

„Da ist jemand in Not", sagt Anni und wischt sich die Nase mit dem nassen Ärmel ab.

„Das kam aus der Höhle, oder?" Paul schaut Anni fragend an.

Dann hören sie den nächsten Schrei. Ja, es kommt aus der Höhle. Anni fasst ihren Mann an der Hand, damit dieser leichter aufstehen kann. Sein Rucksack und seine Arzttasche hängen noch an ihm. Dann bemerkt sie das Tuch zwischen ihren Händen.

„Du blutest ja." Erschrocken schaut sie ihn an.

„Halb so wild. Es blutet schon weniger." Prüfend schaut Paul seine Hand an.

Da ertönte wieder ein Schrei.

„Lass uns nachschauen, was da passiert ist."

Sie gehen in die Höhle. Alles ist dunkel.

„Hallo, wo sind Sie?", ruft Paul. Doch es kommt keine Antwort.

Sie gehen tiefer in die Höhle. Langsam gewöhnen sich ihre Augen an die Dunkelheit. Bald hören sie ein leises Stöhnen.

„Da stimmt was nicht, Anni. Wenn wir die Person hören können, müsste sie uns auch rufen hören. Ich weiß nicht, warum sie uns keine Antwort gibt. Bitte bleib hinter mir."

„Hallo, wo sind Sie?", ruft Paul erneut. „Brauchen Sie Hilfe? Ich bin Arzt, ich kann Ihnen helfen."

Wieder hören sie ein Stöhnen. Als sie langsam weitergehen, wird es heller. Ein schwaches Licht dringt zu ihnen in die Höhle. Als sie um die Ecke biegen, trauen sie ihren Augen nicht. Eine Frau. Hochschwanger liegt sie auf einer Art Bett. Unter ihr breitet sich eine riesige Blutlache aus. Erhellt wird die Höhle durch Fackeln, die an der Felswand hängen. Eine Schüssel mit dampfendem Wasser steht bereit, daneben liegen Tücher. Erschrocken blickt die Frau Anni und Paul an.

„Keine Angst! Wir helfen Ihnen, ich bin Arzt." Paul spricht mit möglichst ruhiger Stimme und begibt sich gleich zu dieser Frau. Anni bleibt wie angewurzelt stehen.

„Wie heißen Sie?", fragt Paul.

„Sakkara. Sakkara aus der Linie Mon", antwortet die Frau, bevor sich ihre Augäpfel nach innen drehen und sie wieder schmerzerfüllt aufschreit.

„Sakkara, hören Sie zu. Ich werde jetzt Ihr Kleid anheben und zwischen Ihre Beine schauen. Bitte erschrecken Sie nicht. Ich bin Arzt und will versuchen, Ihnen zu helfen."

„Sie sind ein Medizinmann?", bringt Sakkara kaum hörbar hervor.

„Ja, Sakkara. Darf ich nachsehen, was mit Ihrem Baby los ist?"

Sakkara nickt und schließt die Augen.

Paul rollt das Kleid langsam hoch. Es ist völlig blutgetränkt. Er sieht, dass bereits ein kleiner Fuß rausschaut.

Anni sieht es auch, jedoch kann sie sich aus ihrer Starre nicht lösen.

Mit einem Blick auf die Schüssel mit dem heißen Wasser fragt Paul: „Sakkara, wer ist noch hier?"

Sakkara schüttelt den Kopf. „Niemand", haucht sie.

„Dann höre mir zu: Mein Name ist Paul und dort drüben ist meine Frau Anni. Ich werde mir jetzt die Hände waschen, danach werde ich mir Handschuhe aus meinem Arztkoffer anziehen. Dann muss ich etwas tun, was dir sehr wehtun wird." Er wartet einen Moment, bevor er weiterspricht. „Sakkara, dein Baby liegt verkehrt herum und ein Fuß schaut bereits heraus. Ich muss diesen Fuß etwas zurückschieben und dann versuchen, den zweiten zu finden. Wenn ich beide Füße habe, brauche ich deine Hilfe. Du wirst pressen, wenn ich es dir sage, und dann holen wir dein Baby."

Sakkara blickt Paul direkt in die Augen, dann schaut sie zu Anni. Wie auf Kommando kommt Anni auf Sakkara zu. Sie nimmt ihre Hand. „Mein Mann ist ein guter Arzt", sagt sie, „und er ist ein guter Mensch. Vertraue ihm. Ich vertraue ihm auch."

Sakkara fasst Annis Hand, sie schließt die Augen. „So sei es." Mit diesen Worten übergibt sie sich ihrem Schicksal.

Paul wäscht sich die Hände. Er öffnet seinen Arztkoffer und holt seine Aidshandschuhe. Während er sie überstreift, lässt er Sakkara nicht aus dem Blick. Die Frau leidet Höllenqualen, das sieht er.

Anni streichelt der Frau über den Kopf. Dann holt sie eines der Tücher und macht es in dem Wasser nass. Sorgfältig wringt sie es aus und wischt damit den Schweiß von Sakkaras Stirn. „Wir sind bei dir", sagt sie immer wieder zu der Frau.

Paul tastet zuerst den Bauch der Frau ab.

Verdammt! Hoffentlich mache ich keinen Fehler. Ich habe noch nie eine gebärende Frau begleitet. Verdammt noch mal, für so etwas gibt es Gynäkologen. Ich muss mich zusammenreißen.

„Okay, Sakkara, ich weiß jetzt so ungefähr, wie das Baby liegt. Also fange ich jetzt an. Bitte sei stark. Wir schaffen das."

Paul versucht das Baby in Position zu rücken. Sakkara schreit. Sie schreit wieder und wieder. Tränen rinnen ihre Wangen hinunter. Sie schwitzt am gesamten Körper. Blut. Überall ist Blut. Auch Anni weint. Sie hält Sakkaras Hand so fest sie kann. Sie schaut zu ihrem Mann. Er ist hoch konzentriert. Noch ein Schrei.

„Sakkara, bei der nächsten Wehe presst du. Presse mit all deiner Kraft, während ich versuche, das Baby zu holen."

Es dauert einige Sekunden. Sekunden, die sich für Paul wie Jahre anfühlen. Er beobachtet Sakkaras Gesicht und versucht an ihren Gesichtszügen den Anmarsch der nächsten Wehe zu erkennen. Da kommt sie. Die Wehe. Sakkara presst. Das Baby kommt. Paul achtet darauf, wie die Arme liegen. Sie liegen eng am Körper des kleinen Wesens. Sakkara bäumt sich hoch.

Das Baby ist da.

Sakkara sackt nach hinten und atmet schwer. Das Baby ist leise. Es ist blau.

Paul fängt an, den kleinen Körper zu massieren. „Komm schon, Baby. Bitte hole Luft. Schau dir die Welt an. Komm schon, Baby." Er fleht.

Da. Das Baby schreit. Es schreit aus vollem Leib. Es schreit. Sakkara lacht und weint. Auch Anni und Paul lachen nun.

„Sakkara, das hast du toll gemacht. Ganz toll! Ich gratuliere dir zu einer wunderschönen Tochter." Paul legt das kleine, nackte, schreiende Bündel auf den Bauch seiner Mutter. Er holt eine Schere. „Anni, wie wär's, magst du die Nabelschnur durchtrennen?"

Anni schaut zu Sakkara. „Darf ich?"

Sakkara lächelt und nickt.

Paul reicht Anni die Schere. Anni strahlt ihren Mann an, nimmt die Schere und schneidet die Nabelschnur durch.

Paul ist zufrieden mit sich und seiner Arbeit. Er schaut zu Anni, wie sie und Sakkara das Baby bewundern. Er wickelt die Nachgeburt in ein Tuch, damit sie ins Krankenhaus gebracht werden kann. Er streift sich die Handschuhe ab und wäscht sich erneut die Hände in der Schüssel – das Wasser ist mittlerweile kalt. Langsam geht er hinüber zu Anni und legt einen Arm um sie. Anni schaut Paul direkt an und er schaut ihr in die Augen.

Ja, so ein kleiner Mensch ist was Traumhaftes.

Er schließt die Augen und küsst Anni auf die Stirn. Dabei saugt er Luft ein und lässt sie erst nach einiger Zeit wieder heraus.

Sakkara beobachtet die beiden.

„Ihr zwei wünscht euch ein Kind, nicht wahr?"

Anni kullern Tränen übers Gesicht. „Ja, Sakkara, aber es ist uns leider nicht vergönnt. Umso glücklicher bin ich nun, dass ich das Wunder des Lebens durch dich miterleben durfte." Sie streichelt die kleine Hand des Babys.

Paul räuspert sich.

„Sakkara, wir müssen reden, wie wir weiter vorgehen. Ich finde, du solltest in ein Krankenhaus gehen. Es sieht zwar alles gut aus, aber du hast doch recht viel Blut verloren."

Sakkaras Gesicht versteinert sich schlagartig. „Ich kann nicht in euer Krankenhaus gehen."

Paul runzelt besorgt die Stirn. „Willst du uns nicht sagen, was los ist? Ich meine, es ist schon alles etwas seltsam. Eine hochschwangere Frau allein in einer Höhle. Das ist wirklich sonderbar."

Sakkara schaut ins Leere. „Hm. Seltsam. Ja", sagt sie. „Aber langsam verstehe ich. Die Quelle des Lichts sagte mir: ‚Gehe in die Menschenwelt. Suche dir eine Höhle, und deine und Eleonoras Rettung wird kommen. Denke daran. Freud und Leid liegt immer sehr nah beieinander.'"

Anni und Paul versteifen sich. Sie blicken einander an.

Oh Gott, sie ist verrückt. Wahrscheinlich aus einer Anstalt ausgebrochen.

„Du brauchst Hilfe, Sakkara", versucht Paul so sanft wie möglich zu sagen.

Sakkara lächelt. „Ihr denkt, ich wäre verrückt. Das würde ich an eurer Stelle auch denken. Kommt mit, ich möchte euch etwas zeigen." Sie steht mit dem Bündel auf, schwankt kurz.

Anni legt stützend einen Arm um Sakkaras Taille. „Bitte nicht!", sagt sie. „Du bist zu schwach. Bitte setze dich wieder. Wir helfen dir."

Erneut lächelt Sakkara. Sie legt das Baby in Annis Arme.

Paul beobachtet, was geschieht.

Wie schade. Sie ist eine liebreizende Person. Dazu wirklich hübsch. Große, rote Locken. Grüne Augen und eine blasse Haut. Wobei – das liegt wahrscheinlich am Blutverlust.

Sakkara reicht Paul die Hand. „Bitte führe mich zum Ausgang der Höhle, ich möchte euch etwas zeigen."
Paul zögert.
„Bitte, Paul. Ich habe dir vorhin vertraut. Vertraue du nun auch mir."
Paul atmet schwer ein und aus, dann nickt er.
Sie gehen zum Ausgang der Bärenhöhle. Der Regen hat aufgehört. Kein Lüftchen weht mehr. Nur das Durcheinander der auf dem Boden liegenden Äste deutet auf das vorherige Unwetter hin. Die Sonne versucht bereits wieder durch die Wolken zu blinzeln.
Sakkara streckt sich. Ihr Kleid ist zwar voller Blut, doch ist zu erkennen, dass es von edlem, sonderbarem Stoff ist. Es wird oben an den Schultern durch zwei Klammern zusammengehalten. Sie holt tief Luft. „Endlich! Seit über neun Monaten konnte ich das nicht mehr tun." Sakkara lächelt und reicht Anni Pauls Hand. „Bitte erschreckt nicht. Das, was ihr nun seht, werdet ihr nicht verstehen – noch nicht."
Mit diesem Satz löst sie geschickt die beiden Klammern an ihrem Kleid. Es gleitet zur Erde und sie steht splitternackt da. Paul und Anni schauen sie mitleidig an. Sakkara geht in die Hocke, streckt ihre Arme nach oben und beugt den Kopf nach vorn.
Plötzlich geschieht etwas völlig Unmögliches.
Eine Verwandlung.
Sie schrumpft und wird vor den Augen von Paul und Anni zu einem Falken. Zu einem wunderschönen Falken mit rötlichem Gefieder. Der Falke dreht den Kopf zunächst zu Paul, dann zu Anni, die das Bündel fest an sich drückt. Schließlich macht er einen Satz und springt nach vorn.

Dabei erhebt sich der Vogel in die Luft. Mit wenigen Flügelschlägen ist er weit oben. Er dreht einen Kreis und segelt atemberaubend durch die Luft.

Paul schluckt, legt seinen Arm um Anni und drückt sie fest an sich.

Nach einigen Minuten kommt der Falke zurück, landet auf dem Kleid und senkt den Kopf.

Und wieder eine Verwandlung.

Aus dem Falken wächst Sakkara. Sie bückt sich, greift nach dem Kleid und zieht es während des Aufstehens mit hoch. Sie verschließt es an der einen Seite, dann an der anderen. Als wäre nichts geschehen, lächelt sie und schaut Paul und Anni an, die ihr mit weit aufgerissen Augen verblüfft zuschauen.

„Es tut mir leid. Ich habe soeben euer Weltbild verändert und ihr habt Angst, das spüre ich. Bitte habt keine Angst. Ich möchte euch ein Angebot machen."

Paul und Anni stehen regungslos da.

„Ich spüre, wie sehr ihr euch ein Kind wünscht. Ich hingegen habe ein Kind, welches ich nicht haben darf. Sie würden mir Eleonora wegnehmen und wahrscheinlich Schlimmes mit ihr anstellen." Sie macht eine kurze Pause, bevor sie weiterspricht.

„Ich bin eine Aves."

Sakkara führt ihre Hände hinter ihren Kopf und hebt die Haare an. Dann dreht sie sich um und zeigt Paul und Anni ihren Nacken. Am Haaransatz befindet sich ein kleines Mal in der Form eines fliegenden Vogels. Sie lässt die Haare wieder fallen, geht zu dem Bündel und zupft vorsichtig das Tuch am Nacken des Babys zur Seite. Auch hier ist ein solches Mal im Haaransatz versteckt.

„Meine Ururgroßmutter arbeitete als Seherin für den König aus dem Hause Begrun. Eines Abends war der König betrunken. Er ließ die Seherin zu sich bringen. Erst wollte er von ihr wissen, ob er die nächste Schlacht gewinnen würde. Doch dann stand ihm der Sinn nach etwas anderem. Ihr müsst wissen, meine Ururgroßmutter war eine sehr schöne Frau.

Der König war getrieben vom Alkohol, der Lust und der Brutalität, und so kam es, dass er sie vergewaltigte. Alek Begrun war ein böser Mann. Ihm war es egal, was mit ihr danach geschah. Wenn eine Avesfrau von einem Avesmann ein Kind bekommt, ist alles in Ordnung. Wenn jedoch eine Frau eines anderen Wesens ein Aveskind in sich trägt, dann stirbt die Frau bei der Geburt, da die Macht des Aveskindes zu groß ist. Eine Avesfrau darf sich während der gesamten Schwangerschaft nicht verwandeln. Sie muss ihre Kraft sammeln und diese während der Geburt auf das Kind übertragen. Wenn also eine andere Frau ein solches Kind gebärt, holt sich das Kind die Kraft, die es braucht. Das bedeutet in diesem Fall, dass die Mutter stirbt.

Meine Vorfahrin ging zur Quelle des Lichts und bat um Rat. Die Quelle sagte ihr auch, dass Freud und Leid sehr eng beieinanderliegen. Sie solle nach der Avesblüte suchen. Diese Pflanze wächst nur alle hundert Jahre und blüht nur dreimal. Den Nektar dieser Blüte, so hieß es, solle sie während der Geburt trinken, dann würden beide überleben, und zwar völlig unbeschadet.

Um die Avespflanze zu finden, muss eine Seherin ihre Gabe opfern. Meine Vorfahrin tat dies. Und da stehe ich nun. Ich habe die Gabe des Sehens sowie die der Aves. Niemand darf das wissen, nicht mal mein Geliebter. Mein

Geliebter ist auch mein König. Die adeligen Aves bleiben unter sich. Fast jede Heirat ist immer nur zweckmäßiger Natur, sie geschieht nie aus Liebe. So war es auch bei meinem König. Er heiratete Gade aus dem Hause Frant. Sie lieben sich nicht. Gade ist zwar eine wahre Schönheit, doch ihr Herz scheint aus Stein. Und mein lieber Lent aus dem Hause Lakes ist so ein gutmütiger König. Jedenfalls wurde ich kurz nach seiner Heirat seine Seherin. Ich sah, dass seine Tochter und der älteste Nachkömmling aus dem Hause Oris endlich Frieden zwischen den verfeindeten Königreichen bringen würden, und zwar durch eine erneute Heirat. Lents Tochter Ares ist nun ein Jahr alt und wurde gestern dem fünfjährigen Eirik aus dem Hause Oris versprochen. Somit herrscht nun Waffenstillstand.

Es war nicht geplant, dass der König und ich uns verlieben. Ein König muss in erster Linie an sein Volk denken und nicht an sich. Als ich bemerkte, dass ich in anderen Umständen war, reduzierte ich unsere Beziehung auf das Geschäftliche. Niemand darf wissen, dass ich die Macht der Seherin und der Aves in mir trage. Und niemand darf wissen, dass Eleonora die Macht der Seherin und die der Aves in sich trägt. Bitte nehmt sie zu euch und sorgt für sie."

Paul und Anni rühren sich noch immer nicht.

Dann wendet Anni ihren Blick zu dem dem kleinen Bündel und schaut dem Baby direkt ins Gesicht. „Hallo Eleonora. Mit dir würde ein Traum in Erfüllung gehen. Aber ich weiß nicht, wie ich damit umgehen soll." Sie blickt zu Sakkara und sagt: „Wir wissen doch gar nichts über euch, und ich weiß nicht, wie ich ihr die Dinge, die du da so machst, erklären soll."

Sakkara geht direkt auf Paul und Anni zu und nimmt von jedem eine Hand, bevor sie spricht: „Sie würde als Mensch aufwachsen und niemand wüsste, dass sie eine Aves ist. Auch sie selbst nicht. Sie wird nichts von ihrer Macht anwenden können, da sie nicht wissen wird wie. Ich bitte euch nur, dass ihr euch hier in Sonnental niederlasst. Mit eurer Erlaubnis würde ich euch, so oft es mir möglich ist, besuchen kommen. Ich werde keine Ansprüche stellen, möchte sie nur ab und an sehen."

Anni schaut zu Paul. „Ich möchte Eleonora nicht mehr hergeben." Ihre Augen leuchten, als sie weiterspricht. „Ich liebe sie jetzt schon und ich empfinde es als Chance, die ich nicht missen möchte."

„Du willst alles aufgeben?" Paul sieht sie fragend an. „Alles, was wir uns erarbeitet haben, und hier neu anfangen? Ich weiß nicht, Anni. Ich fühle mich wie in einem schlechten Traum. Wir müssten eine Geburtsurkunde fälschen und würden Eleonoras Leben auf einer Lüge aufbauen. Gut, unseren Eltern und engen Freunden könnten wir etwas von einer Adoption erzählen."

„Paul, Sakkara hat dir vertraut und ich vertraue Sakkara. Ich will ihr helfen und ich will dem Baby helfen. Und ich will uns helfen. Bitte, Paul! Ich kann sie nicht mehr hergeben."

Paul zuckt mit den Schultern und wendet sich an Sakkara. „Ist das für uns irgendwie gefährlich? Entschuldige, wenn ich das einfach so frage, aber du hast mir hier Dinge gezeigt, die mir nicht ganz geheuer sind."

Sakkara nickt verständnisvoll. „Ich verstehe deine Sorge. Aber nein, es ist für euch nicht gefährlich. Aus dem Avesreich darf hier keiner eingreifen und es weiß so gut wie niemand, dass Eleonora existiert. Gib ihr jeden Tag etwas Blaubeersaft. Das verleiht ihr eine Art Schutzmantel. Blaubeerextrakt lässt keine fremde Avesmagie durch Eleonoras Haut."

Paul runzelt die Stirn. „Wer weiß von Eleonora?"

„Nur Granada. Sie führt unten im Dorf das Granny's Cafe. Sie ist Wächterin über das offizielle Portal. Keine Sorge, sie ist eine alte Freundin und wird sicher niemandem etwas sagen. Im Gegenteil, sie wird euch immer helfen."

„Bitte, Paul!", fleht Anni.

Paul schließt die Augen und atmet tief ein. „Gut! Wir machen es."

Anni küsst Paul, dann küsst sie Eleonora, danach fällt sie Sakkara um den Hals.

Sakkara bückt sich zu Eleonora und küsst sie ebenfalls. „Mein kleines süßes Wesen, ich lasse dich hier bei diesen Menschen. Ich weiß, dass sie gut auf dich aufpassen werden. Ich besuche dich, so oft es geht. Und wieder einmal haben Freud und Leid den gleichen Weg genommen." Sie geht zurück in die Höhle. Dort hat sie ein Portal geöffnet. Durch dieses geht sie hindurch und schließt es hinter sich, damit niemand hinter ihr Geheimnis kommen kann.

Paul und Anni bringen Eleonora zu ihrer Hütte. Paul muss die Tür eintreten, da auch Anni keinen Schlüssel hat. Doch das ist ihnen egal. Sie sind glücklich. Wo vorher Leid war, ist nun Freud.

V wie Vögel

Einundzwanzig Jahre später

„Es ist 6.00 Uhr morgens. Heute, am 30. August, erwartet Sie Sonne, Sonne, Sonne, und das bei kühlen achtundzwanzig Grad Celsius. Und jetzt die Nachrichten ..."
Eleonora tastet nach ihrem Radiowecker und macht ihn aus. Dann reibt sie ihre Augen.
Hm, der 30. August, mein einundzwanzigster Geburtstag. Volljährig vor der ganzen Welt. Hach, was für ein schönes Gefühl!
Sie springt hoch und streckt sich in alle Richtungen. Danach steht sie auf und nimmt ihr Haargummi vom Nachtkästchen. Während sie zum Fenster läuft, bindet sie sich ihre braune Mähne zusammen. Obwohl sie glatte Haare hat, passen ihr fast keine Haarklammern, da das Haar so dicht ist. Durch die Sonne sind einzelne Strähnen ausgeblichen, daher sieht es aus, als hätte sie frisch gesträhntes Haar vom Friseur. Sie zieht den Vorhang zur Seite und stößt das Fenster weit auf. Danach saugt sie die noch kühle Luft in ihre Lunge. Die Sonne geht gerade auf. Eleonora liebt es, so früh aufzustehen. Fast das ganze Dorf schläft noch. Was für eine wundervolle Ruhe. Aus ihrer Kommode nimmt sie frische Unterwäsche, dann geht sie ins Bad. Dort streift sie sich ihr Nachthemd ab, auf dem Snoopy abgebildet ist, mit einem Kussmund und hundert kleinen Herzen.

Vielleicht sollte ich mich von meinen kindischen Nachthemden trennen, jetzt, wo ich vor aller Welt erwachsen bin. Aber was soll ich machen – Snoopy ist nun mal so süß!
Sie kichert bei dem Gedanken.
Als sie ihre pinke Glitzerzahnbürste in die Hand nimmt und Zahnpasta darauf drückt, fällt ihr Tara ein, die ihr die Zahnbürste geschenkt hat. Tara Boniki ist ihre beste Freundin. Sie fehlt ihr so. Tara ist seit vier Wochen verreist. Ihr Vater ist Deutscher, ihre Mutter Perserin. Immer wieder macht Tara mit ihrer Mutter Familienurlaub im Iran. Gott sei Dank gibt es Facebook und WhatsApp. Somit ist der Trennungsschmerz nicht ganz so groß. Eleonora steckt sich die Zahnbürste in den Mund, zieht das Haargummi wieder heraus und hüpft unter die Dusche. Erst als der ganze Körper nass ist, fängt sie an, sich die Zähne zu putzen. Nach ausgiebigem Schrubben reckt sie ihr Gesicht dem Wasser entgegen. Sie öffnet den Mund und sammelt warmes Wasser zum Ausspülen. Die Zahnbürste reinigt sie ganz nebenbei unter der Dusche, legt sie zur Seite und nimmt ihr Shampoo. Es ist duftneutral, ebenso wie ihr Duschgel. Sie hasst die tausend Düfte der vielen Pflegemittel, die es sonst so gibt. Sorgfältig trocknet sie sich nach dem Duschen ab. Sie verwendet keine Bodylotion. Ein ihrer Meinung nach völlig unnötiges Produkt. Aber Deo benutzt sie durchaus, das empfindet sie als nützliche Erfindung. Allerdings muss es ebenfalls duftneutral sein. Sie schlüpft in ihre Unterwäsche und kämmt sich.
Schön, dass es Sommer ist, so kann ich die Haare einfach trocknen lassen.

Sie wirft ihre Mähne nach vorn und schüttelt das nasse Haar einmal kräftig durch. Als sie wieder hochkommt, betrachtet sie sich im Spiegel.

Ich mag meine großen grünen Augen und bin echt stolz auf die langen schwarzen Wimpern. Alle Mädchen müssen sich ihre Wimpern tuschen, nur ich nicht.

Sie lächelt ihr Spiegelbild an. Danach geht sie zurück in ihr Zimmer. Auf dem Weg dorthin steigt ihr ein wohliger Duft von frischen Brötchen in die Nase.

Papa war wohl heute extra früh beim Bäcker, um frische Backwaren zu holen. Bestimmt warten er und Mama schon auf mich.

Schnell öffnet sie ihren Schrank und zieht ihre kurze Jeans heraus. Sie mag die Fransen, die da runterhängen. Dann sucht sie ein Oversize-T-Shirt heraus – ihr gefällt es, wenn eine Schulter etwas rausschaut – und schlüpft hinein.

Hmmm – der Duft von frisch, gewaschener Wäsche! Ich bin so froh, dass ich Mama davon überzeugen konnte, auf Weichspüler zu verzichten. Wieso erkennen die wenigsten, dass auch Waschpulver schon einen tollen Duft hat und man sich diesen nicht mit Weichspüler versauen muss.

Sneakersocken holt sie sich aus der Schublade und streift sich diese über. Schnell geht sie zur Treppe und begibt sich nach unten. Als sie die Tür zum Esszimmer öffnet, sieht sie ihre Eltern an einem herrlich gedeckten Frühstückstisch stehen.

„Alles Gute zum Geburtstag!", sagt Anni und drückt ihre Tochter eng an sich.

„Begleitet von viel Glück und Gesundheit!", vervollständigt Paul den Geburtstagswunsch und küsst seine Eleonora auf die Stirn.

„Danke!" Eleonoras Blick fällt auf einen großen Strauß mit Sommerblumen. „Ihr seid die besten Eltern der Welt." Dann sieht sie den gut gefüllten Brotkorb. Verschmitzt fragt sie: „Sag mal, Papa, hast du dem Bäcker heute beim Backen geholfen, oder wie kommst du noch vor 6.00 Uhr an frische Brötchen?"

Paul lacht. „Bestechung, mein Kind. Bestechung ist oft eine gute Methode."

„Setz dich, El." Anni rückt einen Stuhl für ihre Tochter zurecht. „Und du, Paul, rede nicht so einen Blödsinn. Nachher glaubt sie dir das noch."

Eleonora und Paul lachen über Annis Entrüstung, bis auch sie anfängt zu lachen. Gut gelaunt machen sich die drei über ihr Frühstück her. Zufrieden schaut Anni zu, wie Eleonora das zweite Brötchen verdrückt und ihren Blaubeermilchshake trinkt.

„Ach, El, ich bin wirklich froh, dass du so einen gesunden Appetit hast."

„Ja, und sie hat Glück, dass sie so futtern kann und trotzdem eine Topfigur hat. Viele meiner Patienten könnten deinen Stoffwechsel vertragen", fügt Paul hinzu.

Auf einmal beginnt Eleonora unruhig auf ihrem Stuhl hin und her zu rutschen. „Ich muss euch was sagen."

Anni und Paul legen ihr Besteck beiseite und schauen Eleonora überrascht an.

„Wir haben doch abgemacht, dass ich ein Jahr lang Pause machen darf, bevor ich mit einem Studium anfange, und ich habe euch gesagt, dass ich mit Tara gern einige Reisen unternehmen würde. Na ja, und dafür brauche ich ja auch Geld ..."

„Kein Problem, El, wie viel brauchst du?" Paul sieht Eleonora fragend an. „Ich überweise dir morgen den Betrag."

„Nein, Papa, das will ich nicht!", protestiert Eleonora. „Ich will mir das Geld selbst verdienen."

„Gut, dann hilfst du mir im Fotostudio", schlägt Anni vor. „Ich wollte schon lange jemanden einstellen. Ich schaffe die vielen Aufträge und den Papierkram nicht mehr allein."

„Nein! Ihr versteht das nicht, oder ihr wollt es nicht verstehen. Ich will was allein machen. Ohne eure Hilfe. Ich weiß, dass ihr es nur gut meint, aber ich will mir das Geld selbst verdienen und dann wissen, dass es echt mein Geld ist. Deshalb habe ich mit Granada Indo gesprochen und ich kann morgen anfangen."

Anni starrt auf den Tisch. Sofort fällt ihr ein, dass es dort ein Portal zum Avesreich gibt. „Warum ausgerechnet im Granny's?" Ihre Frage klingt genervter, als es angebracht ist.

„Mensch, Mama, was ist denn los? Du tust ja gerade so, als ob ich dir gesagt hätte, ich werde in einem Striplokal kellnern." Eleonora versteht die Aufregung nicht.

Paul legt seine Hand auf die von Anni. Er weiß genau, weshalb sie sich Sorgen macht.

„Entschuldige, El. Du bist erwachsen." Paul sieht seine Tochter liebevoll an. „Trotzdem bist du auch irgendwie noch unser kleines Mädchen und es fällt uns sehr schwer loszulassen. Ich glaube, Eltern, die ihre Kinder lieben, sind so. Sei uns nicht böse. Wir wollen nur das Beste für dich, und wenn es dein Wunsch ist, bei Granada zu arbeiten, ist es für uns selbstverständlich in Ordnung."

Anni springt auf und küsst Eleonora auf den Kopf. „Papa hat recht, ich bin nur eine dumme, alte Glucke. Was hältst du davon, wenn dir die Glucke und der Gockel mal dein Geburtstagsgeschenk zeigen?"

Eleonora kann nicht anders, sie muss lachen. „Na klar möchte ich mein Geschenk sehen. Wo ist es denn?"

Paul nimmt einen Schluck Kaffee und steht auf. „Prima, dann gehen wir gemeinsam raus und ich kann anschließend in die Praxis."

Fragend schaut Eleonora ihre Eltern an und steht ebenfalls auf. Gemeinsam gehen sie nach draußen und bleiben vor der Garage stehen. Paul drückt auf den Türöffner. Eleonora kann es nicht erwarten, bis sich das Tor vollends hochgerollt hat. Sie bückt sich und versucht einen Blick ins Innere der Garage zu erhaschen. Dann sieht sie es. Ein nagelneues Mountainbike.

„Wow! Cool! Das ist ja echt cool. Wie viel Gänge hat es denn? Das möchte ich gleich heute ausprobieren. Am besten sofort, bevor es zu heiß wird. Danke, Mama, danke, Papa. Ich sag es ja. Ihr seid die Besten!" Sie umarmt beide gleichzeitig. „Ich geh schnell rein und hol mein Smartphone und den Schlüssel für unsere Hütte. Dann fahr ich hoch. Schließlich will ich meinen neuen Drahtesel richtig kennenlernen." Die letzten Worte verstehen Anni und Paul fast gar nicht, da Eleonora bereits im Haus verschwunden ist.

„Mach dir keine Sorgen, Anni", versucht Paul seiner Frau gut zuzureden. „El hängt doch sowieso ständig im Granny's ab. Das wird jetzt auch nicht anders sein."

„Ich hoffe, du hast recht, Paul. Wir dürfen einfach nicht vergessen, wer sie ist, und wir müssen es ihr irgendwann auch sagen. Sie hat ein Recht darauf zu erfahren, dass ich eigentlich eine Art Tante bin und Sakkara ihre leibliche Mutter ist." Annis Stimme zittert, während sie den letzten Satz ausspricht.

„Ach, Anni, hab keine Angst davor. Sie bleibt trotzdem unsere Tochter!" Paul drückt Anni nochmals fest an sich, bevor er sich auf den Weg macht. Es ist zwar Sonntag, aber er muss in der Praxis noch einigen Papierkram erledigen.

Anni folgt Eleonora ins Haus. Die steht in der Küche und befüllt eine Trinkflasche mit Wasser.

„Mama, soll ich dir beim Abräumen helfen?"

„Ach was, verschwinde einfach. Ich sehe doch, dass du es kaum erwarten kannst. Aber bitte sei pünktlich zum Mittagessen daheim. Tante Sakkara kommt heute auch zu Besuch."

„Oh, prima! Ich hatte gehofft, dass sie zu meinem Geburtstag kommt. Sie war schon lange nicht mehr hier. Sie ist die schrägste und coolste Tante, die man nur haben kann. Machst du heute wieder meine Geburtstagslasagne? Bitte, bitte …!"

„Na klar gibt es heute deine Geburtstagslasagne. Und eine Schokoblaubeertorte. Wie auch schon in den letzten zwanzig Jahren."

„Prima! Bei den Aussichten komme ich sicher nicht zu spät." Eleonora nimmt ihren Rucksack und packt ihr Smartphone, die Trinkflasche und ein paar Kekse hinein. Den Hüttenschlüssel steckt sie in ihre Hosentasche. An der Garderobe setzt sie sich ihre Fahrradbrille und den Helm auf. Sie zieht ihre Radschuhe an und holt aus der Schublade die dazu passenden Handschuhe.

„Willst du dich nicht umziehen?", will Anni wissen.

„Ne. Ich mache ja keine richtige Tour. Ich will mein neues Rad erst mal eine Runde testen."

„Gut. Das klingt danach, als müsste ich mir nicht gleich Sorgen machen."

„Ach, Mama, du und deine Sorgen. Bis später." Eleonora geht nach draußen und Anni zuckt nur mit den Schultern.

Als Eleonora in der Garage steht, bewundert sie ihr Rad noch einmal in Ruhe.

Schwarz und Lila, coole Farben.

Sie steigt aufs Rad.

Aha, Federung vorn und hinten. Sehr cool. Und wie viele Gänge? Soll ich mir jetzt die Ritzel anschauen? Ach nein, ich fahr einfach los.

Sie tritt in die Pedale und freut sich über die Leichtigkeit. Ihr Zuhause liegt an einem leichten Hang, so kann sie das Rad erst mal rollen lassen.

Es ist kurz vor 8.00 Uhr. So langsam erwacht das Dorf. Unten an der Hauptstraße biegt sie nach rechts ab. Etwa zwei Kilometer geht es geradeaus, dann führt sie der Weg nach links. Nach weiteren drei Kilometern beginnt die leichte Steigung. Das ist für Eleonora ein Kinderspiel. Sie kennt die Strecke auswendig und sie liebt diese Strecke.

Nach etwas mehr als einer halben Stunde ist sie am Ziel. Sie steigt ab, schiebt das Rad die letzten Meter bis vor die Hütte und stellt es ab. Etwas außer Atem setzt sie sich erst einmal auf die Stufen vor der Veranda. Sie schaut sich um. Ein herrlicher Morgen. Es duftet noch etwas nach Morgentau. Sie träumt vor sich hin und genießt jeden Atemzug.

Ich weiß, dass ich meine ersten Lebensstunden in dieser Hütte verbracht habe. Allerdings kann ich bis heute nicht nach-

vollziehen, warum Mama hochschwanger hier hinaufgegangen ist. Und dass Papa das mitgemacht hat, verstehe ich auch nicht. Dann haben die auch noch diese Wanderung zur Bärenhöhle gemacht. Also, das ist völlig absurd. Sie hatten Glück, dass Papa Arzt ist, und sie hatten Glück, dass Sakkara gerade dort war. Sie haben mir erzählt, wie schwierig die Geburt war und dass Tante Sakkara nicht von Mamas Seite gewichen ist. Jedenfalls habe ich den coolsten Geburtsort überhaupt. Eine Bärenhöhle ...

Sie muss kichern.

Ihre Gedanken werden unterbrochen vom Klingelton ihres Smartphones. Es ist Oma Gertrud, Annis Mutter. Annis Vater starb letztes Jahr an einem Herzinfarkt. Seitdem ist Oma Gertrud allein. Leider hat sie keinen Führerschein, und so sehen sie sich nur selten.

„Hallo Oma?"

„Alles Gute zum Geburtstag, mein Schatz."

„Danke, Oma. Das ist aber lieb, dass du an mich denkst."

„Na hör mal, nur weil ich alt bin, vergesse ich doch den Geburtstag meiner einzigen Enkelin nicht."

„Ach, Oma, schade, dass Opa nicht mehr lebt, sonst wärt ihr wie immer übers Wochenende hergekommen."

„Ja, Schatz, mir fehlt der Opa auch. Jede Sekunde fehlt er mir. Aber so ist es nun mal. Jedenfalls war es sehr schön, dass du und Anni mich vor zwei Wochen besucht habt. Ich hoffe, ihr besucht mich bald wieder."

„Das machen wir, Oma."

„Na gut, mein Schatz, dann fühl dich gedrückt. Bis bald!"

„Alles klar, Oma. Schön, dich gehört zu haben."

Eleonora legt auf und seufzt.

Wenn Oma nur nicht so stur wäre, dann könnte sie in unsere Nähe ziehen.

Die Eltern ihres Vaters leben beide noch, doch mit denen haben sie schon seit Jahren keinen Kontakt mehr. Eleonora erinnert sich kaum noch an sie. So genau weiß sie auch gar nicht, warum sie zerstritten sind. Das bekommt sie auch nicht mehr heraus. Ihre Eltern wollen darüber nicht reden. Einmal hat sie versucht, bei ihren Großeltern anzurufen, doch die haben sofort aufgelegt, als sie bemerkten, dass ihre Enkelin am Telefon war.

Eleonora steht auf und geht in die Hütte. Sie setzt die Brille ab und zieht die Handschuhe aus. Dann holt sie sich eine Liege nach draußen und legt sich darauf. Erst jetzt bemerkt sie, dass sie vergessen hat, den Helm abzunehmen. Das holt sie nach und legt den Helm neben sich auf den Boden. Während sie ein paar Kekse isst, surren Fliegen um sie herum und sie entdeckt eine Biene, die bereits fleißig ihrer Arbeit nachgeht.

Wieder wird die Ruhe durch ihr Smartphone gestört. Diesmal ist es eine SMS.

Tara.

Ab diesem Moment steht ihr Mobiltelefon nicht mehr still. Es klingelt und bimmelt ununterbrochen. Nachdem sie von allen möglichen Freunden und Bekannten Glückwünsche empfangen hat, beschließt sie, in die Hütte zu gehen.

Sie betritt das kleine Bad und wäscht sich das Gesicht mit kaltem Wasser. Die Luft draußen vor der Hütte hat sich durch die Sonne ganz schön erwärmt. Eleonora geht in die Küche und öffnet den Kühlschrank, um zu sehen, ob was drin ist, und entdeckt eine Limo. Diese öffnet sie gleich und legt sich auf die Eckbank.

Früher passte sie komplett darauf, doch mittlerweile bleiben die Beine auf dem Boden und nur der Oberkörper kann waagrecht liegen. Eleonora liebt diese Hütte, denn sie ist einfach etwas Besonderes. Sie schließt die Augen und schläft ein.

Als sie die Augen wieder öffnet, tut ihr alles weh.
Hätte ich mal lieber das Bett gewählt!
Sie streckt sich und knetet ihren Nacken.
Wie spät ist es eigentlich?
Als sie einen Blick auf ihr Smartphone wirft, erschrickt sie.
Boah, schon kurz vor 12.00 Uhr. Jetzt aber schnell, um 12.30 Uhr wird im Hause Bender immer zu Mittag gegessen.
Sie trinkt noch kurz die Limo leer und räumt die Flasche weg. Um sicherzugehen, dass alles in Ordnung ist, lässt sie noch einen kurzen Blick durch die Hütte schweifen. Mit der Brille und den Handschuhen in der Hand geht sie hinaus und verschließt die Tür.
Oh nein, die Liege! Ich muss noch die Liege wegräumen.
Gerade als sie sich zur Liege umdreht, entdeckt sie einen kleinen Chihuahua, der in ihrem Helm sitzt. Etwas weiter hinten sieht sie ein altes Ehepaar, wie es gemütlich einen Schritt vor den anderen setzt.
„He, Kleiner, geh da raus! Das ist mein Helm."
Unbeeindruckt dreht sich der Hund in ihre Richtung und krümmt plötzlich den Rücken.
Oh nein! Der wird doch hoffentlich nicht das tun, was ich gerade denke.
„He! He! Du wirst doch wohl nicht da reinmachen! Hör sofort auf damit!" Sie rennt zum Ort des Geschehens, wo der Hund gerade in aller Ruhe sein Geschäft beendet und hechelnd aus dem Helm hüpft.

Eleonora schaut fassungslos in ihren Helm. Darin liegt ein riesiger Haufen Hundekot. Sie kocht vor Wut. Mittlerweile ist das alte Ehepaar angerückt.

„Hey, hören Sie mal, Ihr feiner Köter hat soeben in meinen Helm geschissen." Sie kann ihren Ärger nicht verbergen.

„Was? So etwas würde Lissi nie tun", erwidert die alte Dame empört. „Nicht wahr, Lissi?"

Eleonora nimmt den Helm und hält ihn dem Ehepaar direkt unter die Nase. „Doch! Lissi würde und Lissi hat! Das ist ein SixSixOne-Helm. Haben Sie eine Ahnung, was der kostet? Der kostet 120 Euro!"

Die alte Frau nimmt den Helm, schüttet den Inhalt auf den Boden und gibt ihn Eleonora zurück. „Bitte schön! Fast wie neu. Lissi macht nämlich ganz trockene Würstchen. Den Helm können Sie sofort wieder benutzen."

Eleonora ist fassungslos. Die Alte ist so was von dreist!

Plötzlich meldet sich der Mann zu Wort. „Frida, das Mädchen kann doch nichts dafür, dass Lissi ihr Geschäft da reingemacht hat."

Zufrieden verschränkt Eleonora ihre Arme und blickt nun ebenfalls zu Frida. Dann sieht sie, wie der alte Mann seinen Geldbeutel hervorholt und mit zittriger Hand 120 Euro herausholt. „Es tut uns leid, dass wir Sie verärgert haben."

Auf einmal fühlt sich Eleonora in ihrer Haut nicht mehr wohl. Sie will das Geld nicht. „Nein! Bitte behalten Sie das. Ihre Entschuldigung reicht völlig aus, und außerdem ist der Helm ja nicht kaputt. Er ist nur, na ja, beschmutzt." Verlegen schaut sie weg.

Der alte Mann nickt. „Gut, dann hoffe ich, dass Sie trotzdem einen guten Tag haben." Lächelnd hebt er seinen

Hut und nickt, bevor er und seine Frau ihren Weg fortsetzen.

Eleonora schüttelt den Kopf, bringt die Liege in die Hütte und nimmt noch schnell zwei Haushaltstücher mit nach draußen. Erneut verschließt sie die Türe, knüllt die Haushaltstücher in den Helm und steckt diesen in den Rucksack.

Ich werde mir ganz sicher keine Hundescheiße auf den Kopf setzen. Aber hier habe ich zum Saubermachen keine Zeit mehr, das mache ich zu Hause.

Kaum sitzt sie auf ihrem Rad, ist der ganze Ärger schon vergessen. Da es bergab geht, lässt sie das Rad rollen und nimmt ihre Hände vom Lenkrad. Ihre Arme reckt sie dem Himmel entgegen, während sie den Kopf in den Nacken fallen lässt.

Herrlich! Genau so muss sich Fliegen anfühlen.

Sie strahlt über das ganze Gesicht und ist überglücklich.

Als sie den Kopf wieder aufrichtet, sieht sie einen riesigen Stein mitten auf der Straße liegen, sie steuert geradewegs auf ihn zu. Sie erschrickt. Blitzartig umfasst sie ihr Lenkrad und will bremsen. Sie hat vergessen, dass es ein neues Rad ist und dass sie keine Ahnung hat, wie dessen Bremsen reagieren. Sie bremst. Viel zu stark. Die Vorderräder blockieren und sie wird hochkatapultiert. Eleonora überschlägt sich in der Luft und landet sehr unsanft auf dem Rücken. Der Rücken schmerzt. Als sie testen will, ob an ihr noch alles dran ist, gerät sie ins Rollen. Sie rollt den Abhang hinunter. Immer schneller. Jeden Stein spürt sie unter sich. Was sie auch tut, sie schafft es nicht, zum Stillstand zu kommen. Erst als es etwas flacher wird, wird sie langsamer. Hoffnung steigt in ihr auf, dass sie nun bald liegen bleibt.

Doch dann prallt sie voller Wucht mit dem Kopf gegen einen Baum. Augenblicklich wird ihr schwarz vor Augen.

Langsam versucht sie die Augen zu öffnen. Das Licht blendet und der Kopf schmerzt. Nicht nur der Kopf – der ganze Körper tut weh.

Was ist passiert? Ach ja, der Stein. Aber dann, was ist dann passiert? Wo bin ich?

Vorsichtig bewegt sie die Beine.

Gut, das geht. Jetzt die Arme. Sehr gut, das geht auch. Mein Kopf ist so schwer. Wo bin ich?

Sie kann sich noch nicht gleich aufrichten. Erst mal bleibt sie liegen und blickt in den strahlend blauen Himmel. Dort entdeckt sie einige Vögel. Viele Vögel. Große Vögel.

Das könnten Falken sein. Was machen die da?

Erst sieht es so aus, als ob alle Vögel wild durcheinander fliegen. Doch dann erkennt sie ein Muster. Zwei Vögel stehen im Mittelpunkt. Ein heller und ein dunkler, soweit sie das von hier unten richtig erkennen kann. Es sieht so aus, als würden die zwei miteinander tanzen. Die anderen fliegen um sie herum.

Oh, wie schön! Wenn mir nur nicht alles so wehtun würde.

Auf einmal verschwinden fast alle Vögel, bis auf das Tanzpaar. Die zwei umwerben sich weiter. Teilweise bleiben sie ganz lange in der Luft stehen.

Das sieht toll aus, wie ein Liebespaar.

Völlig unerwartet begibt sich der dunkle Vogel in einen Sturzflug, dicht gefolgt von dem weißen. Sie sind beide schnell, wahnsinnig schnell. Der Weiße steuert direkt auf den Dunklen zu und hackt auf ihn ein, während der Dunkle auszuweichen versucht. Doch da, da erwischt der

Weiße den Dunklen. Dieser beginnt unkontrolliert zu fallen.

Oh nein!

Eleonora stützt sich auf die Ellbogen. Alles schmerzt, aber sie kann den Blick nicht von dem fallenden Falken lösen. Er ist nicht mehr sehr hoch. Vor ihr liegt ein kleiner See.

Der Falke platscht ins Wasser.

Eleonora steht auf. Es fällt ihr schwer. Ihr ist schwindelig. Sie begibt sich zum See.

Wo bist du? Komm wieder hoch!

Ihr Blick ist starr auf den See gerichtet. Plötzlich schießt der Falke aus dem Wasser. Doch nur kurz. Dann fällt er wieder runter. Er versucht sich nach vorn zu bewegen, doch es fällt ihm schwer. Er ist verletzt.

Ich muss ihm helfen!

Eleonora zieht ihre Schuhe aus und legt den Rucksack ab. Sie ignoriert ihren schmerzenden Körper. Der Kopf pocht, als sie ins Wasser steigt. Das Wasser ist eiskalt. Sie sieht nur, wie der Vogel um sein Überleben kämpft. Wie verrückt paddelt er mit einem Flügel, während der andere lahm herunterhängt. Der See wird schnell tief. Eleonora muss nun schwimmen.

Gott, ist das kalt.

Mit ein paar kurzen Schwimmbewegungen ist sie bei dem Vogel. „Ich helf dir. Bitte wehr dich nicht", spricht sie auf ihn ein und greift nach ihm. Der Vogel lässt es geschehen. Ihr Kopf pocht immer mehr. Die Kälte und die nassen Kleider machen ihr den Rückweg schwer.

Sie schafft es. Völlig erschöpft schleppt sie sich ans Ufer. Erst setzt sie sich und dann legt sie sich hin. Den Vogel, der erschreckend ruhig ist, setzt sie neben sich ab und verdeckt seine Augen.

„Heute ist nicht unser Tag, was?", keucht sie. Nach einer kurzen Verschnaufpause richtet sie sich wieder auf.

Der Vogel lebt, ich spüre sein Herz klopfen, aber er ist seltsam ruhig. Ich dachte, der zerkratzt mich, aber wahrscheinlich ist er völlig erledigt. Trotzdem halte ich ihm die Augen besser weiter zu.

Langsam zieht sie sich hoch und stützt sich auf ihre Knie, dabei schaut sie sich um. Oben sieht sie ihr Fahrrad liegen.

Oh je, so weit bin ich also runtergestürzt. Ein Wunder, dass mir nicht mehr passiert ist. Obwohl, mein Kopf schmerzt echt höllisch.

Sie schaut ihre Schuhe und den Rucksack an.

Was mach ich jetzt mit den Schuhen, dem Rucksack und dem Vogel? Oh, ist das alles anstrengend. Boah, ist mir schlecht!

Schlagartig muss sich Eleonora übergeben. Sie hat das Gefühl, als würde ihr Kopf gleich platzen. Dann überkommt sie ein erneuter Würgereiz.

Als die Übelkeit nachlässt, wird ihr schwindelig. Den Vogel hält sie fest an sich gedrückt.

Mir ist so kalt.

„Eleonora!", hört sie jemanden rufen.

Nein, nicht jemanden, es ist ihr Vater.

„Papa? Papa, ich bin hier unten!", schreit sie so laut sie kann. Sie richtet sich auf und sieht oben ihre Eltern neben dem Rad stehen.

„Schatz, bist du verletzt?", ruft ihre Mutter.

„Ähm, ja ..."

Sie hat den Satz noch nicht zu Ende gesprochen, da sieht sie, wie ihre Eltern den Abhang herunterkommen. Sie beschließt einfach abzuwarten. Nach ein paar Minuten sind ihre Eltern bei ihr.

„Um Himmels willen, was ist denn passiert?" Anni ist kreidebleich, als sie Eleonora so sieht.

„Ach, weiß auch nicht. Erst hat dieser Köter in meinen Helm gekackt, dann war da der Stein und plötzlich lag ich da, und dann der Vogel, den habe ich gerettet." Eleonora versucht, die Geschehnisse zu erklären.

Paul schaut seine Tochter verwundert an.

„Wo ist dein Helm? Und lass diesen blöden Vogel da endlich los."

„Nein! Den Vogel lass ich nicht los. Den habe ich gerettet! Den bring ich zu Granny. Die kümmert sich um verletzte Greifvögel." Wütend versucht Eleonora sich aufzurichten, doch sie schafft es nicht. Ihr ist schwindelig.

Sofort stützt sie ihr Vater. „Hast du das hier erbrochen?", will Paul wissen und zeigt auf den Haufen, den Eleonora fabriziert hat.

Sie nickt.

„Hast du zwischendurch das Bewusstsein verloren?", fragt er weiter und schaut sich Eleonoras Augen genauer an.

Erneutes Nicken.

„Commotio cerebri! Zu Deutsch: eine Gehirn-erschütterung. Wo ist dein Helm?", fragt er nun sichtlich verärgert.

„In meinem Rucksack. Mann, da war Hundescheiße drin."

„Also, ich hätte lieber Scheiße auf dem Kopf als Matsch in der Birne."

„Schluss jetzt!", mischt sich Anni ein. Gib mir den Vogel, El, und Paul, du stützt sie, damit wir sie endlich nach Hause bringen können. Diesen ganzen Blödsinn könnt ihr später ausdiskutieren. Anni fordert Pauls T-Shirt. Das wickelt sie um den Falken, dann nimmt sie den Vogel an sich.

Paul hilft seiner Tochter in die Schuhe und legt sich den Rucksack um. „Meinst du, du schaffst es bis oben? Es ist nicht besonders steil, und lang ist der Weg auch nicht."

Eleonora legt den Arm um ihren Vater. „Ich glaube, das bekomme ich schon hin."

Paul hält ihren Arm fest und schlingt seinen zweiten Arm um ihre Taille. Vorsichtig laufen sie zum Auto. Immer wieder knickt Eleonora um, da ihr so schwindelig ist.

„Schatz, wenn es nicht geht, dann legen wir dich hier hin. Mama bleibt bei dir und ich hole die Bergwacht." Paul kann den Grad der Gehirnerschütterung noch nicht ganz einschätzen.

„Nein, Papa, das geht schon. Es sind nur noch ein paar Meter."

Nach einigen Minuten haben sie es tatsächlich geschafft.

Eleonora lehnt sich an das Auto. Ein BMW 3er Touring. Noch nie fand sie den Gepäckträger so gut wie in diesem Moment. Er eignet sich perfekt zum Festhalten.

„Schatz, komm, ich helfe dir ins Auto." Paul öffnet die Tür.

„Ne, lass mich mal kurz. Mir wird schon wieder schlecht. Vielleicht muss ich mich noch mal übergeben."

Paul weicht nicht von ihrer Seite.

„Papa, du musst mich jetzt nicht mehr festhalten. Es geht schon. Aber du könntest schon mal mein Rad einladen." Paul mustert seine Tochter kurz, er ist sich nicht sicher, ob er sie tatsächlich sich selbst überlassen kann. Anni holt einen Klappkorb aus dem Kofferraum. Dort setzt sie den Vogel hinein und stellt ihn hinten in den Fußraum. Dann geht sie zu Eleonora und hält sie fest.

„Paul, ich halte sie schon, lad du mal das Rad ein."

Paul ist nun viel wohler. Er kriecht ins Auto, legt einen Teil der Rücksitzbank um und hievt das Rad, das nicht mal einen Kratzer abbekommen hat, hinein.

Eleonora schließt die Augen und Anni schmiegt sich ganz fest an sie.

Auf einmal spürt Eleonora einen heftigen Schmerz auf dem Kopf. Krallen. Es sind Krallen, die sich in ihren Kopf bohren. Dicht gefolgt von einem scharfen Schnabelbiss. Sie schreit und versucht sich zu wehren. Es ist der weiße Falke. Anni packt den Vogel und schleudert ihn durch die Luft. Paul schließt den Kofferraum und rennt zu den beiden. Schnell packt er Eleonora und schiebt sie ins Auto. Sobald Eleonora sitzt, eilt Anni ebenfalls ins Auto und kreischt hysterisch.

„Oh mein Gott. Oh mein Gott. Was war das? Schnell, lass uns wegfahren. Oh Gott, ist der Falke hier auch so ein Ding? Lass ihn uns schnell rauswerfen."

„Mama, beruhig dich doch. Mir geht's gut, und lass den Vogel in Ruhe." Blut läuft an Eleonoras Kopf herunter.

„Gut? Dir geht es gar nicht gut! Schau dich an. Du bist übersät von Verletzungen. Du blutest. Und du hast eine Gehirnerschütterung." Anni weint.

„Anni, beruhige dich. Es sieht schlimmer aus, als es ist. El ist hart im Nehmen. Wir fahren jetzt nach Hause und ich schaue sie mir genau an. Dann kann ich ihr etwas gegen die Schmerzen und zum Schlafen geben."

Anni schaut Paul mit weit aufgerissenen Augen an.

„Oh ja, schlafen klingt gut. Aber vorher bringen wir den Falken zu Granny!", fordert Eleonora und drückt sich ein Taschentuch auf die blutende Wunde auf dem Kopf.

Paul beißt die Zähne zusammen und wirft seiner Tochter einen genervten Blick zu. „Ist gut, aber danach möchte ich dich gründlich untersuchen. Und anschließend tust du, was ich dir sage. Haben wir uns verstanden?"

Eleonora nickt und lehnt den Kopf nach hinten. Sie weiß nicht so genau, was schlimmer ist: die Schmerzen im Kopf oder die Schmerzen auf dem Kopf. Sie hört, wie ihr Vater den Motor anlässt und langsam losfährt. Zwei Minuten später hält er an. Vor dem Granny's vermutlich. Er steigt aus und öffnet die hintere Tür, um den Klappkorb samt Vogel herauszuholen. Eleonora kann die Augen einfach nicht öffnen. Ihre Mutter ist mucksmäuschenstill. Gern würde sie etwas zu ihren Eltern sagen, aber sie ist einfach zu müde. Dann hört sie, wie ihr Vater die Tür hinten wieder zuschlägt. Das Geräusch tut im Kopf weh. Kurze Zeit später steigt Paul ein. Als er diesmal die Fahrertür zuschlägt, zuckt Eleonora zusammen. Es ist ihr alles zu laut. Paul hatte das Auto laufen lassen und fährt los. Kurz darauf hält er wieder an.

Endlich sind wir da.

Eleonora fühlt sich zu schwach, um irgendetwas zu sagen. Sie bewegt sich nicht. Sie will einfach nur schlafen. Paul geht um das Auto herum und holt seine Tochter heraus. Er trägt sie. Als Anni die Haustür aufgeschlossen hat, bringt er sie in ihr Zimmer. Anni folgt ihnen nach oben. Dort legt Paul Eleonora aufs Bett. Sie ist so froh, dass sie nicht laufen musste.

„Ich hole kurz meinen Arztkoffer", hört sie ihren Vater sagen.

Anni macht sich daran, ihrer Tochter die nassen Sachen auszuziehen. Dann deckt sie Eleonora einfach zu.

Oh, die weiche Decke tut so gut.

„Danke, Mama."

„Oh, Schatz, ich hatte solche Angst um dich. Du bist nicht nach Hause gekommen, da wusste ich gleich, dass etwas nicht stimmt." Anni hält Eleonoras Hand und versucht, ihren Kloß im Hals zu unterdrücken.

Kurz darauf kommt Paul zurück. „El, Süße, ich möchte dich kurz untersuchen."

Eleonora nickt und Paul schaut sich die Verletzungen seiner Tochter an.

Nach einer gefühlten Ewigkeit ist er fertig und Eleonora hat nur den Wunsch zu schlafen.

Irgendwann wacht sie auf. Es ist so hell um sie herum. Sie blinzelt. Da steht jemand.

„Tante Sakkara? Bist du das?"

Sakkara steht in einer seltsamen Pose vor ihr und irgendein grelles Licht umgibt sie.

„Tante Sakkara, was machst du da?"

„Still, meine Große, schlafe weiter."

Eleonora macht die Augen zu und schläft gleich wieder ein.

Sie wacht wieder auf, mag jedoch die Augen nicht öffnen. Sie hört ihre Eltern mit Sakkara reden.

„Den Großteil ihrer Verletzungen konnte ich heilen. In zwei Tagen wird sie wieder wohlauf sein."

Was meint Tante Sakkara damit?

Danke, Sakkara. Ich hätte das auch hinbekommen, aber dann wäre mindestens eine Woche vergangen, bevor sie wieder hätte aufstehen können. So ist es natürlich für alle angenehmer.

Papa? Was redest du da?

„Ach, das ist doch das Mindeste, was ich für unser Mädchen tun kann. Anni, ich nehme dein Angebot gern an und bleibe diese Nacht. Ich möchte morgen mit Eleonora reden. Kann sein, dass wir uns eine Weile nicht sehen werden."

Ah, gut, Tante Sakkara bleibt noch.

Eleonora schläft wieder ein. Den Rest des Gespräches hört sie nicht mehr.

„Sakkara, was war das heute? Warum hat der eine Falke Eleonora angegriffen?" Anni zittert bei ihrer Frage.

„Das muss ich noch herausfinden. Ich habe nur eine Erklärung: Heute war der Vermählungstanz zwischen Ares und Eirik. So, wie ihr mir das geschildert habt, glaube ich, dass die Vermählung nicht stattgefunden hat. Ich muss morgen mit Granada reden." Sakkara klingt besorgt.

„Glaubst du, es ist klug, wenn El in dem Café arbeitet, jetzt, wo einer von euch bei Granada ist? Was, wenn jemand etwas merkt? Was, wenn ihr jemand etwas antut?" Pauls letztes Wort bleibt ihm fast im Hals stecken.

„Keine Sorge! Das Café ist der sicherste Ort für Eleonora. Solange sie Blaubeeren zu sich nimmt, kann niemand ihre Macht spüren. Außerdem ist in dem Café ein Portal. Dieses wird von allen Stämmen genutzt, deshalb ist das Portalgebiet eine neutrale Zone. Niemand darf hier einem anderen etwas tun. Unter allen Umständen halten sich alle an diese Regel. Ich würde mich nun gern ausruhen. Die Heilung hat mich ebenfalls viel Kraft gekostet."

„Selbstverständlich, Sakkara, bitte entschuldige. Komm, ich mach dir dein Bett fertig." Anni führt Sakkara hinaus.

E wie Eirik

Langsam öffnet Eleonora die Augen. Die Sonne scheint in ihr Zimmer.
Ist es noch hell? Oder schon wieder hell? Wie lange habe ich geschlafen?
Das Licht blendet sie nicht mehr und auch der Kopf tut kaum noch weh. Eleonora schlägt die Decke zurück und richtet sich auf. Sie hat ein Nachthemd an. Das muss ihr wohl ihre Mutter angezogen haben, das hat sie gar nicht mitbekommen. Sie steht auf und freut sich, dass ihr nicht mehr schwindelig ist. Das ist gut, denn sie muss dringend auf die Toilette. Anschließend geht sie ins Bad und schaut sich an.
Oh je, bin ich blass! Igitt, das Blut von gestern klebt ja noch in meinen Haaren.
Sie entschließt sich, sofort zu duschen. Wie immer nimmt sie ihre Zahnbürste mit unter die Dusche. Als sie wenig später aus der Duschkabine steigt, fühlt sie sich wie ein neuer Mensch. Sie wickelt sich das Handtuch um die Haare und schaut sich nackt im Spiegel an.
Oh je, überall blaue Flecken und kleine Abschürfungen. Obwohl – ich hatte es schlimmer erwartet.
Dann nimmt sie das Handtuch vom Kopf und wickelt es sich um den Körper. Eilig kämmt sie sich die Haare und spürt dabei die Wunde auf dem Kopf. Dann huscht sie zurück in ihr Zimmer. Dort sucht sie sich etwas zum Anziehen. Eine Jogginghose und ein Schlabber-T-Shirt sind

jetzt genau das Richtige. Während sie sich anzieht, schaut sie auf ihren Radiowecker. Kurz nach neun.

Auch das noch, ich habe doch heute meinen ersten Arbeitstag.

Sie eilt aus ihrem Zimmer und läuft die Treppe herunter. Unten rennt sie fast Sakkara um.

„Tante Sakkara! Schön, dich zu sehen. Aber ich bin total spät dran. Ich habe verschlafen. Ich muss weg."

„Ganz ruhig, Liebes. Du hast nicht verschlafen. Granada weiß, dass du erst am Mittwoch anfängst. Komm, lass uns frühstücken." Sakkara sieht wie immer atemberaubend aus. Sie trägt ein weißes Baumwollkleid, das ihre langen, roten Haare besonders betont.

Eleonora lässt sich von Sakkara an den Esstisch führen.

„Schatz, du bist schon aufgestanden? Und du hast allein geduscht? Mensch, Kind, sei doch nicht immer so stur. Warum hast du mich nicht gerufen? Schließlich hast du eine schwere Gehirnerschütterung. Was willst du essen? Du willst doch was essen? Du hast doch Hunger, oder? Ich muss gleich deinen Vater holen, der hat gesagt, ich soll ihn holen, sobald du wach bist." Anni überhäuft Eleonora mit Fragen und geht dann gleich los, um Paul zu holen.

Eleonora kichert. „Mama ist süß, nicht wahr?" Sie schaut zu Sakkara.

„Sie macht sich nun mal Sorgen um dich. Jede Mutter macht sich Sorgen um ihr Kind", sagt Sakkara und scheint dabei etwas geistesabwesend.

„Wie lange kannst du bei uns bleiben?"

„Ich werde mit dir frühstücken und dann muss ich gehen. Diesmal weiß ich leider nicht, wie lange wir uns nicht sehen werden, und das drückt schwer mein Herz." Sakkara legt ihre Hand auf die von Eleonora.

„Oh, wie schade, Tante Sakkara. Warum weißt du es nicht? Und was musst du überhaupt machen? Nimm dir doch bitte ein Handy mit, oder melde dich zumindest bei Facebook an, dann hätten wir öfter Kontakt."
Jetzt quassle ich schon wie meine Mutter ...
Sakkara lacht.
„Dort, wo ich hingehe, gibt es keinen Handyempfang und auch kein Internet. Aber ich verspreche dir eins: Irgendwann erzähle ich dir alles über meinen Beruf, und wer weiß, vielleicht wirst du ja meine Nachfolgerin."
Genau in diesem Moment kommen Eleonoras Eltern herein.
„Guten Morgen, El, wie geht es dir?", will Paul gleich wissen.
„Gut. So schlimm kann die Gehirnerschütterung nicht gewesen sein. Mir geht es schon viel besser, und ja, Mama, ich habe wirklich einen Bärenhunger. Sag mal, Papa, was hast du gestern mit Granny ausgemacht?"
„Also, ich habe ihr den Vogel gegeben. Sie kümmert sich um ihn. Ich habe ihr gesagt, dass du ihn gerettet und dir dabei fast den Hals gebrochen hast und deshalb vor Mittwoch nicht anfangen kannst. Dann sagte ich noch, dass es auch gut sein kann, dass du die ganze Woche nicht kommen wirst."
„Ne, Mittwoch passt. Schau, mir geht es schon viel besser."
„Ja, das sehe ich. Ich gehe dann mal wieder in die Praxis. Sakkara, sehen wir uns nachher noch?"
„Ich fürchte nicht, ich werde gleich nach dem Frühstück gehen."

„Dann lass dich drücken!" Paul verabschiedet sich herzlich von Sakkara und winkt zum Abschied.

Anni hat in der Zwischenzeit ein Frühstück gezaubert und sich zu den zwei Frauen gesetzt. Die drei essen, plaudern und lachen. Da bemerkt Eleonora, dass sie doch noch nicht so fit ist, wie sie gedacht hat. Schlagartig wird sie steinmüde. Sakkara und Anni entgeht das nicht.

„Geh! Leg dich wieder hin, ich räume das Frühstück ab", meint Anni und trägt Geschirr in die Küche.

„Deine Mutter hat recht, Eleonora. Komm, ich gehe mit dir hoch." Sakkara steht auf und reicht Eleonora die Hand.

Im Flur lässt Sakkara Eleonora kurz los und holt etwas von der Kommode. Es ist eine wundervolle Schachtel mit einer bezaubernden großen Schleife aus Seide.

„Nun schau nicht so und geh hoch. Oben darfst du es auspacken." Sakkara lächelt und drückt Eleonora langsam nach vorn.

Gemeinsam steigen sie die Treppe hinauf. In ihrem Zimmer setzt sich Eleonora im Schneidersitz aufs Bett.

Sakkara kann die Neugier in ihren Augen lesen, und das freut sie. Sie setzt sich zu ihr und reicht ihr das Geschenk. „Für dich, meine liebe Eleonora. Noch mal alles Gute zum Geburtstag."

Eleonora ist sehr gespannt. Sie zieht die Schultern hoch und saugt Luft ein, während sie langsam die Schleife löst. Behutsam öffnet sie den Deckel der Schachtel. Stoff. Feinster Stoff. Zappelig steht sie auf und holt den gesamten Inhalt heraus. Ein Kleid. Ein langes pfirsichfarbenes Kleid. Sie hat keine Ahnung, was das für ein Material ist. Vielleicht Seide? Es fühlt sich jedenfalls fantastisch an. Weich und geschmeidig. Es duftet frisch, irgendwie nach Wiese.

Sie muss es sich erst einmal genauer anschauen. Es ist schulterfrei. Genau genommen ist der ganze Rücken frei. Oben am Hals ist es durch einen Ring zusammengefasst. Um den Ring herum befinden sich feine Schnüre, die in Richtung Dekolleté gehen. Dort, wo die Brüste anfangen, wird der der Stoff dichter. Im Prinzip wird alles Gewagte am Körper verdeckt. Aber irgendwie erscheint Eleonora das Kleid trotzdem sehr sexy.

„Wow! Tante Sakkara, das hat doch bestimmt ein Vermögen gekostet. Es ist ... es ist wundervoll." Sie nimmt Sakkara in dem Arm und bedankt sich.

„Meine liebe Eleonora, für dich würde ich noch viel mehr ausgeben." Sakkara schließt die Augen und genießt die Umarmung. „Das Kleid hat noch eine Besonderheit", fährt sie fort. „Es darf nicht gewaschen werden. Wenn du es getragen hast – und ich hoffe, du trägst es bald –, dann hänge es bitte einfach über einen Kleiderbügel und lass es draußen auslüften. Am nächsten Tag wirst du überrascht sein, wie sauber es ist."

Das versteht Eleonora zwar nicht, aber sie hat auch nicht so genau hingehört. Als sie sich aus der Umarmung gelöst hat, drückt sie das Kleid an ihren Körper und tänzelt damit durch den Raum. Bis ihr ein wenig schwindelig wird. Sakkara kommt ihr zu Hilfe und führt sie zum Bett. Sie nimmt ihr das Kleid ab, hängt es sorgfältig über einen Kleiderbügel und hängt diesen außen an die Schranktür.

Eleonora legt sich ins Bett und gähnt.

Sakkara geht zu ihr, beugt sich über sie, küsst sie auf die Stirn und verabschiedet sich. „Schlaf jetzt, du brauchst noch Ruhe."

Eleonora nickt und schläft gleich ein.

„Schläft sie?", will Anni wissen, als Sakkara in die Küche kommt, und trocknet sich die Hände ab.

„Ja, sie braucht noch Ruhe. Aber Mittwoch ist sie wieder die Alte. Keine Sorge."

„Hast du mit Granada reden können?"

„Ja, kurz. Meine Vermutung hat sich bestätigt. Die Trauung wurde nicht vollzogen. Was vorgefallen ist, konnte sie mir nicht sagen. Wir wurden gestört und ich bin gegangen. Ich hatte Sorge, entdeckt zu werden."

„Verstehe."

„Anni, ich muss jetzt gehen und werde wahrscheinlich eine ganze Weile nicht kommen können. Der Vertrag zwischen Oris und Lakes ist nicht zustande gekommen, jetzt besteht die Gefahr eines neuen Krieges. In solchen Fällen bestehen die Königreiche auf ihren alten Bündnissen und im schlimmsten Falle befindet sich das ganze Avesreich im Krieg. Wir Seher versuchen das zu verhindern. Das geht nur, indem wir uns treffen, uns beraten und die Quelle des Lichts befragen. Wenn wir Glück haben, hören unsere Könige auf uns. Das Problem ist nur, dass nicht alle Seher dieses Ziel verfolgen. Eines ist jedenfalls sicher: Eine schwere Zeit steht uns bevor."

Bestürzt hat Anni zugehört. „Sakkara", sagt sie, „pass bitte auf dich auf. Wir brauchen dich hier!"

Mit besorgtem Blick verabschieden sich die beiden Frauen voneinander.

Eleonora wacht auf. Es ist bereits Abend. Ihr Magen knurrt. Sie hört ihre Eltern, die sich unterhalten. Schon als Kind hat sie es geliebt, wenn sie ihre Eltern reden hören konnte, während sie spielte. Das verlieh ihr ein Gefühl von Geborgenheit. Sie streckt sich, steht auf und geht nach unten.

„Eleonora, schön, dass du wach bist. Ich hatte schon Sorge, dass es dir wieder schlecht geht."

„Nein, Mama, alles in Ordnung. Ich habe Hunger."

Paul schmunzelt.

„Unsere Tochter und ihr Appetit."

Fröhlich sitzen sie beieinander und essen zu Abend. Anni hat eine Variation aus italienischen Antipasti vorbereitet. Dazu gibt es frisches Weißbrot.

„Hat von euch jemand heute schon Granny gesehen? Mich würde interessieren, wie es meinem Falken geht."

„Deinem Falken?", fragt Paul mit hochgezogenen Augenbrauen.

„Ja! Immerhin habe ich ihm das Leben gerettet, da habe ich doch gewisse Besitzansprüche, oder etwa nicht?"

Paul lacht.

„Stell dir mal vor, ich hätte gewisse Besitzansprüche an jeden, dem ich mal das Leben gerettet habe. Wo sollte ich dann hin mit all denen?"

Nun lachen auch Anni und Eleonora.

„Okay! Hast ja recht, Papa. Trotzdem interessiert es mich, wie es dem Vogel geht."

„Tut mir leid, El", Anni schüttelt den Kopf, „wir haben heute noch nichts von Granada gehört. Aber du siehst sie doch übermorgen. Dann kannst du mit ihr über den Vogel reden." Sie steht auf und räumt den Tisch ab. Eleonora hilft ihr dabei.

„Anni, magst du auch noch ein Glas Wein auf der Terrasse?", will Paul wissen, während er sich ein Glas Barolo einschenkt.

„Ja, gern!", ruft Anni aus der Küche.

„Geh schon, Mama, ich mach das hier, und nein, ich will keinen Wein. Ich bin froh, dass mein Kopf gerade nicht brummt."

Anni zögert kurz, entschließt sich dann aber, der Aufforderung ihrer Tochter zu folgen.

Nachdem Eleonora die Küche aufgeräumt hat, geht sie ins Wohnzimmer, knipst den Fernseher an und setzt sich aufs Sofa. Sie zappt von einem Kanal zum anderen. Nichts interessiert sie. Zudem strengen sie die schnellen Bildwechsel an. Sie schaltet den Fernseher wieder aus und holt ihr Smartphone.

Oh, Akku leer.

Sie holt das Ladegerät und gähnt.

Mensch, das kann doch nicht sein, dass ich schon wieder müde bin.

Sie gähnt gleich noch einmal.

„Müde?" Ihr Vater steht hinter ihr.

Eleonora zuckt mit den Schultern.

„Wie war das?", fragt Paul. „Von wegen, die Gehirnerschütterung war nicht so schlimm!"

Sie senkt den Kopf, als Paul weiterspricht: „Schatz, du hast dich sehr leichtsinnig verhalten. Bitte mach so etwas nie wieder!" Er beugt sich zu ihr herunter und sucht ihren Blick. Als sich ihre Augen treffen, wird Eleonora verlegen.

„Ich gebe es ja zu, es war dumm von mir." Schnell nimmt sie ihren Vater in den Arm, drückt ihn und verzieht sich in ihr Zimmer. Sie zieht ihr Snoopy-Nachthemd an, putzt sich die Zähne und legt sich ins Bett.

Wie schön die Vögel aussahen bei ihrem Tanz. Aber warum hat der eine Vogel den anderen angegriffen, und warum griff derselbe Vogel mich nachher an?

Ihre Stirn bekommt Falten, als sie eine Antwort auf ihre Fragen zu finden versucht. Sie schließt die Augen und schläft ein.

Eleonora träumt. Sie sieht sich oben an der Hütte stehen und hinunterschauen. Sie macht einen Satz nach vorn und erhebt sich. Sie fliegt. Sie genießt das Fliegen. Das Gefühl von Freiheit. Das Gefühl von Leichtigkeit. Sie schaut hinunter und die Welt unter ihr ist ganz klein. Aber sie sieht alles scharf und deutlich. Dann beginnt sie zu kreisen. Die Kreise, die sie zieht, werden immer größer.

Sie wacht auf.

Was für ein schöner Traum!

Sie öffnet die Augen. Es ist schon hell. Mit beiden Händen zieht sie die Decke über den Kopf. Am liebsten würde sie wieder einschlafen und weiterträumen. Sie träumt oft vom Fliegen. Tara sagt immer: „Wenn man träumt, dass man fliegt, sagt einem das Unterbewusstsein, dass man Sex braucht."

Eleonora muss kichern.

Wer weiß, vielleicht hat Tara recht und ich brauche tatsächlich mal Sex.

Sie schmeißt die Decke weg, denn darunter ist es viel zu heiß. Es ist 9.00 Uhr und sie hat große Lust aufzustehen.

Heute fühle ich mich gut. Echt gut!

Sie hüpft ins Bad, um ihr morgendliches Ritual durchzuziehen.

Nach dem Duschen betrachtet sie sich im Spiegel. Die blauen Flecken sind fast nicht mehr zu sehen. Sie wickelt sich in ein Handtuch, kämmt sich die Haare und geht in ihr Zimmer, um sich anzuziehen.

Schon cool, dass wir so ein großes Haus haben und ich die obere Etage fast für mich allein nutzen kann.

Im Haus ist es still.

Mama ist sicher im Studio und Papa natürlich in der Praxis. Jetzt gehe ich erst mal frühstücken.

In der Küche bereitet sie sich ein Müsli mit frischen Blaubeeren.

Warum fahren die beiden eigentlich so auf Blaubeeren ab? Die gibt es bei uns immer und in jeglichen Varianten.

Sie schiebt sich den ersten Löffel ihres Müslis in den Mund.

Wobei – Blaubeeren sind ja auch saulecker.

Sie nimmt ihre Müslischale und den Löffel und geht hinaus auf die Terrasse. Dort setzt sie sich in die Hollywoodschaukel. Langsam schaukelnd genießt sie ihr Frühstück und schaut sich im Garten um. Als sie satt ist, geht sie in die Küche, um die leere Schüssel und den Löffel in den Geschirrspüler zu räumen. Das Telefon klingelt. Sie schaut aufs Display.

Es ist Mama.

„Hi Mama."

„Habe ich dich geweckt?"

Eleonora schaut auf die Uhr. Es ist 10.30 Uhr. „Nein! Ich habe schon gefrühstückt."

„Du, ich schaffe es heute nicht, zum Mittagessen heimzukommen."

„Kein Problem, ich mach was für Papa und mich."

„Ist es dir auch nicht zu anstrengend?"
„Nein! Ehrlich gesagt ist mir total langweilig."
„Wenn du willst, kannst du heute Nachmittag mit mir kommen. Ich habe ein Fotoshooting mit einem Brautpaar."
„Gern, dann komme ich nach dem Mittagessen zu dir ins Studio."
„Prima. Um 14.00 Uhr kommt das Pärchen. Bis dann."
„Bis dann."

Annis Konzept läuft gut. Sie macht Hochzeitsfotos, allerdings nicht am Tage der Hochzeit, sondern einige Zeit danach. Die Braut geht zum Friseur und zieht noch einmal ihr Brautkleid an. Auch der Bräutigam putzt sich raus. Dann geht Anni mit ihnen in die Natur und sie machen Fotos, ohne darauf achten zu müssen, ob die Kleider dreckig werden. Dabei entstehen tolle Fotos. Letztens hat sie ein Brautpaar fotografiert, das mitten in einem See stand. Oder sie lagen beide in einem Weizenfeld. Eleonora liebt diese Aufnahmen.

Was soll ich nur kochen? Ach, ich weiß. Ich mache uns Salbeispaghetti. Spaghetti sind immer da und Salbei haben wir im Garten. Mal schauen, ob wir noch grünen Salat haben.

El sucht sich die Zutaten zusammen. Es fehlt Butter. Sie nimmt ihren Geldbeutel und den Haustürschlüssel und verlässt das Haus. Draußen überlegt sie, ob sie ihr Rad nehmen soll. Aber sie entschließt sich zu laufen.

Der kleine Spaziergang tut mir sicher gut.

Als sie zurückkommt, muss sie sich beeilen. Nur noch eine halbe Stunde, dann wird ihr Vater da sein. Er ist der entspannteste Mann, den sie kennt, außer wenn er Hunger hat. Dann ist er unerträglich.

Die Tür geht auf, als Eleonora gerade die Salatschüssel auf den Tisch stellt.

„Hallo Papa."

Paul schaut etwas überrascht. „Hast du gekocht? Kommt Mama heute nicht?"

„Tja, heute hast du wohl Pech. Du musst dich meinen Kochkünsten opfern."

Paul reibt sich die Hände und grinst. „Welch ein Glück, dass ich Arzt bin und mir im Notfall gleich selbst helfen kann."

Eleonora zwickt ihren Vater. „Vorsicht, sonst nehme ich dir dein Essen weg."

Beide lachen und setzen sich an den Tisch.

Paul bleibt nicht lange, weil viel los ist in der Praxis. Mit einem Lächeln verabschiedet er sich.

Geschickt räumt Eleonora die Küche auf. Dann holt sie ihr Haargummi, stellt sich vor den Spiegel im Flur und bindet sich einen Zopf.

Als sie kurz darauf ihr Handy eingeschaltet hat, brummt es mehrmals.

Oh, lauter Nachrichten von Tara. Bei der muss ich mich unbedingt heute Abend melden.

Sie zieht ihre Sneaker an, setzt sich ihre Sonnenbrille auf den Kopf, nimmt ihre Tasche, wirft das Handy und die Schlüssel hinein und geht zur Haustür hinaus.

Das Fotostudio ist gleich um die Ecke. Als sie es betritt, ist ihre Mutter mit einigen Kunden beschäftigt. Kurz darauf kommt schon das Brautpaar herein.

Wie glücklich die ausschauen.

Kaum sind die Kunden gegangen, widmet sich Anni dem Brautpaar. Sie besprechen, wo sie hingehen werden. Währenddessen trägt Eleonora die Fotoausrüstung ins Auto und wartet. Kurze Zeit darauf kommt Anni und sie fahren los. Annis Ziel ist ein altes Fabrikgelände. Das Brautpaar folgt ihnen im eigenen Fahrzeug.

Im ersten Moment ist Eleonora entsetzt.

Hier wollen die ihre Hochzeitsbilder machen?

Als sie aber später sieht, was für tolle Ideen ihre Mutter hat, ist sie hin und weg. Am besten gefallen ihr die Bilder mit einer Flex als Requisit.

Der Bräutigam hat sein Sakko ausgezogen und sich die Hemdsärmel hochgekrempelt. Hinter ihm sind irgendwelche alten Rohre aufgetürmt. Darauf liegt die Braut, ein Bein ausgestreckt, das andere angewinkelt. Das Kleid ist hochgerutscht, gerade so, dass man den Ansatz des halterlosen Strumpfes sehen kann. Die Braut stützt sich auf einen Ellbogen und schnuppert an einer roten Rose, während der Bräutigam die Funken sprühen lässt.

Später lässt Anni Eleonora das Ergebnis auf der Kamera sehen und sagt, während sie auf eines der Bilder zeigt: „Das mache ich später schwarz-weiß und lasse nur die Rose rot."

Es ist schon Abend, als sie zurückfahren. Da klingelt das Telefon. Anni geht an die Autosprechanlage. Es ist Paul.

„Mädels, was haltet ihr davon, wenn ich heute koche und uns eine Pizza bestelle?"

Eleonora nickt eifrig.

„Geht in Ordnung!", sagt Anni.

Als sie daheim ankommen, duftet es schon nach den Pizzen. Paul hat draußen gedeckt.

„Kommt schon, bevor die Pizza kalt wird."

Die Frauen folgen und setzen sich an den Tisch. Sie unterhalten sich angeregt und genießen ihr Familiendasein.

Paul räuspert sich und sagt: „Es ist echt schön mit euch, aber leider muss ich noch mal runter in die Praxis, denn da ist einiges an Papierkram zu erledigen. Ich wollte nur mit euch zu Abend essen."

Traurig schaut Anni ihren Mann an.

Der wendet sich an seine Tochter. „El, sag mal, fühlst du dich fit für morgen?"

„Morgen? Ah ja. Morgen ist ja mein erster Arbeitstag. Und ob ich mich fit fürs Geldverdienen fühle."

Paul nickt und geht.

„Danke, Mama!"

„Wofür?"

„Genau genommen für alles, aber im Moment meine ich den heutigen Nachmittag mit dir. Hat mir viel Spaß gemacht."

„Ach, Eleonora. Ich danke dir. Es hat mir mit dir auch viel Spaß gemacht."

Zusammen räumen sie ab und Eleonora merkt, dass sie müde ist. „Ich gehe ins Bett", verkündet sie und geht nach oben.

In ihrem Zimmer macht sie die Nachttischlampe an und öffnet das Fenster. Ein warmer Windstoß erreicht sie. Sie atmet tief ein, legt sich aufs Bett und schließt kurz die Augen.

Bin ich müde! Ah, wie gut die Luft riecht. Ich geh gleich ins Bad und richte mich fürs Bett. Ich möchte nur zwei Minuten hier so liegen.

Eleonora schläft ein. Ein tiefer und erholsamer Schlaf. Sie träumt. Wieder ist sie oben an der Hütte. Wieder macht sie einen Satz nach vorn und erhebt sich. Sie fliegt. Sie liebt dieses Gefühl. Sie genießt die Welt um sich herum. Sie dreht den Kopf nach rechts und sieht, dass sie nicht allein ist. Ein Falke fliegt neben ihr. Ihr Falke. Der Falke, den sie gerettet hat.

Eleonora schrickt hoch. Sie ist wach. Es ist bereits hell.
Oh nein, ich bin eingeschlafen. Voll bekleidet. Was habe ich nur für einen ekligen Geschmack im Mund. Wie spät ist es?
6.30 Uhr.
Mist, ich habe verschlafen. Ich will doch am ersten Tag nicht gleich zu spät kommen. Um 7.00 Uhr soll ich im Granny's sein. Okay, das schaffe ich.
Sie springt aus dem Bett und öffnet den Schrank.
Mist, was soll ich anziehen?
Sie entscheidet sich für eine Dreiviertel-Leggings und ein Longshirt. Dann nimmt sie frische Unterwäsche und Sneakersocken aus der Kommode. Damit verschwindet sie im Bad. Im Eiltempo duscht sie sich und putzt sich die Zähne. Sie kämmt sich die Haare und stülpt ein Haargummi um das Handgelenk.
Ich lasse die Haare einfach an der Luft trocknen, und sobald sie trocken sind, binde ich sie zusammen.
Sie zieht sich an. Es ist 6.50 Uhr. Während sie die Treppe herunterstürmt, hört sie ihre Mutter in der Küche.

„Mama, ich habe verschlafen. Ich esse etwas im Granny's. Ich geh dann mal. Ciao!"

Noch bevor ihre Mutter reagieren kann, schlägt Eleonora die Haustür hinter sich zu. Sie hat zwar ihre Handtasche dabei, aber das Handy hat sie vergessen.

Das ist ihr jedoch egal. Sie will nur pünktlich zu Granada kommen. Sie benutzt den kleinen Trampelpfad, der den Hügel hinunterführt. Unten muss sie nur noch über die Ampel, dann steht sie schon vor dem Granny's. In dem Moment hört sie die Kirchturmuhr. Es ist genau 7.00 Uhr. Die Tür ist noch zu, da das Granny's erst um 8.00 Uhr öffnet. Sie sieht Granada hinter der Theke stehen und klopft kurz an die Scheibe. Granada schaut auf, sieht sie und kommt zur Tür, um diese zu öffnen.

„Guten Morgen, Eleonora", begrüßt Granada sie fröhlich.

„Guten Morgen, Granny."

Wie macht sie das nur, dass sie in ihrem Alter noch so gut aussieht? Die grauweißen Haare hat sie immer zu einem strengen Dutt zusammengefasst. Die falschen, langen Wimpern und die großen Kreolen machen einen besonderen Typen aus der alten Lady.

„Komm rein, siehst so aus, als hättest du heute noch keinen Kaffee gehabt. Magst du einen?"

„Nein, danke! Ich trinke keinen Kaffee."

„Stimmt ja, wie konnte ich das vergessen, denn du trinkst ja meinen Blaubeermilchshake!"

„Ja, seit du ihn mir vor zehn Jahren das erste Mal gemacht hast, trinke ich ihn tatsächlich fast jeden Morgen."

„Na, dann sollten wir die Tradition nicht ändern. Setz dich, ich mache dir einen, danach zeige ich dir alles."

Eleonora nimmt an der Theke Platz und schaut sich im Café um. Das Granny's ist im Stil der sechziger Jahre eingerichtet. Wenn man zur Tür hereinkommt, läuft man direkt auf die „Heiße Theke" zu. Dort gibt es immer warmen Leberkäse, panierte Schnitzel und gebackenen Schweinehals. Links daneben steht ein Regal mit frischen Baguettebrötchen. Mitten im Raum befindet sich eine runde, gekühlte Glasvitrine, die sich dreht. Dort gibt es Kuchen, Torten und Muffins. An der Theke sind sieben Barhocker. Eleonora wendet ihren Kopf und schaut in den Raum. Sie will die Tische zählen. Es sind fünfzehn mit je drei Stühlen. An der Wand gegenüber hängt eine große Tafel. Dort sind die Tagesgerichte aufgeführt. Das ist der Bereich, den sie kennt. Schließlich geht sie hier schon jahrelang ein und aus. Ihr Blick richtet sich auf den Türbogen. Dort war sie noch nie. Direkt hinter dem Türbogen geht es rechts in die Küche, links ist das Treppenhaus. Oben befinden sich drei Fremdenzimmer. Auf einmal sieht sie, wie jemand die Treppe hinunterkommt. Ein junger Mann. Eleonora hält die Luft an, als sie ihn sieht.

Wow, sieht der gut aus!

Wie in Zeitlupe schaut sie ihn an.

Er ist groß, trägt Jeans und ein schwarzes T-Shirt, das deutlich erkennen lässt, wie durchtrainiert er ist. Seine dunklen Haare sehen etwas wild aus. Sie sind nicht zu kurz und nicht zu lang. Genau richtig. Er hat ein perfektes maskulines Gesicht mit einer schönen, geraden Nase. Und dann diese dunklen Augen! Sie glänzen und Eleonora hat das Gefühl, als würden sie sie durchbohren. Als sie das Geräusch des Mixers hört, erschrickt sie und fängt wieder an zu atmen.

Oh nein, habe ich ihn etwa gerade so angestarrt, wie ich denke, dass ich es getan habe?
Ihr Herz beginnt zu rasen und sie starrt auf die Theke.
Der Typ stellt sich direkt neben sie. Er schaut zu Granada und sagt: „Sie sitzt auf meinem Platz." Dabei macht er eine missbilligende Kopfbewegung hin zu Eleonora.
„Eleonora, darf ich dir Eirik vorstellen?" Granada lächelt. „Er ist eine Art Neffe von mir."
Eleonora dreht sich in Eiriks Richtung. Ihr verschlägt es erneut den Atem, als sie ihn so dicht neben sich stehen sieht. Erst jetzt bemerkt sie, dass er eine Schlaufe um den Hals hängen hat, in der sein linker Arm steckt.
„Hallo, ich bin Eleonora", krächzt sie und streckt Eirik die Hand hin. Er schaut sie von oben herab kurz an und zeigt ansonsten keine Regung. Verlegen zieht Eleonora ihre Hand zurück.
Granada hat in der Zwischenzeit zwei Blaubeermilchshakes zubereitet und stellt einen vor Eleonora und den anderen vor Eirik. „Übrigens, Eirik, der Platz neben Eleonora ist ebenfalls wunderbar", sagt sie und wirft ihm einen ernsten Blick zu. Er schnaubt und setzt sich auf den freien Platz neben Eleonora.
„Bleibst du lange hier in Sonnental?", versucht Eleonora ein Gespräch anzufangen.
„Nein!", antwortet Eirik und schaut sie dabei nicht mal an.
Boah, was ist denn mit dem los?
Beide trinken ihren Blaubeermilchshake. Die seltsame Stille, die sie umgibt, kann Eleonora fast nicht ertragen. Sie versucht es noch einmal: „Grannys Blaubeermilchshake ist echt der beste, nicht wahr?"

Eirik runzelt die Stirn. „Hör zu, ich bin nicht hier, um mich zu unterhalten." Damit steht er auf, nimmt sein Glas und setzt sich an einen der Tische.

Au, das hat gesessen. Gott, wie peinlich! Wieso musste ich auch diesen Herrn Griesgram ansprechen?

Schnell trinkt sie ihr Glas leer, steht auf und sucht mit dem Glas in der Hand nach Granada. In der Küche wird sie fündig.

„Prima, dass du gerade kommst, ich stell dir gleich mal alle vor. Das hier ist Guiseppe Forin, unser Koch, aber wir nennen ihn alle Seppi. Das geht schneller."

Guiseppe ist Italiener. Anfang/Mitte dreißig. Er hat gegelte Haare und ein freundliches Lächeln.

„Hallo Eleonora, nur damit du es weißt, jedes Mädchen, das hier anfängt, muss mit mir ausgehen, und das ohne Widerworte", begrüßt er sie lachend.

„Alles klar." Eleonora lacht ebenfalls. Sie weiß, dass das nur ein Spaß ist. Seppi ist ihr gleich sympathisch.

„Das da drüben ist Bastian Kanter, unser Lehrling", stellt Granada weiter vor.

„Hi Bastian", ruft Eleonora und Bastian winkt mit einer Pfanne zurück. Er ist ein dürrer, junger Kerl, der vor sich hingrinst.

„Sandra Beer kommt um elf. Sie kellnert zusammen mit dir. Die lernst du also nachher noch kennen. Jetzt gehen wir hinter die Theke und dort erkläre ich dir alles."

Eleonora folgt Granada an die Theke. Sie sieht, dass Eirik noch immer an dem Tisch sitzt. Er hat sich so hingesetzt, dass er das ganze Café im Blickfeld hat. Allerdings liest er etwas. Ein dickes, altes Buch. Zumindest sieht es alt aus. Er hebt den Blick und ihre Augen treffen sich. Eleonora schaut verlegen zur Seite. Hinter der Theke öffnet Granada jede Schublade, um ihr alles zu zeigen. Sie erklärt ihr, wie man an der Heißen Theke den Leberkäse abwiegt und wie der große Industriekaffeeautomat funktioniert. Dann gehen sie zur Kasse, die im Prinzip ein Computer ist. Daneben liegen drei Erfassungsgeräte, jedes an ein Ladegerät angeschlossen.

Granada geht mit Eleonora das Programm des Erfassungsgerätes durch. „An jedem Tisch musst du zuerst die Tischnummer erfassen. Danach nimmst du die Bestellung auf. Sonderwünsche tippst du extra wie eine SMS. Wenn alles fertig ist, drückst du auf OK. Die Essensbestellung kommt direkt in der Küche an. Irgendwann stellt Seppi das Menü in die Durchreiche. Unter den Teller legt er ein Kärtchen mit der Tischnummer. Die Getränkebestellung kommt hier raus." Sie zeigt auf ein weiteres kleines Gerät neben der Kasse. „Wann immer du etwas an den Tisch gebracht hast, musst du es im Erfassungsgerät bestätigen. Wenn der Auftrag komplett ist, druckt die Kasse automatisch die Rechnung aus. Diese kannst du dann auf Wunsch dem Kunden bringen."

Eleonora nickt.

Oh je, hoffentlich kann ich mir das auch alles merken.

Granada holt aus einem Korb unter der Theke einen Geldbeutelgürtel hervor.

„Hier, den kannst du dir umlegen. Dann darfst heute du die Tür öffnen." Sie zeigt auf die Tür. Draußen stehen schon Leute. Eleonora schaut auf die Wanduhr. Kurz vor 8.00 Uhr.

Na dann ...

Sie geht zur Tür und schließt sie auf. Jeden Gast begrüßt sie mit einem Lächeln und läuft gleich hinter die Theke. Kurz schaut sie zu dem Tisch, an dem Eirik vorher gesessen hat. Er ist weg. Enttäuschung macht sich in ihr breit. Doch dafür hat sie keine Zeit. Die ersten Coffee-to-go-Bestellungen kommen bereits bei ihr an.

Erst kurz vor 10.00 Uhr beruhigt es sich. Ihr macht die Arbeit Spaß und die Zeit vergeht wie im Flug. Nur ein Tisch ist im Moment besetzt. Dort sitzen zwei Frauen, die sich offensichtlich viel zu erzählen haben. Granada hat die ganze Zeit gemeinsam mit ihr bedient und ihr immer wieder zugezwinkert. Eleonora glaubt, dass sie zufrieden ist.

„Süße", sagt Granada, „ich glaube, die zwei Damen können wir kurz allein lassen. Komm bitte mit, ich möchte dir gern den Keller zeigen."

Eleonora folgt ihr sogleich. Sie gehen die Treppe hinunter. Die erste Tür rechts führt zum Waschraum, in dem sich eine große Waschmaschine und ein ebenso großer Trockner befinden sowie eine Wäscheleine, ein Bügelbrett und ein Dampfbügeleisen.

„Ich wasche die gesamte Wäsche, die im Café anfällt, selbst. Das heißt, alles aus der Küche, die Gästehandtücher und die Gästebettwäsche. Die Küchenwäsche darfst du bitte nie mit der Zimmerwäsche zusammen waschen. Zu bügeln brauchst du nichts. Wir bügeln hier nur im Notfall und wenn ein Gast uns ein Kleidungsstück zum Reinigen gibt. Die Handtücher kannst du direkt hier zusammenlegen und dort ins Regal legen. Die Bügelwäsche packst du einfach in diesen Korb. Sandra nimmt ihn dann mit. Sie bügelt die Wäsche für uns und verdient sich so noch etwas dazu." Granada öffnet eine weitere Tür. „Hier nebenan ist mein Vorratsraum. Was auch immer oben ausgeht, hier findest du Ersatz. Wenn du etwas von dem Vorrat nimmst, trage es bitte in diese Liste ein, damit ich es nachbestellen kann. In die zwei anderen Räume brauchst du nicht zu gehen. In dem einem ist alter Plunder und der andere ist der Heizungsraum. Unsere Heizung darf nicht angefasst werden, die ist sehr empfindlich. Hast du noch Fragen?"

„Nein, ich glaube nicht." Während Eleonora spricht, bleiben ihre Augen auf der Heizungsraumtür haften.

Diese Tür? Und da ist doch ein grünes Licht um den Türrahmen. Zu gern würde ich diese Tür öffnen ...

„Wie gefällt es dir bis jetzt?" Eleonora wird aus ihren Gedanken gerissen.

„Sehr gut! Ehrlich, es macht mir großen Spaß."

„Das freut mich. Du machst dich auch gut. Lass uns wieder hochgehen. Ich mag es nicht so gern, wenn niemand von uns oben ist."

Inzwischen ist Sandra gekommen. Sie hat soeben die zwei Damen abkassiert.

„Hallo, du musst Eleonora sein?" Sandra kommt freudestrahlend auf Eleonora zu.

„Ja, genau, und du bist Sandra?"

Sandra ist eine kleine, zierliche und anscheinend sehr witzige Frau. „Dann sind wir ab heute das neue Dream-Team?", fragt sie.

Eleonora lacht. „Sieht ganz danach aus." Sie mag Sandra auf Anhieb.

Ich glaube, wir könnten Freundinnen werden. Sandra ist bestimmt kaum älter als ich.

Eleonora dreht sich um und sieht auf der Theke eine Tasse stehen. Im Café ist jedoch kein Gast mehr. Sie geht hin und sieht, dass die Tasse noch halb voll Tee ist.

„Ist das deine, Sandra?"

„Nein, die hat bestimmt ein Gast stehen lassen", antwortet Sandra und wischt einen der Tische mit einem feuchten Lappen ab.

Eleonora zuckt mit den Schultern. Sie nimmt die Tasse von der Theke und will sie in die Küche tragen. Gerade als sie sich umdreht, taucht Eirik neben ihr auf. Sie bemerkt ihn zu spät, erschrickt und verschüttet den Tee auf Eirik. Als sie das sieht, erschrickt sie noch mehr und lässt die Tasse fallen.

„Oh, das tut mir echt leid. Das war keine Absicht." Sie wird rot. Schnell geht sie in die Hocke und hebt die Tasse auf, die wie durch ein Wunder nicht zerbrochen ist. Aber überall sind Teespritzer. Sie stellt die Tasse auf der Theke ab und Sandra wirft ihr den nassen Lappen zu. Eleonora wischt sofort die Spritzer vom Boden. Eirik blickt sie wütend an, das spürt sie. Aber sie traut sich nicht, ihm in die Augen zu schauen.

„Diese Frau würde ich an deiner Stelle nicht mal zwei Minuten beschäftigen." Eirik schnaubt und blickt wütend zu Granada, die eben durch den Türbogen getreten ist. Fassungslos schaut Eleonora zu Granada und dann zu Eirik.

Du griesgrämiger Mistkerl.

„Krieg dich wieder ein, Eirik. Sie hat es sicher nicht absichtlich getan. Gib ihr einfach dein Shirt, sie wird es waschen und es dir wiederbringen."

Eirik lächelt, doch es ist ein wütendes und verächtliches Lächeln.

Eleonora ist stinksauer. Sie steht direkt vor Eirik und hätte ihm am liebsten eine geknallt. Völlig unerwartet zieht er sein T-Shirt aus. Eine wundervolle glatte Männerbrust präsentiert sich ihr. Sie sieht jeden Muskel und muss schlucken. Am liebsten würde sie Eirik berühren. Ihr Zorn verfliegt so schnell, wie er gekommen ist.

Eirik knüllt sein T-Shirt zusammen und wirft es ihr ins Gesicht. Dann dreht er sich um und läuft die Treppe hinauf. Eleonora kann seine Dreistigkeit nicht fassen.

„Nimm ihn nicht so ernst, El." Granada legt besänftigend den Arm auf Eleonoras Schulter. „Er hat einfach zu viel Testosteron. Bitte bringe sein Shirt in den Waschraum, und dann bringst du ihm einen neuen Zitronentee." Sie nimmt die Tasse von der Theke.

Dann war das auch noch sein Tee.

Eleonora schluckt ihren Ärger herunter. Sie hebt das T-Shirt auf und begibt sich in Richtung Keller. Das Shirt ist noch warm und Eleonora überkommt eine Gänsehaut.

Warum reagiert mein Körper nur so auf ihn? Dabei war er mir gegenüber derart abweisend und unverschämt ...

Als sie aus dem Keller kommt, sitzt Eirik erneut an dem Tisch von heute Morgen. Er hat jetzt ein weißes T-Shirt an. Ihr Herz schlägt schneller, als sie an ihm vorbeilaufen muss. Sie geht gleich hinter die Theke, um ihm einen neuen Tee zuzubereiten. Ihre Hand zittert, als sie die Tasse bereitstellt.

Sandra fasst ihre Hand an. „Ganz ruhig, El. Du musst keinen Tee machen. Er will keinen mehr, und falls es dich interessiert, er hat eben einen Einlauf von Granada erhalten."

Eleonora schaut Sandra mit großen Augen an.

„Sag mal, was läuft da zwischen euch?", will Sandra wissen.

„Laufen? Zwischen wem?"

„Na, zwischen dir und Adonis."

„Nichts, ich kenne ihn ja kaum. Ich weiß auch nicht, welches Problem er mit mir hat." Während sie Sandra antwortet, schaut sie zu Eirik hinüber. Der stützt den Ellbogen seines gesunden Armes auf den Tisch und hält sich den Kopf.

„Oh je, ich kenn das."

„Was meinst du damit, Sandra? Was kennst du?"

„Na, diese Spannung, die da zwischen euch herrscht, und die Blicke, die ihr austauscht. Ich sage dir, wozu das führt. Das führt zu einer ungewollten Schwangerschaft, und dann lässt dich der Typ sitzen, und plötzlich bist du, so wie ich, alleinerziehende Mutter eines mittlerweile Fünfjährigen." Sandra spricht ganz leise. Nur Eleonora kann sie hören.

Als Sandra ihren Satz beendet hat, springt Eirik von seinem Stuhl. Dieser kippt um. Die Frauen erschrecken. Sichtlich wütend stapft Eirik zur Theke und starrt Eleonora direkt in die Augen. Dann dreht er sich abrupt um und läuft die Treppe hinauf. Unbewusst hat Eleonora die Luft angehalten. Jegliche Farbe ist aus ihrem Gesicht gewichen.

„Hallo, kann ich bitte was bestellen?" Ein Mann steht an der Heißen Theke.

Eleonora löst sich aus ihrer Starre, stellt den Stuhl wieder hin und wendet sich dem Kunden zu. „Klar, was darf es denn sein?"

Die Mittagsrunde ist der Wahnsinn. Ihr ist früher nie aufgefallen, dass hier so viel Betrieb ist. Klar wusste Eleonora, dass das Granny's beliebt ist. Aber wenn man als Kunde darin sitzt, sieht man das mit ganz anderen Augen. Sie und Sandra laufen sich die Hacken ab, um jeden Kunden zügig zu bedienen. Erst kurz nach 13.00 Uhr wird es sichtlich ruhiger.

Sandra klopft Eleonora auf die Schulter. „Gut gemacht! Wir zwei rocken die Bude schon."

Eleonora lacht kurz auf und geht zur Durchreiche. Seppi hat noch ein Essen bereitgestellt. Pasta mit Zucchinigemüse. Sie nimmt das Kärtchen, das unter dem Teller liegt, zur Hand. Tisch Nummer 15. Als sie den Blick hebt und zu dem Tisch schaut, stockt ihr der Atem.

Oh nein, nicht noch mal Herr Griesgram! Den hatte ich doch gerade aus meinem Hirn verdrängt.

Eleonora atmet tief durch.

Also Rüstung an für den nächsten Schlag. Schultern gerade, Kopf hoch ...

Entschlossen bringt sie Eirik das Essen. Sie stellt es vor ihm ab und dreht sich sofort weg. Doch er packt sie am Handgelenk und hält sie fest. Nicht grob, aber bestimmt. Mit weit aufgerissen Augen schaut sie ihn an.

„Eleonora. Ich möchte mich bei dir aufrichtig bedanken." Er sieht diesmal gar nicht verärgert aus. Im Gegenteil. Seine Augen sind sanft und liebenswürdig. In ihnen ist ein ganz besonderer Glanz.

Was macht er da? Meine Knie werden ganz weich. Warum schaut er mich so an? Wieso bedankt er sich so für das Essen?

Sie schaut auf seine Hand, die noch immer auf ihrem Handgelenk ruht.

Seine Berührung fühlt sich irre an. Fest und weich zugleich.
Er bemerkt ihren Blick und lässt sie los.
Nein, nein, nicht loslassen!
„Ähm, ja, gern geschehen", bringt Eleonora hervor und verschwindet hinter die Theke. Sie bückt sich und tut so, als würde sie unter der Theke etwas suchen. In Wirklichkeit kniet sie sich kurz hin und legt ihre Hände aufs Gesicht. Sie braucht einfach einen Moment für sich.

„Oh Scheiße, dich hat's aber erwischt!" Sandra kniet sich neben sie und grinst. „Ich wollte dich vorhin nicht schocken, El. So schlimm ist es nicht."

Eleonora weiß nicht, was Sandra meint.

„Na, das, was ich über das Alleinerziehen gesagt habe. Ich würde meinen kleinen Ben um nichts auf der Welt hergeben. Er ist das Beste, das absolut Beste, was mir je passiert ist. Was ich dir damit sagen will, ist: Du brauchst vor einem Kerl nicht solche Angst zu haben."

„Ich glaube, die Erlebnisse der letzten Tage sind wohl doch etwas viel für mich." Eleonora schüttelt den Kopf und steht auf. Außer dem Personal und Eirik ist niemand im Café.

Granada kommt mit zwei Pastatellern um die Ecke.

„Kommt, Mädels, bitte esst auch etwas. Der Zeitpunkt bietet sich gerade an." Sie stellt die Teller an einen der Tische und verschwindet wieder. Eleonora dreht sich der Magen um. Ihr ist gar nicht nach Essen zumute. Aus Höflichkeit setzt sie sich. Bewusst hat sie den Platz gewählt, an dem sie mit dem Rücken zu Eirik sitzt. Aber sie spürt seinen Blick. Ihr eigener Blick fällt auf den Teller. Unmöglich kann sie jetzt etwas essen. Nervös rutscht sie auf ihrem Stuhl hin und her.

Sandra, die Eleonora eine Weile beobachtet hat, sagt: „El. El du kannst jetzt essen. Er ist weg."

Eleonora dreht sich um. Tatsächlich ist Eiriks Platz leer. Sie atmet hörbar aus und fängt an zu essen. Es schmeckt ihr gut, aber viel bekommt sie nicht runter. Dann hört sie Granada rufen.

„El, Süße, wenn du fertig bist, kommst du bitte zu mir, ich möchte dir gern noch etwas zeigen."

Das klingt wie eine Erlösung. Weg vom Essen. Eleonora nimmt ihren Teller und stellt ihn in die Durchreiche. Dann sucht sie Granada.

Granada befindet sich in ihrem Büro und telefoniert. Eleonora bleibt vor der Tür stehen und wartet. Als Granada fertig ist, kommt sie heraus.

„Prima, da bist du ja schon. Lass uns kurz nach oben gehen. Ich möchte dir zeigen, was in den Zimmern zu tun ist." Und schon läuft Granada los.

Ob wir wohl in Eiriks Zimmer gehen? Ich weiß gar nicht, ob ich Herrn Griesgram schon wieder begegnen will ...

Während sie Granada folgt, sieht sie sich aufmerksam um.

Die Zimmernummern sind einfach: 1, 2, 3.

Das Zimmer mit der Nummer 1 ist das größte, und das hat Eirik, so viel weiß Eleonora schon. Doch Granada läuft an Zimmer Nummer 1 vorbei. Wieder macht sich das Gefühl der Enttäuschung in Eleonora breit. Sie laufen an allen drei Zimmern vorbei. Bis sie vor einer Tür ohne Zahl stehen bleiben.

„Das ist unser Kämmerchen", erklärt Granada. „Hier findest du den Putzwagen. In den Regalen sind die frischen Handtücher und frische Bettwäsche. Wenn die Regale hier mal leer sind, dann hole bitte immer gleich unten aus dem Keller Wäsche zum Nachfüllen." Granada schiebt den Wagen aus dem Kämmerchen. Sie bleibt vor Zimmer Nummer 1 stehen. Eleonoras Herz machte einen kleinen Freudensprung.

„Wenn hier kein ‚Bitte nicht stören'-Schild hängt, dann klopfst du an die Tür und rufst: ‚Zimmerservice!' Wenn wie in diesem Fall kein Einwand kommt, dann öffnest du mit dieser Karte hier die Tür." Granada öffnet die Tür und betritt das Zimmer. Eleonora folgt ihr. Sie schaut sich um, doch bedauerlicherweise ist Eirik nicht da.

Wieso bin ich eigentlich so enttäuscht, ihn nicht in seinem Zimmer anzutreffen?

„Also, zuerst gehst du ins Bad und kippst diesen Essigreiniger ins Klo. Während der Reiniger einwirkt, machst du das Bett, leerst den Mülleimer aus dem Bad und den, der unter dem Schreibtisch steht. Dann schaust du dir den Boden an, ob er gesaugt werden muss. Du kontrollierst die Spiegel – die müssen blitzblank sein. Anschließend gehst du zurück ins Bad."

Parallel zur Erklärung erledigen die beiden Frauen auch gleich die Arbeit. Eleonora lauscht den weiteren Anweisungen.

„Du hast zwei Putzeimer. Den blauen mit dem blauen Schwamm und den roten mit dem roten Schwamm. Rot steht für Toilette und Blau steht für den ganzen Rest. Im Bad muss alles staub- und haarfrei sein. Zum Schluss nimmst du bitte die Klobürste und fährst damit einmal in der Kloschüssel herum. Dann spülen – und fertig ist der Raum. Ach ja, natürlich musst du auch schauen, dass der

Gast frische Handtücher bekommt, falls er denn welche braucht."

„Alles klar!" Eleonora nickt. Den Wagen schiebend folgt sie Granada aus dem Zimmer. „Wo liegt denn die Generalkarte fürs Zimmer?"

„Die ist bei mir. Entweder mach ich die Zimmer oder ich schicke dich oder Sandra. Im letzteren Fall gebe ich euch die Karte."

Granada schaut auf die Uhr. „Es ist zwar noch nicht 16.00 Uhr, aber ich würde sagen, für heute ist es genug. Du darfst gern nach Hause gehen."

„Wenn es für dich okay ist, mache ich das, aber ich kann auch noch bleiben."

„Das passt schon, El. Ich will dich am ersten Tag nicht gleich zu hart rannehmen." Granada zwinkert ihrer neuen Mitarbeiterin zu.

Eleonora nimmt das Angebot dankend an und löst den Geldbeutelgürtel, den Granada ihr abnimmt. Dann geht sie hinunter in die Gaststube, wünscht allen einen schönen Feierabend und verlässt das Café.

An der Ampel wartet sie, bis diese auf Grün schaltet. Als Eleonora auf die gegenüberliegende Straßenseite blickt, erstarrt sie.

Warum ist Eirik jetzt dort?

Eirik steht auf der anderen Seite und trägt eine große Einkaufstüte vom „Reichert", dem einzigen Bekleidungsgeschäft in Sonnental. Er schaut sie an und sie schaut ihn an. Es ist, als würde die Welt um sie herum stillstehen. Als wäre alles leise. Für Eleonora existieren nur noch seine dunklen, glänzenden Augen.

Plötzlich wird sie von hinten angerempelt. Auch Eirik wird überholt. Die Ampel hat längst auf Grün geschaltet, aber die zwei rühren sich nicht. Erst beim zweiten Rempler erwacht Eleonora aus ihrer Starre und läuft los. Eirik kommt auf sie zu. Mitten auf der Straße nickt er ihr kurz zu, ohne auch nur einen einzigen Gesichtsmuskel zu bewegen.

Irritiert hetzt Eleonora den Trampelpfad hoch. Sie will nur noch heim. Zu Hause angekommen, schließt sie die Tür auf, betritt das Haus und zieht die Tür hinter sich zu. Sie lehnt sich mit dem Rücken dagegen und schließt die Augen. Wie in Zeitlupe geht sie das Szenario an der Ampel durch. Aufregung macht sich in ihr breit. Sie öffnet die Augen.

„Mama? Papa? Ist jemand zu Hause?"
Stille.
Gut, ich bin allein.
Sie zieht ihre Schuhe aus, schmeißt die Tasche in die Ecke und geht ins Wohnzimmer. Dort wirft sie sich aufs Sofa. Sie starrt die Zimmerdecke an und hört eine Fliege an der Fensterscheibe surren.

Was war das für ein Tag heute? Was ist das nur für ein Mann? Eirik! Was ist Eirik eigentlich für ein Name? Ich weiß nichts über ihn. Außer dass er fies sein kann. Und nett. Na ja, irgendwie nett ... Und dass er gut aussieht. Verdammt gut aussieht. Und dass er mich anschaut – die ganze Zeit. Warum schaut er mich die ganze Zeit an? Und der Glanz in seinen Augen. Wie können Augen nur so glänzen? Hat Sandra vielleicht recht? Hat es mich wirklich erwischt? Habe ich mich tatsächlich in Herrn Griesgram verguckt? Ich muss Tara fragen, ich muss mit Tara reden. Oh je,

Tara, die habe ich völlig vergessen. Ich habe mich seit Tagen nicht bei ihr gemeldet.

Eleonora springt auf, um ihr Smartphone zu holen.

Fünf neue Nachrichten. Klar, alle von Tara.

„Hallo, wo bist du?"

„Hallo, wieso meldest du dich nicht?"

„He, ist alles in Ordnung?"

„El, bitte melde dich doch kurz!"

„Jetzt mache ich mir echt Sorgen. Wenn du dich bis heute Abend nicht gemeldet hast, rufe ich deine Mutter an."

Eleonora hört das Türschloss knacken.

„Ich bin zu Hause, ist da jemand?", ruft Anni.

„Ja, ich, Mama. Ich bin in der Küche." Eleonora hört, wie Anni ihren Schlüsselbund in die Schlüsselschale auf der Kommode wirft.

„Seit wann bist du zu Hause?" Ohne eine Antwort abzuwarten, stellt Anni die nächste Frage: „Machen wir heute ein einfaches Abendbrot?" Sie wäscht sich die Hände.

Abendbrot? Wie spät ist es?

Eleonora schaut auf die Uhr. Kurz vor 18.00 Uhr.

Was? So spät? Wie lange habe ich denn auf dem Sofa gelegen? Essen? Ich kann nichts essen.

„Du, Mama, ich kann nichts essen. Ich habe vorhin im Granny's was bekommen."

Es ist ja nicht ganz gelogen, schließlich habe ich vorhin im Granny's etwas gegessen.

„Ich geh gleich hoch, ich möchte noch ins Internet."

„Schatz, geht es dir gut?" Anni kommt in die Küche und schaut Eleonora besorgt an.

„Klar geht es mir gut, ich bin einfach nur kaputt."

„Wie war denn das Arbeiten?"

„Gut! Echt gut. Die sind alle sehr nett."
Na ja, fast alle.
Anni schaut ihre Tochter verwundert an.
„Ich bin dann oben." Eleonora dreht sich um und geht.

Mit ihrem Laptop setzt sie sich im Schneidersitz aufs Bett. Während sie darauf wartet, dass er hochgefahren ist, schaut sie zum Fenster. Sie steht noch mal auf, um es zu öffnen. Dabei fällt ihr zum ersten Mal auf, dass sie von hier oben das Granny's sehen kann.

Dort ist er, der Herr Griesgram. Warum ist er nur so kompliziert? Sind alle Männer so? Wie viele Männer kenne ich schon? Meinen Vater. Ist der kompliziert? Nein, nur, wenn er Hunger hat. Na ja, Herr Griesgram war auch plötzlich nett, als ich ihm das Essen hingestellt habe. Ich muss mit Tara reden.

Tara war das Stichwort. Eleonora eilt zu ihrem Laptop zurück. Sie öffnet den Browser und loggt sich in Facebook ein.

Oh je, auch hier jede Menge Nachrichten von Tara. Sie ist online, sehr gut!

Eleonora schreibt: „Hi Tara."

Prompt kommt eine Nachricht von Tara: „Mensch, El, was ist denn los bei dir? Alles okay?"

„Ja. Alles i. O. Sorry, dass ich mich so lange nicht gemeldet habe. Hier ist einiges passiert."

„Passiert? Was denn?"

„Ich hatte einen Unfall, es geht mir aber gut. Kleine Gehirnerschütterung. Und ich habe einen Falken gerettet."

Oh, der Falke! Ich habe ganz vergessen, Granny nach ihm zu fragen.

„Ich habe bei Granny angefangen und ... ich habe Herrn Griesgram kennengelernt ..."

Sekunden später schreibt Tara zurück: „Herrn Griesgram? Gehirnerschütterung? Falke? Hä? Kaum bin ich weg, ändert sich dein ganzes Leben? Sorry, Süße, aber ich muss gleich weg. Bin froh, dass es dir gut geht. Morgen fliege ich übrigens zurück und dann will ich ALLES wissen!"

Tara ist offline. Eleonora schaut sich das Profilbild ihrer Freundin an. Da ist sie mit Lars drauf. Eleonora findet, dass die zwei das perfekte Paar sind.

Ihr habt es gut, denn ihr habt euch schon gefunden. Wobei, bei euch hat es echt lange gedauert und es war ein mega Theater.

Zum siebzehnten Geburtstag hat Tara einen neuen Einbauschrank von ihren Eltern bekommen. Lars Nadel hat kurz vorher die Schreinerei seines Großonkels übernommen. Er war neu im Dorf. Als er zum Einbauen des Schrankes in Taras Zimmer kam, hat es Tara sofort erwischt. Und nicht nur sie. Lars war schon bald der begehrteste Junggeselle in Sonnental. Was kein Wunder ist, denn Lars ist sehr attraktiv. Groß ist er und durchtrainiert. Er hat kurze dunkle Haare und trägt immer einen Dreitagebart.

Doch Lars schien für alle Frauen unantastbar. Auch für Tara. Er war immer sehr nett zu ihr, flirtete auch mit ihr, doch er rührte sie nicht an. Irgendwann nahm Tara all ihren Mut zusammen und fragte ihn, warum er nichts von ihr wissen wolle. Er antwortete, sie sei einfach zu jung für ihn. Immerhin ist er acht Jahre älter als sie. Tara konnte es nicht fassen. Schließlich ist sie eine Rassefrau. Lange, rabenschwarze Haare, fast schwarze Augen und etwas dunklere Haut. Ihr Gesicht ist wunderschön. Sie hätte viele Männer haben können, aber sie wollte nur ihn. Also schlug sie ihm vor, Freunde zu sein. Er willigte ein. So gingen sie zusammen aufs Sommerfest. Als Freunde. Tara hatte vorher mit Leo Bonnet einen Deal geschlossen. Leo ist ein Schulfreund und lässt nichts anbrennen. Er hat längeres, blondes Haar und geht oft ins Fitnessstudio. Im gefiel die ihm zugedachte Rolle eines Sonnyboys. Tara machte mit Leo ab, sich auf der Tanzfläche gegenseitig anzusexen. Auf diese Weise wollte sie Lars eifersüchtig machen. Leo hatte kein Problem damit und tanzte, beobachtet von Lars, mit Tara wild auf der Tanzfläche herum. Irgendwann hielt Lars es nicht mehr aus. Er ging auf die Tanzfläche, verpasste Leo ein blaues Auge und küsste Tara. Seitdem sind sie ein unzertrennliches Paar und Leo ist mittlerweile ein guter Freund von Lars.

Tara wird mir sicher sagen können, was ich tun soll.

Es klopft an der Tür.

„Ja, bitte!", ruft Eleonora.

Paul kommt herein. „Ich wollte nur mal nach dir sehen. Ich mache mir Sorgen, weil du keinen Appetit hast."

„Ehrlich, Papa, es ist nichts. Glaube mir, von der Cellilus Bakkttilus, oder wie auch immer du die Gehirnerschütterung genannt hast, ist nichts mehr übrig." Eleonora lächelt verschmitzt.

„Commotio cerebri. – Da bin ich froh. Brauchst du noch was?", will Paul wissen.

„Nein, danke."

„Ich verstehe. Ich soll einfach wieder verschwinden und dich in Ruhe lassen. Na, dann wird dein alter Papa das mal tun." Paul schmunzelt und verlässt das Zimmer.

Eleonora ist das recht. Tatsächlich will sie in Ruhe gelassen werden. Sie hat keine Lust, irgendwelche Fragen zu beantworten. Sie wurde heute gedemütigt und beleidigt, und das auch noch von einer Person, die sie auf unbeschreibliche Art und Weise anziehend findet.

Eleonora gähnt und schaut auf die Uhr. Kurz nach 21.00 Uhr.

Wie kann das sein? Wo ist die Zeit geblieben? Habe ich wirklich so viele Stunden einfach verträumt? Ich gehe jetzt schlafen.

Rasch macht sie den Computer aus. Sie geht ins Bad, putzt sich die Zähne und zieht ihr Snoopy-Nachthemd an. Als sie in den Spiegel schaut, findet sie auf einmal Snoopy blöd. Sie zieht das Nachthemd wieder aus und schmeißt es in die Wäsche. Halb nackt huscht sie in ihr Zimmer, nimmt ein blaues T-Shirt aus dem Schrank und schlüpft hinein. Den Wecker stellt sie auf 5.50 Uhr. Sie legt sich ins Bett und schaut zum Fenster hinaus. Es ist noch nicht völlig dunkel, aber Eleonora ist trotzdem platt. Sie schläft ein.

Eleonora träumt. Wieder ist sie oben bei der Hütte. Wieder macht sie einen Satz nach vorn und erhebt sich in die Luft. Sie fliegt. Sie liebt dieses Gefühl von Freiheit. Alles scheint einfach und klar. Sie bemerkt, dass sie wieder nicht allein ist, und dreht den Kopf nach rechts. Neben ihr fliegt jemand. Es ist Eirik. Er lacht sie an und seine Augen glänzen. Wieder dieser Glanz in seinen Augen.

S wie Sicherheit

Sie wacht auf. Es ist noch dunkel. Der Radiowecker zeigt 5.47 Uhr. Es lohnt sich nicht wieder einzuschlafen, dennoch schließt sie noch mal die Augen. Das Gefühl von eben war so schön. So vertraut. So frei. Sie lächelt. Ob sie Eirik wohl heute begegnet? Bei dem Gedanken spürt sie eine wohlige Nervosität in der Bauchgegend. Aus dem Radiowecker ertönt ein ruhiges Lied. Musik findet Eleonora toll, aber sie kann sich nicht merken, wie die Lieder heißen, geschweige denn kennt sie die Namen der Sänger. Das Lied hört sie noch zu Ende. Dann steht sie auf, macht den Radiowecker aus, geht ins Bad und betrachtet sich im Spiegel.

Meine Augenbrauen könnte ich mir mal wieder zupfen.

Sie holt die Pinzette und zupft sich die Augenbrauen. Danach sucht sie ihren Epilator und enthaart sich die Beine. Heute nimmt sie nicht nur die Zahnbürste mit unter die Dusche, sondern auch den Lady-Shaver. Nach dem Zähneputzen rasiert sie sich sorgfältig die Achseln und die Bikinizone. Als sie sich abgetrocknet hat, wickelt sie das Handtuch um ihren Körper und macht sich an die Haare. Dieses Mal nimmt sie Schaumfestiger und knetet eine kleine Menge ins Haar. Nach dem Föhnen steckt sie sich die Haare hoch, sodass ein paar Strähnen locker heraushängen. Ganz dezent trägt sie Lidschatten auf, und zwar so, dass es kaum auffällt, dafür aber ihre schönen Augen betont. Noch etwas Lipgloss – fertig. Eleonora betrachtet sich im Spiegel und ist zufrieden mit dem, was sie sieht.

Was soll ich heute nur anziehen?

Unentschlossen steht sie vor dem Schrank. Dann entscheidet sie sich für eine hautenge dunkelblaue Caprihose und holt ein heißes Top mit breiten Trägern heraus. Darin wird ihre Brust schön betont, es zeigt jedoch nicht zu viel.
Deo nicht vergessen!

Unten im Flur ist ein Ganzkörperspiegel. Vor den stellt sie sich noch mal.
Wollen wir doch mal sehen, ob Herr Griesgram heute wieder unfreundlich zu mir ist.
Paul kommt aus der Küche und bleibt mit offenem Mund stehen. „Wow! El, was hast du denn vor?"
„Nichts, wieso? Ich geh arbeiten." Eleonora versucht neutral zu klingen.
„Also, ich finde, Granada sollte dir einen Zuschuss zahlen, denn garantiert kommen ab jetzt mehr Gäste zu ihr ins Café, und zwar nur, um dich zu sehen." Paul grinst seine Tochter bewundernd an.
„Kommt ihr frühstücken?", ruft Anni und lugt kurz durch die Tür. Auch sie bemerkt eine Veränderung an Eleonora, sagt jedoch nichts.
Eleonora schaut auf die Uhr. In zehn Minuten beginnt ihre Schicht. „Sorry, ich muss los. Ich esse was im Granny's." Eilig greift sie nach ihrer Tasche.
Anni begleitet sie zur Tür. „Du bist wunderschön!", flüstert sie ihr ins Ohr.
Eleonora lächelt verlegen und winkt zum Abschied.

Sie überquert die Straße und erreicht den Trampelpfad. Es ist wieder ein herrlicher Morgen. An der Ampel muss sie dieses Mal nicht warten, sie kann gleich über die Straße gehen. Noch bevor sie an die Tür klopft, macht ihr Granada auf.

„Guten Morgen, Liebes, ich war so frei und habe dir schon einen Blaubeermilchshake gemacht." Granada verschwindet gleich wieder hinter der Theke. Dort tippt sie etwas in die Kasse.

Eleonora schaut sich um. Auf der Theke stehen zwei Milchshakes – an der gleichen Stelle wie gestern. Von Eirik ist jedoch keine Spur. Sie stellt ihre Tasche in einen dafür vorgesehenen Korb unter der Theke und setzt sich an den gleichen Platz wie gestern. Dann spürt sie ihn. Ohne zum Durchgang schauen zu müssen, weiß sie, dass er soeben in den Raum gekommen ist.

Eirik trägt heute ein weißes Leinenhemd. Die zwei obersten Knöpfe stehen offen.

Sie schaut nicht zu ihm. Sie nimmt den Strohhalm in den Mund und trinkt.

Mittlerweile ist er neben ihr. Auch er setzt sich, sagt jedoch nichts.

Wenn du mich nicht beachtest, beachte ich dich auch nicht.

Er trinkt seinen Milchshake, sie trinkt ihren. Keiner von beiden sagt etwas. Eine unerträgliche Stille herrscht zwischen ihnen.

Als Eleonoras Milchshake ausgetrunken ist, steht sie auf und trägt das Glas zur Durchreiche. Sie spürt seinen Blick auf sich ruhen. Bewusst schaut sie nicht zu ihm hin. Sie bückt sich nach vorn, um einen Geldbeutelgürtel unter der Theke hervorzuholen, und legt ihn sich langsam an. Dann richtet sie sich auf und hebt den Kopf. Mit voller Absicht schaut sie ihm direkt ins Gesicht. Ihre Augen treffen sich.

Gott, sieht er gut aus!

Sie sagt nichts, sie schaut nur und stützt ihre Hände in die Hüften. Aus seinem Gesicht kann sie nichts ablesen.

Auf einmal schüttelt er den Kopf. „Warum hast du dir heute Farbe ins Gesicht geschmiert?", fragt er provozierend und steht auf.

Eleonora bleibt mit offenem Mund zurück. Sie hat mit vielem gerechnet, aber nicht mit so etwas. Sie kneift ihre Lippen zusammen.

Herr Griesgram ist also wieder zurück.

Sie nimmt sein leeres Glas und trägt es direkt in die Küche, um die Jungs zu begrüßen.

Seppi pfeift bewundernd, als er sie sieht, und Bastian zwinkert ihr zu.

„El, würdest du bitte unten ein paar Handtücher zusammenlegen, bevor die ersten Gäste kommen? Und ... ähm ... das Shirt ist auch trocken. Das kannst du dann gleich bügeln." Granada verschwindet im Büro.

Eleonora geht in den Keller. Sie muss die ganze Zeit an Eiriks T-Shirt denken. Unten angekommen, schaltet sie das Bügeleisen ein. Bis es heiß geworden ist, leert sie den Trockner und legt die Handtücher zusammen. Dann bügelt sie das Shirt. Eigentlich hasst sie es zu bügeln, aber in diesem Fall macht es ihr nichts aus. Sanft streichelt sie über das Shirt und legt es sorgfältig zusammen. Sie will es Eirik gleich hochbringen.

Achtung, Herr Griesgram, ich komme!

Im Kellerflur bleibt Eleonora kurz stehen. Sie muss einfach zu dieser Heizungsraumtür schauen. Irgendwie scheint da das grüne Licht heute noch deutlicher durch. Sie schüttelt den Kopf und begibt sich nach oben.

Vor Zimmer Nummer 1 bleibt sie stehen. Sie atmet tief durch, dann klopf sie. Nach einer gefühlten Ewigkeit öffnet Eirik die Tür. Er ist überrascht, sie zu sehen.

Sie streckt ihm das frisch gebügelte T-Shirt entgegen. „Es sind keine Flecken zurückgeblieben und es tut mir leid wegen der Unannehmlichkeiten."

Er nimmt das T-Shirt entgegen, und bevor er etwas sagen kann, dreht sie sich um und geht. Ihr Herz klopft bis zum Hals. Aber sie verzieht keine Miene, denn sie spürt wieder seinen Blick.

Strike!

Unten sind schon die ersten Gäste. Sofort stürzt sie sich ins Gewimmel.

Der Vormittag vergeht wie im Flug. Eleonora ist gerade dabei, die Tische abzuputzen, als Sandra hereinkommt.

„Wow, heute willst du es ihm aber zeigen", flüstert Sandra ihr zur Begrüßung ins Ohr.

Eleonora zwinkert ihr zu.

Sandra fasst ihr kurz an die Schulter. „Liebe, liebe, liebe, liebe, liebe, liebe Eleonora. Ich habe eine Bitte."

„Na, wenn du so anfängst, kann ich wohl kaum Nein sagen. Sag schon, was willst du?"

„Könntest du morgen mit mir die Schicht tauschen? Bitte! Mein Babysitter hat abgesagt. Vormittags ist es kein Problem, weil Ben da im Kindergarten ist."

„Na klar können wir die Schicht tauschen."

„Ich wusste, dass du ein Schatz bist." Sandra drückt Eleonora einen Kuss auf die Wange und verschwindet hinter der Theke, um sich ebenfalls einen Geldbeutelgürtel anzulegen. Das zu Recht, denn das Café beginnt sich zu füllen.

Ehe Eleonora sichs versieht, ist es kurz vor halb zwei. Heute ist das Café nicht ganz so leer wie gestern um diese Zeit. Granada kommt mit zwei Tellern um die Ecke. Gemüseeintopf mit Weißbrot.

„Ich übernehme. Macht ihr mal Pause und esst was. Auch du, Eleonora. Ich will nicht, dass du umkippst, schließlich brauche ich deine Arbeitskraft." Sie zwinkert und Eleonora nimmt ihr gleich ihren Teller ab. Die ganze Zeit über hat sich Eirik nicht einmal blicken lassen. Das stimmt sie etwas traurig. Sie setzt sich neben Sandra und beide fangen an zu essen.

Hmmm, lecker!

Eleonora hat wirklich Hunger, und so isst sie alles restlos auf.

„Wie lange arbeitest du schon hier, Sandra?"

„Oh, ich habe bereits vor der Schwangerschaft hier als Aushilfe gejobbt. Dann kam die Babypause. In der Zeit habe ich nur die Wäsche gemacht und außerdem musste mein Ex Unterhalt zahlen. Doch vor drei Monaten hat er sich aus dem Staub gemacht. Niemand weiß, wo er ist, und Unterhalt bekomme ich auch keinen. Also habe ich Granny gefragt. Ich hatte Glück, denn die Stelle war kurz zuvor frei geworden. Und du? Warum machst du den Job hier?"

„Ich habe gerade mein Abi in der Tasche und möchte unbedingt ein Jahr Pause machen, bevor ich wieder lerne und ein Studium beginne."

„Was willst du denn studieren?"

„Ach, wenn ich das nur wüsste. Mein Vater würde sich wünschen, dass ich Medizin studiere, aber das liegt mir nicht. Ich kann mir nicht vorstellen, Menschen aufzuschneiden und sie zu piksen."

Sandra prustet los.

„Na hör mal, das sind ja nicht die Hauptaufgaben eines Arztes."

„Ja, aber es gehört dazu und ich will das nicht."

Granada kommt zu den Mädels. Sie nimmt einen Stuhl und dreht diesen verkehrt herum, bevor sie sich darauf setzt. Dann klimpert sie begeistert mit ihren falschen Wimpern.

„Brave Kinder, freut mich, dass es euch heute geschmeckt hat."

Sandra und Eleonora kichern.

„Granny", sagt Sandra, „prima, dass du dich kurz zu uns gesellst. Ich habe für morgen die Schicht mit El getauscht. Nur damit du Bescheid weißt."

„Okay. Was ist mit Samstag? Wer hat da welche Schicht?" Eleonora schaut zu Sandra.

„El, mir ist es egal. Welche Schicht hättest du gern am Samstag?"

„Du, ich bleibe dann einfach bei der Spätschicht."

Granada nickt. „Liebes, könntest du dich bitte um Zimmer Nummer 1 kümmern?", fragt sie und reicht Eleonora die Generalkarte.

Eleonora spürt sofort die Nervosität im Bauch. „Klar, mache ich." Sie nimmt beide Teller und stellt sie in die Küche. Dann begibt sie sich zur Treppe.

Vielleicht ist er ja auch gar nicht da.

Sie geht hoch. Direkt ins Kämmerchen. Dort zieht sie blaue Handschuhe an und schiebt den Putzwagen vor das Zimmer mit der Nummer 1. Sie klopft.

„Hallo! Zimmerservice!"

Sie wartet. Es hängt kein „Bitte nicht stören"-Schild an der Tür. Mit zittriger Hand schiebt sie die Karte in den Schlitz. Vorsichtig öffnet sie die Tür.

„Hallo. Zimmerservice", sagt sie noch einmal mit unsicherer Stimme.

Stille.

Er ist nicht da.

Sie weiß nicht so recht, ob sie nun erleichtert oder traurig sein soll. Genauso, wie es ihr Granada gezeigt hat, holt sie zuerst den Essigreiniger und sprüht etwas davon in die Toilette. Dann füllt sie die Eimer mit Wasser und gibt etwas Putzmittel hinein. Sie macht das Bett. Verträumt streichelt sie das Kissen glatt.

Sieht komisch aus mit den blauen Handschuhen.

Mit diesem Gedanken holt sie sich in die Realität zurück. Sie leert die Mülleimer und kontrolliert den Boden sowie den Spiegel im Zimmer. Dann entdeckt sie die Reichert-Einkaufstasche. Sie versucht hineinzuschauen, doch das geht nicht, da die Tütenseiten oben zu eng stehen. Ganz vorsichtig versucht sie mit dem blauen Zeigefinger die Seiten auseinanderzudrücken.

„Was machst du da?"

Sie erschrickt.

Es ist Eirik. Sein Tonfall ist alles andere als freundlich. Sie traut sich nicht, ihn anzuschauen.

„Nichts! ... Ich ... ich ... war nur neugierig. Entschuldige, wird nicht wieder vorkommen."

Mist, Mist, Mist. Warum habe ich das nur gemacht?
Hastig verschwindet sie im Bad und schnappt sich die Klobürste.
„Ich werde diesen Vorfall Granada melden müssen. Sie wird erfahren, dass du mich bestehlen wolltest."
Eleonora kann nicht fassen, was sie da hört. Eirik steht im Türrahmen und sie stellt sich direkt vor ihn. „Hey, jetzt reicht es mir. Was hast du eigentlich für ein Problem mit mir?", fragt sie ohne Umschweife.
Eirik mustert sie, das verunsichert sie.
„Ich kann mich nicht daran erinnern, dir erlaubt zu haben, mich so formlos anzusprechen."
Das war zu viel. Eleonora kocht vor Wut. Sie kneift die Augen zusammen. „Oh, der Herr möchte standesgemäß angesprochen werden. Kein Problem. Sie Arschloch!"
Eirik wiegt seinen Kopf von links nach rechts.
„Dort, wo ich herkomme, würdest du dafür bestraft werden."
„Ach ja, versuch es doch."
„Hast du keine Angst vor mir?"
„Nein!"
„Du solltest vor jedem Angst haben, der dir überlegen ist, Eleonora."
„Ich kann mich wehren."
„Ach ja?" Eirik lacht kurz auf. Das erste Mal sieht sie ihn wirklich lachen. Das macht ihn noch attraktiver.
„Womit wehrst du dich denn? Etwa damit?" Er macht eine kurze Kopfbewegung in ihre Richtung und sein Blick zeigt auf ihre Hand.
Oh nein! Ich habe die Klobürste noch in der Hand. Kann es denn noch peinlicher werden?

Dann tritt Eirik ein paar Schritte zurück und verschwindet aus ihrem Sichtfeld. Eleonora braucht einen Moment, bis sie sich gesammelt hat. Sie putzt schnell das Klo, macht die Wanne sauber und widmet sich dann dem Spiegel und dem Waschbecken. Sie zieht die Handschuhe aus und kontrolliert zur Sicherheit nochmals Spiegel und Waschbecken. Plötzlich tropft etwas Rotes ins Waschbecken.
Was ist das? Sieht aus wie Blut.
Es kommen immer mehr Tropfen. Sie schaut in den Spiegel. Ihre Wunde am Kopf hat plötzlich heftig angefangen zu bluten. Sie geht etwas näher an den Spiegel heran, um sich besser sehen zu können. Auf einmal taucht neben ihrem Spiegelbild ein weiteres auf. Das einer Frau. Einer wunderschönen Frau. Mit langen weißen Haaren. Sie hat hellblaue Augen. Eiskalte Augen. Eleonora dreht sich um. Hinter ihr ist niemand. Die Wunde blutet noch mehr. Eleonora schreit. Sie schreit so laut sie kann und geht in die Hocke.

Eirik stürmt zu ihr. „Was ist? Was ist geschehen?" Er sieht das Blut, nimmt ein Handtuch und drückt es ihr auf den Kopf. „Woher hast du die Wunde?"

Eleonora ist völlig verstört.

Eirik nimmt ihr Gesicht zwischen seine Hände und fragt ganz sanft: „Eleonora, woher hast du diese Wunde am Kopf?"

„Ich weiß nicht. Ich meine, ich weiß nicht, warum sie blutet. Sie war schon verheilt. Ich wurde von einem Falken angegriffen."

„War das ein weißer Falke?"

„Ja, genau!"

„Hast du hier jemanden gesehen?"

„Ja! Im Spiegel. Da war eine Frau. Eine Frau mit langen weißen Haaren. Hör zu, ich weiß, dass du mich nicht leiden kannst, aber ich bin nicht verrückt. Da war wirklich jemand." Eleonora laufen Tränen an den Wangen herunter.

Eirik kniet neben ihr und nimmt sie in den Arm.

„Ich weiß. Alles wird gut. Keine Angst, sie ist weg. Sie kann dir auf diesem Wege nichts tun. Warte kurz, ich hole etwas Loranum." Eirik geht hinaus auf dem Flur und ruft Granada. Die ist schon auf dem Weg nach oben, weil sie die Schreie gehört hat.

„Granada, bitte, wir brauchen etwas Loranum."

„Loranum? Wozu braucht ihr das?", hakt Granada nach.

„Du hattest recht mit der Verletzung. Es war Ares", erklärt Eirik. Dabei wiegt er den Kopf verärgert hin und her.

Sofort begibt sich Granada, gefolgt von Eirik, ins Kämmerchen. Dort wühlt sie in einer Schachtel, die auf dem Regal steht. Nach kurzer Zeit wird sie fündig und und holt ein kleines Fläschchen hervor. Sie gibt es Eirik, der damit zu Eleonora zurückgeht.

Eleonora sitzt noch immer auf dem Boden. Sie lehnt mit dem Rücken gegen die Badewanne. Die Beine hat sie angewinkelt. Das Handtuch drückt sie fest auf ihren Kopf. Die Wunde blutet noch immer.

„Eleonora, ich mache jetzt etwas von dem Loranum drauf. Dann hört die Wunde sofort auf zu bluten und fängt auch garantiert nicht wieder an. Aber es brennt beim Auftragen."

Eleonora will das nicht. „Nein danke! Das passt schon. Es hört sicher gleich auf. Mein Vater soll sich das heute Abend anschauen."

Eirik kniet sich erneut neben Eleonora. Wieder nimmt er ihr Gesicht in seine Hände. „Bitte vertraue mir. Es brennt nur kurz, danach ist es gut. Ich verspreche es dir."

Eleonora ist hin und her gerissen. Seine Berührungen rauben ihr alle Sinne.

„Vertraust du mir?", fragt er mit sanfter Stimme.

Eleonora nickt.

„Hier, nimm meine Hand und beiß die Zähne zusammen. Zähle bis drei, danach ist es vorbei."

Eleonora nimmt seine Hand.

Er fühlt sich wundervoll an ...

Eirik nimmt das Handtuch ab und träufelt einige Tropfen der Tinktur auf die Wunde. Es zischt.

Eleonora zieht seine Hand an ihre Stirn. Am liebsten würde sie vor Schmerz schreien, denn es brennt wie die Hölle. Stattdessen hält sie die Luft an und zählt stumm bis drei.

Eins, zwei, drei.

Mit der Zahl drei verschwindet der Schmerz. Schlagartig. Sie hebt den Kopf und schaut Eirik an.

Er ist so nah. Warum ist er jetzt so nett zu mir? Er war bisher nur einmal so nett zu mir.

„Alles in Ordnung?", fragt er mit ruhiger Stimme.

Er hat eine so schöne Stimme.

„Eleonora, geht es wieder?", fragt Granada, die die ganze Zeit im Türrahmen gestanden hat.

Eleonora lässt Eiriks Hand los. „Ja! Es geht wieder. Es schmerzt nicht mehr." Sie tastet vorsichtig die Stelle ab, die eben noch geblutet hat.

Es blutet nicht mehr.

Eirik erhebt sich zuerst, dann streckt er ihr seine Hand hin, damit sie leichter aufstehen kann. Im ganzen Bad sind

Blutflecken. Sie schaut in den Spiegel. Ihr Top ist auch ruiniert.

„Eleonora, Liebes, mach für heute Feierabend. Ich putze das hier später. Ich habe allerdings noch eine Bitte."

Eleonora horcht auf.

„Bitte nimm Eirik mit. Ich habe vorhin mit deinem Vater telefoniert. Er soll sich Eiriks Arm mal anschauen. Es geht ihm zwar besser, aber ich glaube, dass da noch etwas eingerenkt werden muss."

Jetzt, wo Granada es erwähnt, fällt es Eleonora auf, dass Eirik schon den ganzen Tag keine Schlaufe um den Hals getragen hat. Eleonora nickt und schaut Eirik an.

„Granada, kann ich dich bitte kurz sprechen?" Eirik schiebt Granada hinaus auf den Balkon.

Eleonora kann kein Wort von dem verstehen, was die beiden reden.

„Was soll das, Granada? Ich will zu keinem menschlichen Medizinmann."

„Mein lieber Eirik, es ist mir egal, was du willst oder nicht willst. Fakt ist, dass ich recht hatte. Ich habe dir gesagt, dass sie von Ares angegriffen wurde. Es war nur eine Frage der Zeit, wann sie über ihr Blut versucht herauszufinden, wer Eleonora ist. Und vor allem, wo sie ist. Sie hat dir das Leben gerettet und du stehst als zukünftiger König der Oris in ihrer Schuld. Sie hat etwas mehr Respekt verdient und es ist deine Aufgabe, sie zu beschützen. So lange, bis wir wissen, was Ares vorhat, und das werden wir hoffentlich bald von der Quelle des Lichts erfahren."

Eirik streicht sich mit beiden Händen durchs Haar. „Ich habe so gehofft, dass es nicht Ares war. Aber sie war es. Du hast recht, Granada. Ja, ich bin für diese Menschenfrau verantwortlich, und ich werde sie beschützen. So lange, bis ich weiß, wie es weitergeht."

Eleonora hat ihr Blut selbst aufgewischt. Sie verlässt das Bad, hier will sie nicht mehr sein. Dieser Raum ist ihr unheimlich. Sie beobachtet Granada und Eirik, die noch immer auf dem Balkon miteinander reden.
Er sieht besorgt aus. Er sieht so gut aus!
Die beiden kommen zurück. Eirik läuft direkt auf Eleonora zu. Sie versteift sich, als er sie anspricht:
„Eleonora, wir hatten leider keinen guten Start. Ich möchte mich aufrichtig bei dir entschuldigen. Ab jetzt werde ich dich als ebenbürtig behandeln. Nimmst du meine Entschuldigung an?" Eiriks Blick ist freundlich.
Ihre Stimme findet den Weg nicht. Eleonora bleibt stumm. Sie nickt nur und ihr Herz schlägt Purzelbäume.
„Darf ich dich nach Hause begleiten?"
Sie nickt wieder.
Was soll das alles? Was ist hier eben passiert? Und wo ist mein Herr Griesgram hin?
Während Granada den Putzwagen aufräumt, begleitet Eirik Eleonora die Treppe hinunter. Unterwegs nimmt sie den Geldbeutelgürtel ab.
„Bitte warte kurz, ich gebe das hier nur schnell ab."
Eirik bleibt stehen und nickt.
Eleonora reicht Sandra den Geldbeutelgürtel. „Sorry, Sandra, kannst du das hier bitte wegräumen?"
„Nur wenn du mir verrätst, was du mit Adonis gemacht hast. Der ist ja zahm wie ein Hündchen."
Eirik schaut beide an und lächelt.

Eleonora entgeht das nicht. „Morgen. Ich erzähl dir morgen alles."

Sandra nimmt den Geldbeutelgürtel entgegen und Eleonora holt ihre Tasche.

„Können wir?", fragt Eirik.

„Ja."

Eirik eilt voraus und hält Eleonora die Tür auf.

Draußen an der Ampel stehen sie nebeneinander.

„Wo wohnst du?"

„Gleich da oben." Eleonora zeigt mit dem Finger den Hügel hinauf. „Und du? Wo wohnst du?"

„Weit weg von hier."

Die Ampel springt auf Grün um. Gemeinsam überqueren sie die Straße.

Eleonora zeigt Eirik den Trampelpfad. „Das ist nicht der schönste Weg, aber der kürzeste", erklärt sie.

„Darf ich dich was fragen, Eleonora?"

Überrascht schaut sie Eirik an und nickt.

„Wenn dein Vater Medizinmann ist, warum gehst du dann einer so niederträchtigen Arbeit nach?"

„Oh Mann, Eirik, man könnte annehmen, du bist nicht von hier. Ich mache das, weil ich es will."

„Du willst das? Du willst lieber für andere die Räume sauber machen?"

„Ja, so ungefähr! Ich will meine eigenen Erfahrungen sammeln. Wie soll ich wissen, wie sich etwas anfühlt, wenn ich es nie selbst erfahren habe? Ich will das nicht für immer machen. Nur ein Jahr. Danach beginne ich ein Studium. Nun aber zu dir: Was arbeitest du? Und wie alt bist du, wenn ich fragen darf?"

„In Menschenjahren gerechnet bin ich siebenundzwanzig. Ich werde schon mein ganzes Leben lang darauf vorbereitet, ein großes, nennen wir es mal Imperium zu leiten."

„Aha, ähm, wir sind da", stottert Eleonora. Sie bleiben vor dem Haus stehen.

„Das ist also dein Haus?"

„Na ja, nicht ganz. Es gehört meinen Eltern. Aber ich wohne noch bei ihnen. Wobei – ich habe oben mein eigenes Reich. Wir essen allerdings immer zusammen."

Gott, was rede ich denn da?

„Die Praxis meines Vaters ist hier unten. Ich bringe dich rein." Eleonora läuft voraus und öffnet die Praxistür. Die Sprechstundenhilfe Barbara Los, auch Babs genannt, telefoniert gerade. Sie schaut kurz hoch und begrüßt Eleonora mit einem Kopfnicken. Dann sieht sie Eirik. Obwohl sie sicher zehn Jahre älter ist als er, macht sie ihm schöne Augen.

Babs sieht nicht schlecht aus. Sie hat ganz kurze, platinblonde Haare und eine tiefe, kratzige, sexy Stimme. Sie legt auf.

„Was kann ich tun für euch?", fragt sie, ohne den Blick von Eirik zu wenden.

„Eirik hat einen Termin. Granada hat wohl vorhin angerufen."

„Wie lautet der Nachname?"

„Eirik aus dem Hause Oris", stellt Eirik sich vor.

In dem Moment geht die Tür des Sprechzimmers auf und Paul kommt heraus. „Babs, das passt schon, ich nehme Eirik gleich mit rein." Und zu Eirik gewandt sagt er: „Darf ich bitten." Währenddessen fällt sein Blick auf Eleonora. „Was ist das auf deinem Oberteil?"

„Das?" Sie zuckt mit den Achseln. „Ach, nichts."
Eirik bleibt vor ihr stehen. „Eleonora, ich werde dich mit deiner Erlaubnis morgen zur Arbeit begleiten. Um wie viel Uhr darf ich dich abholen?"
Eleonora ist das sichtlich peinlich. „Das musst du nicht."
„Ich möchte es aber gern." Er durchbohrt sie fast mit seinem Blick.
„Ich habe morgen Spätdienst. Da reicht es, wenn du mich um 10.50 Uhr abholst."
„Ich werde pünktlich sein."
Während Eirik ins Sprechzimmer geht, schauen Paul und Babs Eleonora fragend an. Die reagiert jedoch nicht, sodass Paul sich umdreht und Eirik folgt. Er schließt die Tür hinter sich.
„So, so, Eirik aus dem Hause Oris", bemerkt Babs belustigt. „Wo auch immer du ihn aufgegabelt hast, den würde ich auch nicht von der Bettkante schubsen."
Eleonora sagt nichts dazu und verlässt die Praxis.

Als sie die Haustür hinter sich geschlossen hat, lehnt sie sich dagegen und rutscht hinunter auf den Boden.
Ich glaube, ich bin im falschen Film. Erst war er so eklig zu mir, und dann, dann auf einmal war er der zärtlichste Mann, dem ich je begegnet bin. Wie er mich im Arm hielt. Gott, riecht er gut! Am liebsten hätte ich ihn nicht mehr losgelassen. Ich spüre noch immer seine Umarmung.
Ihr Smartphone klingelt und reißt sie aus ihrer Träumerei. Eilig holt sie es aus ihrer Tasche und schaut aufs Display.
Tara ...
Sie nimmt das Gespräch an. „Tara, bist du gut gelandet?"

„Ja klar bin ich gut gelandet, allerdings schon heute Vormittag. Hast du meine SMS nicht gelesen?"

„Ne, sorry, kam gar nicht dazu."

„Wie dem auch sei, ich wollte dich fragen, ob du nicht Lust hast, zu Lars zu kommen. Der will nachher Fußball schauen. Das heißt, wir könnten Pizza bestellen, Lars soll dann Fußball schauen und wir quatschen bis zum Abwinken."

„Super Idee! Wann soll ich kommen?"

„Komm doch gleich, Lars ist sowieso mit einem Kunden beschäftigt."

„Okay, eine halbe Stunde brauche ich aber schon noch."

„Na gut, aber beeile dich, ich warte."

„Alles klar, bis gleich."

Eleonora zieht sich die Schuhe aus und geht nach oben. Im Bad wäscht sie das Blut aus den Haaren und weicht ihr Oberteil ein.

Hoffentlich gehen die Blutflecken raus, das ist eins meiner besten Outfits.

Schnell schlüpft sie in ein sauberes T-Shirt und begibt sich zu ihrem Schreibtisch. Dort nimmt sie einen Post-it-Zettel, einen Stift und schreibt: „Hallo ihr zwei. Treffe mich mit Tara zum Pizzaessen und zum Quatschen. Wird sicher spät, wartet nicht auf mich. El"

Mit dem Post-it geht sie in die Küche und klebt diesen auf die Kühlschranktür.

Die Sneakersocken hat sie oben im Bad schon ausgezogen. Sie öffnet den Schuhschrank und holt sich Flip-Flops raus, in die sie hineinschlüpft, schnappt sich ihre Tasche und verlässt das Haus. Sie beschließt, zu Fuß zu Lars' Wohnung zu gehen. Da läuft sie zwar fast zwanzig Minuten, aber es tut ihr gut, draußen zu sein.

„Da bist du ja!", kreischt Tara, als sie die Haustür öffnet. Sie fällt Eleonora um den Hals. „Ich habe dich so vermisst, El."
„Nein, ich habe dich viel mehr vermisst."
„Na los, komm rein!"
„Wo ist Lars?"
„Der ist noch in der Werkstatt. Er hat mich heute vom Flughafen abgeholt, leider konnte er sich den restlichen Tag nicht freinehmen."
„Das tut mir leid."
„Das muss es nicht, die Sehnsucht konnten wir schon etwas stillen." Tara zwinkert Eleonora zu.
„Aha. Willst du mir noch mehr Details verraten?"
„Später vielleicht, aber erst bist du dran! Komm schon, setz dich hin und erzähle!" Tara bugsiert Eleonora auf einen Stuhl und holt ihr ein Glas Wasser.
„Ich weiß gar nicht, wo ich anfangen soll ..."
„Na, bei Herrn Griesgram natürlich. Wer ist das? Woher kennst du ihn? Wie sieht er aus? Und vor allem, wie weit bist du schon mit ihm gekommen?"
Eleonora lacht.
„Meine Freundin, wie sie leibt und lebt. Hör zu, ich muss von vorn anfangen. Das heißt, bei meinem Geburtstag."
Eleonora erzählt Tara alles, was sie seitdem erlebt hat.
„Ja, und dann?"
„Nichts dann, ich habe ihn in die Praxis meines Vaters gebracht und jetzt sitze ich hier mit dir."
„Hm, und er hat echt gesagt, er holt dich morgen ab?"
„Ja."

„Seltsam."

„Was ist seltsam?", ruft Lars, der genau in diesem Moment zur Haustür hereinkommt.

„Hallo Lars." Eleonora steht auf, um Lars zu begrüßen, und nimmt ihn freundschaftlich in den Arm.

„Hi El. Schön, dich zu sehen! Sagt schon, Mädels, was ist seltsam?"

„Schatz, wie gut, dass du ein Mann bist. Kläre uns doch bitte mal auf: Was geht in einem Kerl vor, der zuerst total abweisend und nachher überfürsorglich ist?"

„Was? Jemand war abweisend gegenüber El? Das kann ich mir gar nicht vorstellen? Entweder hat er Tomaten auf den Augen oder er ist vergeben. Bringe ihn doch morgen mit, dann mache ich mir ein Bild von ihm."

„Mitbringen? Wohin?" Fragend schaut Eleonora zu ihrer Freundin.

„Ach so, ja, ich bin noch gar nicht dazu gekommen, es dir zu sagen. Also, morgen ist ja Freitag, und ich war an deinem Geburtstag nicht da, deshalb haben wir beschlossen, mit dir auszugehen. Wir gehen ins Lax-Schloss. Dort findet wieder eine Kostümparty statt. Diesjähriges Motto: ‚Hauptsache verkleidet'. Selbstverständlich halten wir dich den gesamten Abend frei. Du brauchst also keinen Geldbeutel mitzunehmen."

Tara steht auf und stellt sich zu Lars, der mit einem Grinsen das Gesagte bestätigt.

„Ähm, ja, klingt gut. Danke. Wann soll es denn losgehen? Ich muss morgen nämlich bis 20.00 Uhr arbeiten."

„Oh, das weiß ich noch gar nicht, das kläre ich ab. Dann schreibe ich dir eine SMS. Bestellen wir jetzt? Ich sterbe nämlich vor Hunger."

Lars holt das Festnetztelefon und reicht es Tara. „Ich möchte eine XXL Salamipizza", sagt er.

Tara beginnt zu wählen. „El, teilen wir uns wieder eine Funghipizza und nehmen einen gemischten Salat dazu?"

Eleonora streckt den Daumen nach oben.

Tara bestellt und gibt die Adresse durch für den Pizzaboten.

Während Lars duscht, holt Tara Pizzateller aus dem Schrank.

Eleonora fasst sich an die Stelle am Kopf, die vor ein paar Stunden wieder geblutet hat. „Sag mal, Tara, findest du die Sache mit der Frau im Spiegel nicht auch unheimlich?"

„Ja, schon, ich hätte mir wahrscheinlich in die Hosen gemacht vor Schreck. Andererseits – du hattest eine schwere Gehirnerschütterung. Vielleicht neigt man anschließend zu Halluzinationen. Ich meine, dein Herr Griesgram war ja auch nicht sonderlich überrascht darüber. Arbeitet er eigentlich im medizinischen Bereich? Immerhin wusste er gleich, was er dir auf die Wunde träufeln muss."

„Keine Ahnung, was er so treibt. Er hält sich da sehr bedeckt. Er meinte so was wie, er müsse bald ein großes Imperium leiten. Was weiß ich." Eleonora wird unterbrochen vom Klingeln des Pizzaboten.

Tara öffnet die Tür, bezahlt und nimmt die Pizzen entgegen. Währenddessen deckt Eleonora den Tisch und Lars kommt mit einer Flasche Rotwein hinzu.

Sie essen, trinken und unterhalten sich ungezwungen. Dabei lachen sie viel.

Irgendwann sieht Eleonora, wie Tara gähnt. „Es ist spät, Leute, ich mache mich dann mal auf den Weg." Sie trägt ihr Geschirr in die Küche.

„Bist du mit dem Rad hier?", will Lars wissen.

Mir ist noch nicht nach Radfahren. Ich hoffe, das legt sich bald wieder.

„Nein, nein, ich gehe zu Fuß. Das tut mir gut. Die frische Luft befreit meinen zugenebelten Kopf."

„Ich kann dich auch fahren, ich hatte nur ein Glas Rotwein", schlägt Lars vor, doch Eleonora bleibt stur. Sie will zu Fuß gehen. Lars und Tara zucken mit den Schultern, während Eleonora ihre Flip-Flops sucht und sich verabschiedet. Draußen atmet sie tief durch.

Gute Luft. Was war das nur wieder für ein Tag? Soll ich morgen Eirik wirklich fragen, ob er zum Maskenball mitkommt? Mal sehen. Vielleicht mache ich das.

Eleonora dreht sich um. Sie hat das Gefühl, verfolgt zu werden. Doch sie sieht nichts. Die Straßen sind von den Laternen gut ausgeleuchtet. Sie läuft schneller.

Ich leide schon unter Verfolgungswahn. Scheiße, hatte ich heute Angst vor der Frau im Spiegel. Am liebsten würde ich Papa darauf ansprechen, aber das kann ich nicht machen.

Wieder bleibt sie stehen und schaut um sich. Sie sieht nichts. Sie fängt an zu rennen, was in den Flip-Flops nicht ganz einfach ist. Erst als sie kurz vor ihrem Elternhaus ist, verlangsamt sie ihren Lauf. Sie kramt in der Handtasche nach ihrem Schlüssel. Zufällig schaut sie nach oben und erschrickt. Ein riesengroßer Vogel fliegt über ihren Kopf hinweg.

Mensch, bin ich jetzt erschrocken. Was war das? Vermutlich eine Eule.

Sie hüpft zur Haustür, schließt auf und geht hinein. Tasche und Flip-Flops legt sie im Flur ab. Der Fernseher läuft. Sie schaut ins Wohnzimmer. Ihr Vater liegt auf dem

Sofa und schläft. Ihre Mutter ist wahrscheinlich schon im Bett. Sie schaltet den Fernseher aus und geht zu ihrem Vater. Behutsam weckt sie ihn.

„Papa! Papa, wach auf. Geh schlafen, es ist schon spät."

Paul öffnet langsam die Augen. „Hm, dann stehe ich halt auf. Geht es dir gut?"

„Ja, alles bestens."

„Waren das Blutflecken heute auf deinem Oberteil?"

„Davon erzähle ich dir morgen. Komm jetzt."

Paul setzt sich hin und gähnt herzhaft. „Der junge Mann, den du heute in die Praxis gebracht hast, der macht einen sehr anständigen Eindruck." Er kratzt sich am Kopf.

Ich will jetzt nicht mit ihm über Eirik reden.

„Papa, ich gehe jetzt auch schlafen. Bin echt erledigt. Ach, und ich fange morgen später an. Ich habe Spätdienst."

„Alles klar, gute Nacht."

Eleonora geht zur Tür. Im Türrahmen bleibt sie stehen. „Sag mal, Papa, was ist eigentlich Loranum?"

Paul gähnt erneut. „Keine Ahnung, habe ich noch nie gehört, warum?"

„Ach, nur so. Gute Nacht." Schnell huscht Eleonora die Treppe hinauf. Auf keinen Fall will sie in ein Gespräch verwickelt werden. Sie muss ebenfalls gähnen und geht sogleich ins Bad, schminkt sich ab und putzt sich die Zähne. Dann zieht sie ihr Schlaf-T-Shirt an und hüpft ins Bett.

Was soll ich morgen Abend nur anziehen?

Das Kleid von Sakkara hängt noch immer außen am Schrank.

Genau das ziehe ich an. Das Motto heißt doch: „Hauptsache verkleidet". Dann gehe ich eben als Opernstar oder als Diva oder

was auch immer man in diesem Kleid darstellt. Hm, morgen sehe ich Eirik wieder ...
   Eine wohlige Nervosität durchstreift ihre Bauchgegend. Lächelnd schläft sie ein.

   Wieder der gleiche Traum. Sie steht oben an der Hütte. Sie macht einen Satz nach vorn und erhebt sich in die Luft. Wieder dieses bekannte Freiheitsgefühl. Sie fühlt sich wohl. Sie spürt, dass sie nicht allein ist. Sie blickt nach rechts und sieht ihn. Eirik. Er lacht sie an. Sie will zurücklachen, doch sie kann nicht. Ihr Kopf schmerzt plötzlich. Sie dreht sich um und sieht die Frau aus dem Spiegel. Auch die Frau fliegt. Sie hat Pfeil und Bogen in der Hand und zielt auf sie.

   Eleonora schreckt hoch. Ihr Herz rast. Der Kopf tut tatsächlich weh. Genau an der Stelle, wo sie geblutet hat. Sie knipst das Licht an und berührt die Stelle. Es blutet nicht. Der Radiowecker zeigt 3.00 Uhr morgens.
   Blöde Zeit.
   Eleonora steht auf, geht ins Bad und trinkt etwas Wasser. Danach legt sie sich wieder ins Bett. Sie versucht einzuschlafen, doch es gelingt ihr nicht. Ständig sieht sie diese eisigen blauen Augen vor sich. Sie wälzt sich hin und her, döst vor sich hin. Irgendwann hört sie, dass ihre Eltern aufgestanden sind. Aber aufstehen will sie nicht. Auf Kreuzverhör hat sie einfach keine Lust. Sie dreht sich auf die Seite, schaut hinaus und beobachtet den Sonnenaufgang. Irgendwann ist es wieder still im Haus und sie steht auf, reckt sich. Alles tut ihr weh.
   Was für eine blöde Nacht.

Sie geht auf die Toilette und schlüpft in eine Shorts. Ungekämmt und ungewaschen geht sie hinunter in die Küche. Dort öffnet sie den Kühlschrank und sucht nach etwas Leckerem. Doch da ist nichts, was ihr gefällt. Also schließt sie ihn wieder.

Mann, echt, was für eine blöde Nacht!

Sie holt sich einen Schokoriegel, entfernt die Umhüllung und beißt hinein. Während sie kaut, sieht sie die Teekanne. Sie hebt sie an, um zu überprüfen, ob diese gefüllt ist. Die Kanne scheint fast voll zu sein. Vorsichtig öffnet sie den Ausgießer. Es dampft. Eleonora reckt ihre Nase in den Dampf und schnuppert.

Hmmm, riecht sehr gut! Was ist das für ein Tee?

Im Spülbecken entdeckt sie die ausgedrückten Teebeutel. Sie betrachtet eines der Etiketten und liest laut: „Blueberry". Es steht noch etwas auf dem Etikett, doch das kann sie nicht erkennen.

Klar, was sonst außer Blaubeere!

Sie füllt Tee in eine Tasse und begibt sich damit zum Sofa. Der Fernseher steht auf Stand-by und die Fernbedienung liegt neben ihr. Damit knipst sie den Fernseher an und schaut sich das Morgenmagazin an. Eleonora wirft einen Blick auf die Uhr. Erst kurz nach 9.00 Uhr, noch zu früh, um sich zu richten. Sie geht in den Keller, sortiert im Waschraum die schmutzige Wäsche und lässt eine Trommel laufen. Hier steht auch noch ein großer Schuhschrank, den sie öffnet, um nach passenden Schuhen für das Kleid zu suchen. Nach einer kleinen Ewigkeit wird sie fündig. Freudestrahlend bringt sie die Schuhe in ihr Zimmer und stellt sie unter das Kleid auf den Fußboden. Es sind silberne

Sandalen mit bunten Steinen bestückt. Der Absatz ist schmal und sehr hoch.

Perfekt! Das Kleid ist schlicht, da dürfen die Schuhe ruhig etwas auftragen.

Sie öffnet ihre Schmuckschublade und sucht nach passenden Ohrringen. Wieder wird sie fündig. Silberne Hängeohrringe, an denen viele kleine Steinchen baumeln. Die klimpern lustig, wenn sie den Kopf bewegt, und das mag sie. Die Ohrringe legt sie neben den Schrank auf die Kommode. Sie schaut auf die Uhr: 9.49 Uhr.

Mist, jetzt muss ich mich beeilen.

Sie öffnet den Schrank und zieht eine Dreiviertel-Jeans heraus, dazu ein sehr eng anliegendes schwarzes T-Shirt mit tiefem V-Ausschnitt. Sie nimmt sich frische Unterwäsche und Sneakersocken aus der Kommode und verschwindet im Bad. Im Eiltempo putzt sie sich unter der Dusche die Zähne und seift sich ein. Nach dem Abtrocknen betrachtet sie sich im Spiegel.

Ich habe echt eine gute Figur. Meine Brüste finde ich auch prima. Nicht zu klein und nicht zu groß. Die blauen Flecken und Abschürfungen sind verheilt, sehr gut.

Sie schmiert sich Deo unter die Achseln und zieht sich an. Nachdem sie ein ganz leichtes Make-up aufgetragen hat, kämmt sie sich die Haare. Dann schaut sie auf die Uhr.

Im Prinzip habe ich noch Zeit zum Föhnen, obwohl – vielleicht steht er ja schon da ...

Sie rennt zum Fenster. Tatsächlich, Eirik steht unten und wartet. Er trägt eine Jeans und das T-Shirt, das sie vollgespritzt hatte. Lässig hat er seine Daumen in die Gürtelschlaufen gesteckt. Auf seiner Nase sitzt eine schicke Sonnenbrille.

Er sieht so verdammt gut aus, dass mir das Herz stehen bleiben könnte. Okay, okay, was mache ich jetzt? Ach, was soll's, ich föhne meine Haare nicht.

Sie schmeißt die Haare kopfüber und schüttelt sie einmal kräftig durch, danach holt sie sich ein Haargummi und stülpt es sich übers Handgelenk. Im gleichen Schwung rennt sie die Treppe hinunter, schlüpft in ihre Schuhe, schnappt sich ihre Tasche und wirft Smartphone und Schlüssel hinein. Am Spiegel über der Kommode prüft sie nochmals ihr Aussehen.

Ah, Sonnenbrille, ich nehme auch meine Sonnenbrille mit.

Die Sonnenbrille setzt sie sich allerdings auf den Kopf und nicht auf die Nase. Noch einmal tief ein- und ausatmen, dann öffnet sie die Tür.

„Hallo Eirik, du bist ja schon da."

„Bitte entschuldige, ich wollte dich nicht hetzen. Deine Haare sind noch nass."

„Ach was, kein Problem. Ich lasse die Haare gern einfach so trocknen."

Stumm schaut er sie an. Sein Blick bohrt sich in ihren.

Oh Gott, diese Augen! Und dieser Glanz darin! Er muss aufhören, mich so anzuschauen, sonst werfe ich mich gleich an seinen Hals.

„Wollen wir?", fragt er schließlich.

„Ja, gern. Da wir noch Zeit haben, könnten wir auch außen herum laufen. So, ähm, würdest du noch etwas mehr von Sonnental sehen." Eleonora bereut sogleich, dass sie das vorgeschlagen hat, denn jetzt mustert er sie auf seltsame Weise.

Nach der Musterung schaut Eirik zum Himmel, als ob er das Wetter prüfen würde. Dann lächelt er. „Gern, Eleonora, wenn du meiner Gesellschaft nicht überdrüssig wirst, nehmen wir den längeren Weg."

Erst jetzt atmet sie aus.

Sie setzen sich langsam in Gang.

„Hast du gut geschlafen?", will Eirik wissen.

„Ehrlich gesagt überhaupt nicht."

„Ach, und warum nicht?"

„Ich habe schlecht geträumt."

„Was hast du denn geträumt?"

Eleonora stockt. Sie weiß nicht so recht, was und wie viel sie ihm von dem Traum erzählen soll. „Ich habe vom Fliegen geträumt."

„Vom Fliegen?" Eirik grinst.

„Ist Fliegen denn so schlecht?"

„Nein, überhaupt nicht. Ich liebe es, wenn ich vom Fliegen träume."

„Das heißt, du träumst öfter vom Fliegen?"

Oh je, habe ich zu viel verraten? Was, wenn Tara recht hat und Träume übers Fliegen etwas mit Sex zu tun haben. Oh je, was denkt er jetzt von mir?

Eleonora wird rot.

„Was ist? Ist es dir unangenehm, mir davon zu erzählen."

Ihre Röte wird noch tiefer.

„Ach nein, es ist nur, dass der Traum eine unangenehme Wendung nahm. Es tauchte eine Person auf ..." Wieder stockt sie in ihrer Erzählung.

Eiriks Blick wird ernst. „Hast du von ihr geträumt? Von der Frau im Spiegel?"

Eleonora schluckt und nickt kurz.

„Hattest du dabei Schmerzen?"

Woher weiß er das?

„Ja, aber es hat nicht mehr geblutet."
„Gut, das ist gut. Ich nehme an, dass es aufhört. Sie hat sich nun mal in dein Hirn gebrannt. Die Träume dürften nicht heftiger werden, und wenn doch, dann sagst du es mir. Bitte!"
„Wieso kennst du dich damit aus? Bist du im medizinischem Bereich tätig?"
„Nein, aber ich weiß vieles. Allerdings auch nicht alles. Dein Vater weiß im medizinischen Bereich weitaus mehr. Zu meiner Überraschung."
Oh, wie unhöflich von mir. Ich habe mich noch gar nicht nach seinem Arm erkundigt.
„Konnte mein Vater dir denn helfen?"
„In der Tat. Er hat meine Schulter und den Arm abgetastet, mich dann kurz abgelenkt und in Sekundenschnelle etwas eingerenkt. Danach war der Schmerz komplett verschwunden. Diese Verletzung hatte ich von meinem letzten Kampftraining."
„Kampftraining? Bist du im Kampfsport tätig?"
Eirik lacht kurz auf. „So könnte man es nennen."
Mittlerweile sind sie an der Ampel angekommen, die genau in diesem Moment auf Rot schaltet. Sie bleiben stehen. Nebeneinander. Plötzlich hält jemand Eleonora die Augen zu.
Das kann nur einer sein.
„Leo! Hör auf mit dem Blödsinn."
„Hallo Schönheit", haucht Leo ihr ins Ohr. Sie fasst seine Hände, zieht sie runter und dreht sich zu ihm um.
Mit einer übertriebenen Geste nimmt Leo sie in den Arm und küsst sie auf beide Wangen.
„Wann bist du aus den USA zurückgekommen?"

„Letzte Woche."

Eleonora sieht kurz zu Eirik. Der schaut Leo sehr wütend an.

„Leo, darf ich dir Eirik vorstellen?"

Leo scheint überrascht. „Ist das etwa dein Freund? Habe ich in den wenigen Wochen so viel verpasst?"

Verlegen schüttelt Eleonora den Kopf. Eirik rührt sich nicht.

„Puh dann habe ich ja noch mal Glück gehabt. Hatte schon Angst, du wärst vom Markt. Sehen wir uns heute Abend auf der Kostümparty?"

„Ja, ich gehe auch hin", antwortet Eleonora unbehaglich.

„Prima! Zieh doch bitte Hotpants an! Ich freue mich immer, wenn ich deine schönen langen Beine sehen kann."

„Is klar, Leo, verschwinde jetzt."

Die Ampel wird grün. Leo winkt und geht geradeaus weiter. Stumm überqueren Eirik und Eleonora die Straße.

Vor der Tür des Granny's bleibt Eirik stehen. Wütend schaut er Eleonora an. „Du solltest dich von diesem Mann fernhalten, er hat nur eines im Sinn."

„Das weiß ich! Leo hat immer nur eines im Sinn. Leo ist ein Freund."

„Verzeihung, ich wusste nicht, dass du solch freundschaftliche Beziehungen hegst. Aber es geht mich auch nichts an." Er öffnet die Tür und hält diese gentlemanlike für Eleonora auf.

„Da seid ihr zwei ja endlich!", begrüßt sie Granada und schiebt sie in Richtung Theke. „Hier, probiert mal. Ich habe einen neuen Blaubeermilchshake kreiert und kann es kaum erwarten, dass ihr ihn testet. Mit Schoko. Ich bin gespannt, wie ihr ihn findet."

Erst jetzt sieht Eleonora die beiden Shakes auf der Theke stehen. Doch sie hat keine Lust zu probieren. Jedoch setzt sie sich aus Anstand neben Eirik, der mit einem Zug die Hälfte seines Shakes austrinkt, während Eleonora an ihrem nur nippt. Unerträglich stumm sitzen beide da.

„Und?" Erwartungsvoll blickt Granny sie an.

Eirik nickt, sein Lächeln wirkt gezwungen.

Eleonora lobt den Shake. „Der ist gut. Allerdings schmeckt mir das Original besser. Also, ergänzend kannst du ihn gern in dein Angebot aufnehmen, aber tausche ihn bitte nicht gegen den alten aus."

Granada kommentiert das Urteil mit einem „Hm".

Eirik setzt noch mal an und trinkt im zweiten Zug sein Glas leer, springt auf und will gehen. Diesmal packt ihn Eleonora am Unterarm und hält ihn auf. Verwundert schaut er sie an.

Ich will nicht, dass wir so auseinandergehen. Ich muss ihm das mit Leo erklären.

„Eirik, warte bitte."

Er registriert ihre Hand auf seinem Arm und sogleich wird sein Blick weicher.

Sie lässt ihn los. „Ich kenne Leo seit dem Kindergarten. Er lässt nun mal nichts anbrennen und hat daher immer – wirklich immer – einen flotten Spruch auf den Lippen. Allerdings hat er noch nie ein Mädchen angelogen. Jede Frau, die sich auf ihn einlässt, weiß, was sie von ihm zu erwarten hat. Für mich ist er einfach nur ein Freund. Nicht mehr und nicht weniger. Jemand, den ich mitten in der Nacht anrufen kann, um ihm zu sagen: ‚Hey, ich habe einen Platten.' Er würde sofort kommen und mir helfen."

Eirik nickt.

Warum sagt er jetzt nichts?
Er wendet sich erneut von ihr ab, geht los, bleibt kurz darauf stehen und schaut sie an.
„Du gehst heute Abend wieder aus dem Haus?"
Was meint er mit „wieder"? Soll ich ihn fragen, ob er mitkommen will?
„Ja, ähm, wir feiern meinen Geburtstag nach."
Soll ich ihn fragen? Soll ich ihn wirklich fragen?
Eirik überlegt und sagt dann plötzlich: „Mit deiner Erlaubnis würde ich dich gern begleiten."
Eleonora ist völlig platt. „Ähm ja, gern."
„Um wie viel Uhr darf ich dich abholen?"
„Ich weiß es noch nicht, Tara – meine Freundin – gibt mir später Bescheid."
Eirik nickt, dreht sich um und geht.
Wie zur Salzsäule erstarrt bleibt Eleonora stehen.
„Ich kann ja verstehen, dass es mehr Spaß macht, mit Adonis zu flirten, aber die Gäste häufen sich." Sandra stupst Eleonora und zwinkert ihr zu.
Eleonora begibt sich schnell hinter die Theke und legt ihre Tasche ab. Sie schnallt sich einen Geldbeutelgürtel um, trinkt ihren Shake in einem Zug leer und widmet sich ihrer Arbeit. Die ganze Zeit über lächelt sie.
Ich habe ein Date, ich habe ein Date, ich habe ein Date ...

Kurz nach 13.00 Uhr lichtet sich die Gästezahl und Granada kommt wie jeden Tag mit zwei Essen aus der Küche. Schaschlik mit Reis. Sie stellt ihren Mädels die Teller auf einen der Tische. Beide haben Hunger. Während des Essens hält Eleonora die ganze Zeit Ausschau nach Eirik, doch er lässt sich nicht mehr blicken. Völlig unerwartet tippt ihr jemand auf die Schulter. Sie dreht sich um.

„Tara! Was machst du denn hier?"

„Na, was wohl. Dir Bescheid geben wegen heute Abend. Du beachtest mich ja via Handy nicht mehr."

Oh je, das Handy, ich habe nicht ein einziges Mal draufgeschaut.

„Entschuldige, ich habe es vergessen."

Doch Tara achtet gar nicht mehr auf Eleonora. Sie starrt mit offenem Mund in den Raum. Eleonora dreht sich um und sieht, wie Eirik sich mit Granada unterhält.

Sandra entgeht das alles nicht. Sie lacht, steht auf und flüstert Tara ins Ohr: „Ja, das ist Adonis." Dann zwinkert sie Eleonora zu, nimmt die beiden leeren Teller und geht damit in die Küche.

Eirik dreht sich um und kommt auf Eleonora und Tara zu.

Tara fängt sich schnell und Eleonora steht nun ebenfalls auf.

„Hallo, ich bin Tara. Und du musst Eirik sein, El hat schon viel von dir erzählt."

Ich bringe sie um für diese Bemerkung.

„Freut mich, deine Bekanntschaft zu machen, Tara." Galant nimmt Eirik Taras Hand und drückt sie kurz.

„Also, El, ich wollte dir nur sagen, Einlass ist heute zwischen 20.00 und 21.00 Uhr."

„Wie soll ich das schaffen? Ich muss bis 20.00 Uhr arbeiten und wir fahren ja fast eine halbe Stunde zum Lax-Schloss."

„He, ganz easy. Ich bringe dir die Sachen, die du anziehen willst, hierher und du sparst dir den Nachhauseweg."

„Ich wollte aber gern noch duschen."

„Eleonora, darf ich dir meine Gemächer anbieten? Du könntest nach oben gehen und dich dort zurechtmachen."
Oh mein Gott, ich soll mich in Eiriks Bad duschen?
Verlegen schaut Eleonora Eirik an.
Tara klatscht in die Hände. „Das ist eine prima Idee! So machen wir es."
Eleonoras versucht, ihre Wut zu unterdrücken.
Tara, ich bringe dich heute wirklich noch um ...
„Also, El, dann holen wir dich um 20.25 Uhr hier ab."
„Das ist nicht nötig", mischt sich Eirik in das Gespräch ein. „Ich werde Eleonora rechtzeitig zum Fest bringen. Dafür benötige ich nur die Adresse."
Eleonora schaut Eirik mit offenem Mund an.
„Auch gut", sagt Tara und grinst. „Dann bringe ich dir die Sachen gleich. Ähm, was willst du überhaupt anziehen?"
Eirik unterbricht noch einmal und wendet sich an Eleonora: „Ich warte in meinem Zimmer auf dich." Zu Tara gewandt sagt er: „Hat mich sehr gefreut, Tara." Damit dreht er sich um und geht.

„Was soll das, Tara? Du kannst doch nicht alles über meinen Kopf hinweg entscheiden."
„Krieg dich ein, El. Der Typ ist heiß, und so, wie der sich verhält, ist der auch heiß auf dich. Du solltest mir dankbar sein. Und mir ist klar: Wenn ihr heute Abend doch nicht kommt, dann habt ihr es nicht aus seinem Hotelzimmer geschafft. Hach, wie aufregend!"
Eleonora haut Tara auf die Schulter.
„Aua! Sei nicht so! Sag mir lieber, was ich dir alles bringen soll."

Eleonora schüttelt den Kopf, geht zu ihrer Tasche und holt den Hausschlüssel. „Also, das hier ist der Schlüssel. Das Kleid, das ich anziehen möchte, hängt außen an meinem Kleiderschrank. Die Schuhe stehen darunter und die passenden Ohrringe liegen auf der Kommode daneben. Außerdem brauche ich mein Schminktäschchen, meine Rundhaarbürste und die normale Haarbürste. Ach ja, Haarschaum und Haarspray brauch ich auch."

„Alles klar. Bis gleich." Tara nimmt den Schlüssel und verschwindet.

„So, so, du also nackt in seinem Zimmer ..." Sandra stupst Eleonora und lacht, als sie rot wird.

Um Himmels willen, was hat mir Tara da nur für eine Suppe eingebrockt? Ich weiß nicht, ob ich mich freuen soll oder ob das nicht alles irgendwie zu überstürzt ist.

Eleonora beschließt, sich mit ihrer Arbeit abzulenken.

Kurze Zeit später kommt eine voll beladene Tara zur Tür herein. Das Kleid hat sie am Bügel gelassen und den Rest hat sie in eine Reisetasche gepackt. Als Eleonora ihr alles abgenommen hat, flüstert sie ihr ins Ohr: „Ich habe deine schönste Unterwäsche beigelegt, wobei, ganz ehrlich, ich glaube, zu diesem Kleid wirst du keinen BH tragen können. Ach, und die Adresse habe ich aufgeschrieben, der Zettel liegt ebenfalls in deiner Tasche." Sie zwinkert Eleonora nochmals zu und geht. An der Tür wirft sie ihr einen Luftkuss zu.

„Sandra ich komme gleich wieder, ich bringe das hier nur schnell hoch."

Sandra nimmt es zur Kenntnis und Eleonora verschwindet durch den runden Türbogen. Mit jeder Stufe, die sie hinaufsteigt, schlägt ihr Herz etwas schneller. Vor Eiriks Zimmer holt sie tief Luft, und als sie gerade anklopfen will, geht die Tür auf. Ein grinsender Eirik steht vor ihr und bedeutet ihr mit einer einladenden Handbewegung hereinzukommen. Eleonora freut sich und will gerade eintreten, als Eiriks Gesichtsausdruck sich verfinstert. Er mustert sie und er mustert das Kleid. Dann fragt er alles andere als charmant: „Woher hast du das Halischma?"

„Das was?"

„Hier, das Halischma." Er zeigt auf das Kleid.

Eleonora versteht nicht, was er meint, und noch bevor sie antworten kann, kommt Granada aus dem Kämmerchen und ruft: „Von mir! Hast du ein Problem damit?"

Warum sagt Granada das?

„Du gibst so viele Zirkarten für dieses hochwertige Halischma aus – und das für eine Angestellte?" Eirik schaut Granada fragend an.

„Das geht dich nichts an, Eirik", erwidert Granada mit bestimmtem Ton und wendet sich der Treppe zu.

Eiriks Gesichtszüge werden wieder weicher. „Du gehst also als Aves auf die Kostümparty?"

„Ich habe keine Ahnung, was ein Aves ist, aber wenn du meinst, dann ja."

„Na, dann werde ich mich dir wohl anpassen müssen", fügt er mit einem Lächeln hinzu.

Eleonora tritt ins Zimmer. Wie in ihrem eigenen Zimmer hängt sie das Kleid auch hier außen an den Schrank. Sie holt den Adresszettel aus der Tasche. Die Schuhe stellt sie auf den Boden unter das Kleid. „Hast du überhaupt ein Auto?", fragt sie, während sie Eirik den Zettel reicht.

„Keine Sorge, bis heute Abend habe ich eins."

Eleonora weiß nicht, wie sie diese Antwort einschätzen soll. „Also, ich geh dann wieder runter, weiterarbeiten." Sie dreht sich um, bleibt kurz stehen und schaut ins Bad. Ihr ist gerade die unheimliche Frau eingefallen.

„Keine Sorge, Eleonora. Sie wird sich dir nicht mehr im Spiegel zeigen."

Woher weiß er das?

Eleonora zuckt mit den Schultern und geht.

Irgendwie redet er so, als wäre es keine Halluzination gewesen. Das macht mir noch mehr Angst.

Unten ist die Nachmittagskaffeestimmung in vollem Gange. Eleonora wirft sich gleich ins Getümmel. Gerade als sie Kaffee machen will, zeigt der Automat an, dass Kaffeebohnen fehlen. Sie erinnert sich an die Schublade unter der Theke, in der Nachfüllpackungen liegen. Doch als sie diese öffnet, muss sie feststellen, dass auch hier keine Kaffeebohnen mehr sind. Das heißt, sie muss in den Keller. Sie huscht zu Sandra und gibt ihr Bescheid. Als sie ins Treppenhaus geht und nach unten schaut, sieht sie ein grünes, grelles Licht. Sie bleibt kurz stehen, zögert. Dann hört sie, wie eine Tür zufällt und das Licht verschwindet. Ganz langsam setzt sie einen Fuß vor den anderen die Treppe hinunter. Plötzlich sieht sie Eirik. Er hat ein schwarzes Kleidungsstück über dem Arm hängen. Überrascht schaut er sie an.

„Was hast du da unten gemacht, Eirik?"

„Meine liebe Eleonora, deine Neugier ist stets bemerkenswert. Ich habe mir nur ein passendes Kleidungsstück für heute Abend organisiert."

„Wie? Etwa aus dem Heizungsraum?"

Eiriks Augen funkeln belustigt.

„Wenn du es Heizungsraum nennen möchtest." Er läuft weiter und sie macht ihm Platz. Als sie ihn nicht mehr sehen kann, geht sie nach unten und schaltet gleich das Licht ein.

Irgendwie sind mir dieser Heizungsraum und das durchschimmernde grüne Licht unheimlich.

Schnell geht sie in den Vorratsraum, holt ein Paket Kaffeebohnen und trägt die Entnahme in die Liste ein. Dann rennt sie wieder nach oben und widmet sich dem Kaffeeautomaten. Inzwischen sind etliche Bestellungen aufgelaufen. Sie versucht, alle Kunden so schnell wie möglich zu bedienen. Als alle versorgt sind, kommt Sandra zu ihr. Sie nimmt ihren Geldbeutelgürtel ab und legt ihn unter den Tresen.

„Oh, hast du schon Feierabend?"

„Ja, für heute reicht es! Danke noch mal, dass du mit mir die Schicht getauscht hast, und hey, viel Spaß mit Adonis." Sandra zwinkert ihr zu und verlässt das Granny's.

Im nächsten Moment steht Granada vor Eleonora und drückt ihr die Generalkarte in die Hand. „Ich halte hier die Stellung, würdest du bitte Eiriks Zimmer herrichten?"

„Klar, mach ich gern." Eleonora nimmt die Karte und geht. Sie freut sich, dass sie Eirik gleich wiedersehen wird.

Als sie den Putzwagen aus dem Kämmerchen geholt hat, zieht sie die blauen Gummihandschuhe an und stellt sich vor Eiriks Tür. Sie klopft. „Zimmerservice!"

Es kommt keine Antwort.
Sie steckt die Karte in den Schlitz und öffnet die Tür, dann ruft sie noch mal: „Zimmerservice! Eirik, bist du da?"
Keine Antwort.
Enttäuscht tritt sie ein.
Komisch, die Balkontür steht wagenweit offen, aber von Eirik keine Spur.
Sie zuckt mit den Schultern und widmet sich ihrer Arbeit. Als sie das Bett gemacht hat, dreht sie sich zu ihrem Kleid um. Daneben hängt ein weiteres Kleidungsstück. Sie tritt näher. Es ist nicht schwarz, sondern dunkelbraun. Der Stoff scheint der gleiche zu sein, aus dem ihr Kleid gemacht ist, und er schimmert. Es ist eine Hose. Dazu ein Oberteil, geschnitten wie ein Sakko, mit hochstehendem Kragen, allerdings ohne Ärmel. Sie sieht eine Metallstange, die oben auf der Schulter aufliegt. Eine Schnur ist darum gewickelt, sie verbindet Vorder- und Rückseite. Die Schnur hängt vorn herunter. Damit kann die Vorderseite ebenfalls geschlossen werden. Zuerst denkt Eleonora, es wären zwei Teile, aber bei genauerem Hinsehen entdeckt sie, dass Hose und Oberteil verdeckt miteinander verbunden sind.
Cool!
Schnell erledigt sie ihre Arbeit und verlässt das Zimmer. Als sie den Putzwagen weggestellt hat, fällt ihr die offene Balkontür ein.
Vielleicht hätte ich sie schließen sollen. Er hat sie sicherlich nicht absichtlich offen gelassen.
Sie geht noch einmal zurück, schiebt die Karte in den Schlitz und öffnet die Tür. Als sie eintreten will, erstarrt sie.
„Eirik!"

Eirik kniet im Rahmen der Balkontür. Nackt. Splitternackt.

Er hebt seinen Kopf und blickt ihr in die Augen. Er grinst. Dann steht er auf.

Oh, mein Gott, der kann doch so nicht aufstehen!

Eleonora schluckt. Sie starrt ihn an. Ihre Augen wandern von seinem zufriedenen Gesicht zu den muskulösen Oberarmen, dann hinunter zu seinem Waschbrettbauch. Ein schmaler Strich feiner, dunkler Härchen geht von seinem Bauchnabel Richtung DORT.

Oh, mein Gott, ich habe voll sein Ding angestarrt!

Eleonora schließt schnell die Augen.

Eirik lacht. „Eleonora, was ist los? Hast du etwa noch nie ein nacktes männliches Wesen gesehen?"

Eleonora schluckt. „Entschuldige, ich wollte, ähm, ich meine, die ähm Balkontür stand offen ... Ach, vergiss es, ich komme später wieder." Sie tritt einen Schritt zurück, schließt die Tür und rennt fluchtartig die Treppe herunter.

Granada ist gerade beim Abkassieren. Eleonora gesellt sich zu ihr und kassiert ebenfalls ab. Mit einem Mal leert sich das Café. Eleonora schaut auf die Uhr. Es ist kurz vor 18.00 Uhr.

„Süße, mach doch bitte kurz Pause und iss etwas. In ein paar Minuten kommen die ersten Abendgäste."

Eleonora überlegt, was sie essen könnte. Hunger hat sie keinen, aber es wird wahrscheinlich ein langer Abend werden, und wer weiß, was es bei dieser Kostümparty zu essen gibt. Sie entscheidet sich für ein Käsebrötchen. Als sie sich den letzten Bissen in den Mund geschoben hat, wischt sie die Tische mit einem feuchten Lappen ab. Schließlich kommen schon die ersten Abendgäste. Sandra hat ihr erzählt, dass es meistens zwischen 18.30 und 19.30 Uhr nochmals heiß hergeht, dass aber anschließend alle relativ zügig zahlen, da sie wissen, dass das Granny's um 20.00 Uhr schließt.

Zehn Minuten vor Ladenschluss ist das Café leer.

Als Eleonora zum letzten Mal an diesem Freitag die Tische abwischt, zwinkert ihr Granada zu und nimmt ihr den Lappen ab. „Geh dich schon mal richten, El. Ich habe mitbekommen, dass ihr heute ausgeht."

Warum zwinkern mir heute alle zu?

Eleonora legt den Geldbeutelgürtel ab, nimmt ihre Tasche und bekommt Herzrasen.

Oh Gott, gleich gehe ich hoch, um mich zu duschen. Nackt zu duschen. Oh Gott, oh Gott, und ich habe ihn vorhin nackt gesehen!

Sie schluckt und spürt, dass sie vor lauter Nervosität feuchte Hände bekommt.

Vor Eiriks Zimmertür bleibt sie stehen und atmet tief ein und aus. Wieder öffnet er ihr die Tür, bevor sie klopfen kann.

„Hallo! Ähm, sag mal, woher weißt du eigentlich jedes Mal, dass ich vor der Tür stehe?"

„Heute Nachmittag wusste ich es nicht." Eirik lacht verschmitzt.

Eleonoras Gesicht rötet sich.

„Ansonsten höre ich dich immer ein- und ausatmen. Es klingt, als würdest du gleich vor deinen Henker treten."

Wie peinlich, er hört mich atmen. So laut bin ich doch gar nicht.

„Willst du da stehen bleiben, oder willst du hereinkommen und duschen?"

Eleonora zuckt verlegen mit den Schultern und tritt ein. Sie stellt ihre Handtasche neben ihre Reisetasche, nimmt dann die Reisetasche, das Kleid und die Schuhe und will damit ins Bad gehen. Doch Eirik versperrt ihr den Weg.

Erwartungsvoll schaut sie ihn an.

„Weißt du überhaupt, wie man ein Halischma trägt?" Eiriks Stimme ist leise, fast etwas heiser.

Eleonora schaut auf das Kleid und betrachtet den Metallring, an dem alles zusammengefasst ist. Sie entdeckt einen kleinen Knopf. „Nun, ich nehme an, dass ich diesen Knopf hier zum Öffnen drücken muss." Sie hebt die Hand, in der sie die Reisetasche hält, und zeigt so gut es geht auf den Knopf.

Eirik ist nicht mal einen halben Meter von ihr entfernt. Wieder lächelt er belustigt. „Das meine ich nicht."

Was meint er dann?

„Ich möchte wissen, ob du weißt, dass man unter dem Halischma nichts trägt."

Nackt? Ich soll nicht mal ein Höschen tragen? Der veräppelt mich doch.

„Wieso soll ich nichts darunter tragen?"

„Das ist nicht nötig. Das Halischma passt sich deinem Körper genau an. Es wird nie jemandem etwas zeigen, das du nicht willst." Eirik macht einen Schritt zur Seite und deutet mit einer offenen Handbewegung an, dass sie ins Bad gehen kann.

Eleonora huscht ins Bad und schließt die Tür ab. Schnell zieht sie sich aus und hüpft unter die Dusche.

Schade, dass ich Tara nicht darum gebeten habe, mir meine Zahnbürste einzupacken.
Immer wieder schaut sie zur Tür. Sorgfältig trocknet sie sich ab und wickelt sich ins Handtuch. Dann öffnet sie die Reisetasche und holt ihr Schminktäschchen heraus. Als sie es öffnet, entdeckt sie ihre Zahnbürste und Zahnpasta.
Tara, du bist die Beste!
Sie putzt sich die Zähne.
Ich weiß, dass es gut aussieht, wenn ich mich schminke. Von jedem ernte ich dann Komplimente. Nur Eirik hat es wohl nicht gefallen. Bin gespannt, ob Herr Griesgram zum Vorschein kommt, wenn er mich sieht.
Eleonora weiß genau, wie sie ihre Augen in Szene setzen kann, und genau das tut sie. Die Lippen betont sie nur leicht. Ihr Deo hat ihre Freundin ihr selbstverständlich auch eingepackt, das verteilt sie unter ihren Achseln. Danach bürstet sie sich die Haare und massiert Haarschaum hinein. Mit der Rundbürste föhnt sie sich die Haare glatt, nur am Abschluss lässt sie schöne, große Locken. Sie schaut auf die Uhr.
Mist, bereits 20.19 Uhr.
Schnell legt sie die Ohrringe an. Sie nimmt das Kleid und drückt auf den kleinen Knopf. Der Mechanismus des Metallrings öffnet sich. Sie ist verblüfft, wie präzise das geht. Sie steigt in das Kleid und zieht es an ihrem Körper hoch.
Wie geht denn bloß dieser Metallring zu?
Sie legt den Metallring an den Hals und drückt noch mal auf den Knopf. Der Metallring schließt sich so schnell, dass Eleonora erschrickt. Mit einem Mal hat sie das Gefühl, als würde das Kleid sich regelrecht um sie schlingen. Es ist ein

Wahnsinnsgefühl. Der Stoff auf ihrer nackten Haut fühlt sich einzigartig an. Zügig schlüpft sie in ihre Sandalen.

Eleonora richtet sich auf und betrachtet sich im Spiegel.

Wow! Bin das ich? Ich sehe echt heiß aus ...

Sie kichert innerlich.

Na dann, Herr Griesgram. Sie dürfen mich ohne Höschen ausführen.

Dieses Mal kichert sie laut. Sie öffnet die Tür.

Eirik steht ebenfalls eingekleidet vor ihr. Eleonora ist überrascht, wie gut ihm diese Art Anzug steht. Das ärmellose Sakko betont seinen schönen Oberkörper perfekt. Die durchblitzenden Hautstellen machen seinen Anblick unheimlich sexy.

Eiriks Augen weiten sich. Er sieht so aus, als hätte es ihm die Sprache verschlagen. Dann räuspert er sich und sagt: „Ich dachte mir schon, dass dir das Halischma gut stehen würde, aber Eleonora, dein Anblick übertrifft meine Vorstellung bei Weitem. Du siehst wunderschön aus."

Wow, so ein Kompliment von ihm? Dabei war er vor zwei Tagen noch so gemein zu mir.

„Danke, Eirik, auch du sieht gut aus als ... Aves ..." Sie ist sich nicht mehr sicher, ob „Aves" das Wort war, welches er vorhin benutzt hatte.

„,Aves' klingt schön aus deinem Mund", erwidert er mit trockener Stimme.

Eleonora schaut auf die Uhr. „Ich glaube, wir müssen gehen, sonst kommen wir noch zu spät. Ich bin dann so weit. Eine Tasche werde ich nicht mitnehmen, denn Tara hält mich heute frei."

Eirik streckt ihr seinen Arm hin, damit sie sich einhaken kann. Das tut Eleonora mit Vergnügen. Ihr Herz klopft ihr bis zum Hals.

Als sie das Café durchqueren, begegnen sie Granada. Auch ihre Augen leuchten auf, als sie die beiden sieht.

„Meine Lieben, ihr gebt ein traumhaftes Paar ab."

Eleonora gefällt das Wort „Paar". Fröhlich lächelt sie Granada zu. Doch als sie zu Eirik blickt, sieht sie, dass sich sein Gesicht versteinert hat.

Was hat er bloß?

Eirik führt seine Lady zur Tür hinaus und Eleonora winkt Granada zum Abschied.

Draußen steht ein Mann und überreicht Eirik einen Autoschlüssel mit den Worten: „Eirik aus dem Hause Oris, es ist mir eine Ehre, Ihnen einen Dienst erweisen zu dürfen."

Eirik nimmt den Schlüssel und nickt dem Mann zu. „Welcher Wagen ist es?"

Der Mann zeigt auf einen nagelneuen BMW M3 in Weiß metallic. „Er ist vollgetankt und ich hoffe, 320 PS genügen Ihnen."

„Wir werden sehen", antwortet Eirik mit einem Lächeln und führt Eleonora um den Wagen herum. Galant öffnet er ihr die Beifahrertür und steigt anschließend selbst auf der Fahrerseite ein.

Eleonora schnallt sich an, sie weiß nicht, was sie sagen soll.

Ist der Typ nicht nur gut aussehend, sondern nebenbei auch noch reich?

Auch Eirik schnallt sich an. Er startet den Motor und spielt kurz mit dem Gas. „Ja, dieses Brummen gefällt mir." Wieder glänzen seine Augen.

Eleonora schaut auf die Uhr. „Wir sollten uns beeilen, wir haben nur noch fünfundzwanzig Minuten."

Eirik grinst und schaut sie von der Seite an. Dann fährt er los. Die Reifen quietschen.

„Mann, muss das sein?", fragt sie leicht genervt.

„Sorry, dieses Auto will das."

Im Ort fährt er noch einigermaßen anständig, doch außerorts beschleunigt er viel zu stark. Er fährt fast 180 Stundenkilometer auf der Landstraße.

„Eirik es gefällt mir nicht, wenn du so schnell fährst?"

„Hast du Angst?"

Eleonora überlegt. Nein, Angst hat sie nicht.

„Ich habe keine Angst, Eirik, aber es gehört sich nicht, hier so schnell zu fahren. Du könntest etwas übersehen."

„Keine Sorge, meine Schöne, ich bin 300 Stundenkilometer gewohnt, und glaube mir, ich kann nichts übersehen."

Hm, er hat „Meine Schöne" zu mir gesagt ... trotzdem kann ich diese blöde Angeberei nicht leiden.

„Wo, bitte schön, fährst du 300 Stundenkilometer?"

Eirik setzt ein geheimnisvolles Lächeln auf. „Ich fahre keine 300 Stundenkilometer. Das ist die Geschwindigkeit, die ich beim Sturzflug erreiche."

Sturzflug? Fliegt er etwa Kampfflugzeuge? Aber Flugzeuge sind doch noch viel schneller? Komisch, er hat auch etwas von einer Kampfverletzung erwähnt. Was macht er bloß?

Sie schaut ihn aus dem Augenwinkel an und kann nichts mit seiner Aussage anfangen.

Wenn meine Eltern wissen würden, dass ich ohne Höschen bei einem Typen im Auto sitze, der wie ein Irrer durch die Gegend fährt ... Oh nein, Mama und Papa, ich habe vergessen, ihnen Bescheid zu geben!

„Du hast nicht zufällig ein Handy dabei?"

„Nein, tut mir leid, ich benutze kein Mobiltelefon."

Ich fliege 300 Stundenkilometer schnell, aber ich benutze kein Mobiltelefon. Herr Griesgram, du siehst zwar verdammt gut aus, bist aber schon etwas seltsam. Was soll's, ich rufe nachher von Taras Handy aus an.

Eirik verringert seine Geschwindigkeit auf anständige 50 Stundenkilometer, da sie ein Ortsschild passiert haben.

„Du fährst so, als würdest du die Gegend kennen", bemerkt Eleonora.

„Ich habe mir heute Nachmittag die Strecke angeschaut."

„War der Mann vorhin ein Freund von dir?"

„Nein! Kein Freund. Ein Mann in meiner Position hat so gut wie keine Freunde."

Das klingt aber traurig.

„Was ist er dann? Ein Angestellter?"

„Ein Untertan trifft die Beschreibung eher."

„Eirik, was bist du? Eine Art Scheich?" Kaum hat Eleonora ihre Frage laut ausgesprochen, bereut sie es.

Eirik überlegt. „Ja! So was in der Art!"

„Oh."

„Und was sagt deine Freundin dazu, dass du so lange hier bist und im Granny's wohnst?" Eleonora dreht den Kopf von ihm weg und kneift die Augen zu.

Leise antwortet Eirik: „Die mir Versprochene ist Vergangenheit. Ich muss nun lernen, mich davon zu lösen und mit dem umzugehen, was mich in Zukunft erwartet."

Was meint er damit? Ist seine Freundin etwa gestorben? Oh je!
„Wir sind da und es ist fünf Minuten vor 21.00 Uhr." Geschickt parkt Eirik, steigt aus, rennt um das Auto herum und öffnet Eleonora die Tür. Auf dem Parkplatz treffen sie Tara und Lars. Tara hat sich als hinreißende Zigeunerin verkleidet, während Lars als cooler Rocker unterwegs ist. Die zwei sind ganz hektisch.

„Schnell, schaut euch die lange Schlange an", bemerkt Tara besorgt. „Ich hoffe, wir schaffen es noch."

„Ich bin übrigens Lars", stellt sich Lars vor und streckt Eirik die Hand hin.

Eirik erwidert den Gruß und stellt sich ebenfalls vor. „Eirik aus dem Hause Oris. Übrigens, wir brauchen uns nicht anzustellen."

Verblüfft bleiben Eleonora, Tara und Lars stehen. Noch größer werden ihre Augen, als Eirik vier VIP-Karten aus seinem Sakko zieht.

„Damit dürfen wir direkt eintreten." Eirik reicht jedem eine Karte.

„Woher hast du die Karten?"

Ich verstehe die Welt nicht mehr!

„Die habe ich ebenfalls heute Nachmittag geholt."

„Bei wem?"

„Na, beim Schlossbesitzer."

„Kennst du den etwa?"

„Ja, er ist ein alter Freund der Familie."

Eleonora zuckt mit den Schultern und schaut zu Tara. Die klatscht erneut in die Hände. „Prima, worauf warten wir?"

Sie gehen an der Warteschlange vorbei und dürfen tatsächlich gleich eintreten. Drinnen ist die Party bereits in vollem Gange. Eleonora kann sich nicht satt sehen an den vielen Kostümen und Verkleidungen.

Als sie an einem Tisch Platz genommen haben, nimmt ein Kellner die Bestellung auf. Die beiden Herren ordern je ein Wasser und Tara wählt für sich und Eleonora je ein Glas Sekt.

Um sich zu unterhalten, ist die Musik zu laut.

Tara schnappt sich Eleonora und zerrt sie zur Toilette.

„Wow, siehst du heiß aus! Ich sag dir: Wenn ich Eirik wäre, ich würde dich gleich im Auto nehmen."

„Tara!", ruft Eleonora mit gespieltem Entsetzen.

„Hey, mal ehrlich? Hast du nicht Lust auf ihn? In seinem Kostüm sieht er zum Anbeißen aus." Tara lässt nicht locker.

Eleonora schaut sie an und kichert. Dann flüstert sie: „Ich verrate dir ein Geheimnis: Ich trage keine Unterwäsche."

Tara hält sich den Mund zu und reißt die Augen auf. „Du kleines Luder! Ich will morgen jedes Detail wissen, und wehe, du lässt was aus."

Beide lachen und kontrollieren ihr Make-up im Spiegel.

Wieder fallen Eleonora ihre Eltern ein. „Tara kann ich bitte mal dein Handy haben, ich möchte kurz zu Hause Bescheid geben, dass ich ausgegangen bin."

„Ruhig Blut, Süße. Das habe ich deiner Mam bereits gesagt."

„Was hast du ihr gesagt?"

„Dass du total scharf bist auf diesen Eirik, keine Unterwäsche trägst und dich heute Nacht endlich entjungfern lässt."

„Tara!" Eleonora stupst ihre Freundin.

„Mann, ich habe ihr gesagt, dass wir dich heute ausführen und deinen Geburtstag nachfeiern."
„Ah gut! Wo ist eigentlich mein Schlüssel?"
„In der Seitentasche der Reisetasche. Und nun komm, lass uns zurückgehen."

Die bestellten Getränke stehen bereits auf ihrem Tisch. Sie prosten sich gegenseitig zu und trinken. Lars tanzt nicht gern, während es Tara fast nicht mehr auf dem Stuhl hält. Lars sieht das natürlich. Er tippt Eirik an und zeigt auf einen Platz, an dem es deutlich ruhiger ist. Er hofft, sich dort mit Eirik unterhalten zu können, um ihn besser kennenzulernen.
Eirik nickt. Tara hat sofort verstanden, dass sie tanzen gehen darf, und schnappt sich Eleonora. Bevor die jedoch losläuft, hält Eirik sie fest.
„Eleonora, bitte bleibe in meinem Sichtfeld, sonst kann ich dich nicht beschützen."
Sie nickt.
Irgendwie schräg ist er schon.
Kaum ist Tara auf der Tanzfläche, beginnt sie zu tanzen. Sie bewegt Hüften und Schultern im Takt der Musik und es sieht einfach nur klasse aus. Eleonoras Tanzstil ist dagegen eher ruhig.
Plötzlich hält ihr jemand die Augen zu.
Leo, wer sonst?
„Hi Leo", brüllt Eleonora gegen die Musik.
Leo dreht sie um und schaut sie mit einem seltsamen Blick an. Eleonora erwartet nun wieder einen seiner Sprüche, doch Leo bleibt stumm und schaut sie nur an. Dann beugt

er sich zu ihrem Ohr. „Für dich, Eleonora, würde ich mich ändern. Wenn du mir nur eine Chance geben würdest."

Eleonora kann nichts darauf erwidern.

Leo nimmt ihre Hand und gibt ihr einen Handkuss. Er dreht sich um und verschwindet in der Menge.

Was ist denn mit dem los?

Eleonora steht zwischen den Tanzenden. Sie dreht sich zu Tara um, die wie in Trance mit geschlossenen Augen tanzt. Plötzlich greift jemand nach ihrer Hand. Es ist Eirik.

„Los, wir gehen." Er zerrt sie von der Tanzfläche.

„Halt!", empört sich Eleonora. „Was soll das? Ist es wieder wegen Leo? Er hat doch gar nichts gemacht."

„Es geht nicht um Leo. Der ist mir egal." Eirik zögert kurz, bevor er weiterspricht. „Es ist wegen Ares. Sie ist da. Sie bricht alle Grenzen."

„Wer ist Ares?"

Eirik nimmt Eleonoras Kopf und dreht ihn in eine bestimmte Richtung. Eleonora begreift nicht sofort, doch dann kann sie nicht fassen, was sie sieht. Da ist die Frau mit den langen weißen Haaren. Sie steht am Rand der Tanzfläche und mustert die Menge.

Die Arme in die Hüften gestützt steht Tara auf einmal neben ihnen. „He, was ist los mit euch?", will sie wissen.

Ohne auf Tara einzugehen, drängt Eirik: „Bitte, Eleonora, lass uns verschwinden, noch hat sie uns nicht entdeckt."

„Tara", Eleonoras Stimme klingt gehetzt, „da hinten steht die Frau aus dem Spiegel. Ich muss gehen." Sie nickt Eirik zu und sie eilen in Richtung Ausgang.

Tara steht verwundert da, schüttelt den Kopf und hält Ausschau nach Lars.

Lars, der die Szene beobachtet hat, hebt verwundert die Arme nach oben. Langsam senkt er sie wieder und demonstriert mittels Handzeichen, dass er sich wieder setzen wird. Tara zuckt mit den Schultern und begibt sich zurück auf die Tanzfläche.

Als Eirik und Eleonora draußen sind, schaut Eirik erst zum Himmel und lässt dann seinen Blick schweifen: „Los, wir laufen jetzt zu dem Baum." Er läuft los.
Eleonora folgt ihm. Kaum sind sie unter dem Baum, mustert Eirik schon wieder den Nachthimmel.
Eleonora sinkt derweil mit den Absätzen ihrer Schuhe tief ins weiche Gras ein.
„Ich glaube, sie ist allein, zumindest sehe ich keine Gefolgsleute. Wir rennen jetzt zum Auto."
Als er wieder loslaufen will, hält Eleonora ihn zurück. „Eirik, warte, meine Schuhe! Ich stecke fest!"
Mit einem Blick hat Eirik die Situation erfasst. Er bückt sich, reißt die Riemchen der Sandalen durch, kommt wieder hoch, greift nach Eleonoras Hand und rennt mit ihr los. Mit der freien Hand sperrt er das Auto auf, öffnet die Beifahrertür und drückt Eleonora ins Auto. Er wirft die Tür zu, hetzt um das Auto herum und steigt ebenfalls ein. Kaum sitzt er, überprüft er schon wieder den Himmel.
„Eirik, was soll das? Warum rennen wir, als ob wir auf der Flucht wären? Wie kann es sein, dass die Frau im Spiegel im Schloss ist, und warum weißt du, wie sie aussieht? Außerdem hast du soeben meine teuersten Schuhe kaputt gemacht."
„Schnall dich an!", ist das Einzige, was Eirik ihr entgegnet.

„Nein, das werde ich nicht tun."

„Ich habe gesagt, du sollt dich anschnallen!" Dieses Mal schreit er fast.

„Eirik, ich lasse mich von dir nicht so behandeln. Ich werde jetzt aussteigen. Dann gehe ich zu Tara und Lars und bitte sie, mich heimzufahren."

Eirik hält sich die Hand vor die Augen. „Eleonora, bitte verzeih! Ich muss dich beschützen. Du weißt nicht, wozu Ares in der Lage ist. Bitte schnall dich an, lass uns zurückfahren. Wenn es sich nicht vermeiden lässt, werde ich dir dort alles erklären." Er lässt seine Hand in seinen Schoß sinken und schaut Eleonora flehend an.

„Na gut, wenn du es sagst." Eleonora atmet tief ein und wieder aus. Dann legt sie sich den Gurt an.

Eirik fährt los. Er rast nicht, wie sie erwartet hätte, sondern fährt ordnungsgemäß. Stumm sitzen sie nebeneinander.

Irgendwann bricht Eleonora das Schweigen. „Eirik, wer ist Ares?"

„Eine böse Frau."

Eleonora schluckt. „Was will sie von mir?"

„Sie will dich töten!"

Ihr bleibt fast das Herz stehen. „Warum?", flüstert sie.

„Weil du mir geholfen hast."

„Das verstehe ich nicht."

„Ich weiß."

„Wieso habe ich sie im Spiegel gesehen?"

„Auch das würdest du nicht verstehen."

Eleonora ist völlig verwirrt. Sie schließt die Augen. Beide schweigen.

„Wir sind da! Ich glaube, es ist sicherer, wenn ich in der Tiefgarage parke." Eirik stellt das Auto ab und steigt aus.

Eleonora ist wie gelähmt. Erst als Eirik ihr wieder die Tür öffnet, schiebt sie ihre nackten Füße nach draußen und steigt aus.

„Tut mir leid wegen der Schuhe." Eirik nimmt ihre Hand und lässt sie nicht los. Hand in Hand gehen sie die Treppe hinauf, die sie zum Granny's führen. Noch einmal schaut sich Eirik um, bevor er mit der freien Hand die Tür des Cafés aufschließt. Sie betreten die Gaststube.

Eleonora mag es, Eiriks Hand zu spüren. Es liegt ein Knistern in der Luft. Sie weiß, dass er es auch spürt.

Als Eirik die Tür wieder abgeschlossen hat, geht er voraus und zieht Eleonora hinter sich her. Die Treppe hoch. Ihre Hand lässt er nicht los. Er öffnet seine Zimmertür. Sie treten ein. Leise schließt er die Tür. Eleonoras Puls rast vor Aufregung. Das Zimmer ist erhellt von den Straßenlampen. Ein Fenster steht offen. Er hält sie immer noch. Langsam dreht er sich zu ihr um und schaut sie an. Sein Blick ist seltsam. Mit der anderen Hand fasst er ihr ins Gesicht und drückt ihre Wange gegen seine. Er saugt die Luft ein.

Eleonora kann sich kaum beherrschen. Am liebsten würde sie Eirik um den Hals fallen.

Er lässt ihr Gesicht los. Seine Finger gleiten zu dem Metallring und suchen den Knopf. Er drückt darauf. Der Metallring öffnet sich und das Kleid rutscht von Eleonoras Körper. Er lässt sie los und tritt einen Schritt zurück. Als er sie anschaut, hört sie seinen erregten Atem. Es macht ihr nichts aus, nackt vor ihm zu stehen. Sie will ihn. Sie will ihn jetzt und hier. Alles andere ist ihr egal.

Eirik ballt die Hände zu Fäusten und dreht sich mit gesenktem Kopf um. Dann setzt er sich aufs Bett und legt sein Gesicht in seine Hände. Irgendwann schaut er zu ihr auf. „Eleonora, du bist schön! So unendlich schön. Es kostet mich so viel Kraft, dir zu widerstehen. Erst recht, wenn ich sehe, dass auch du mich willst. Aber ich darf nicht. Ich werde nicht den gleichen Fehler machen wie mein Vater. Nein! Ich darf nicht. Ich habe geschworen, dich zu beschützen. Selbst wenn es bedeutet, dich vor mir zu beschützen."

Eleonora versteht nicht. Sie fühlt sich zurückgestoßen. Gedemütigt. Verletzt. Sie verschränkt ihre Arme vor ihrem Körper, eine Gänsehaut überkommt sie.

Eirik steht auf. Er nimmt eine dünne Decke vom Bett und legt diese um Eleonoras Schultern. Vorsichtig wickelt er sie darin ein, dann zieht er sie in seine Arme und hält sie fest.

„Verzeih mir, Eleonora, bitte verzeih mir."

Eleonora ist nicht in der Lage, einen klaren Gedanken zu fassen.

Warum will er mich nicht? Halt, er hat gesagt, er will mich, aber er kann nicht. Warum nicht? Oh, vielleicht wegen seiner verstorbenen Frau? Oder ist sie vielleicht gar nicht tot? Was hat sein Vater damit zu tun? Wie verwirrend das alles ist!

„Bitte bleibe heute Nacht bei mir." Eiriks Stimme klingt flehend.

„Eirik, ich verstehe dich nicht. Gerade eben hast du mir zu verstehen gegeben, dass du mich nicht willst. Jetzt willst du plötzlich, dass ich dableibe?"

„Du hast mich missverstanden! Ich will dich! Aber ich darf dich nicht wollen! Du bist nicht von meinem Stand, du bist zu schwach für mich! Ich muss meinem Schicksal folgen, für Gefühle ist in meinem Leben kein Platz. Ich sagte es schon, ich werde nicht den gleichen Fehler begehen wie mein Vater. Ich möchte gern, dass du hierbleibst, weil es für mich dann leichter ist, dich zu beschützen. Ich muss herausfinden, was Ares vorhat."

Eleonora schmiegt sich an seinen Körper, bis er sie irgendwann loslässt. Sie wickelt die Decke enger um sich.

Unerwartet klopft es an die Tür.

Eleonora starrt Eirik mit ängstlichem Blick an.

„Ich bin es, Eirik, Granada. Ist Eleonora bei dir?"

Eirik öffnet die Tür.

„Den Mächten sei Dank, ihr seid wohlauf." Granada scheint erleichtert. „Ihr müsst gehen."

Eirik runzelt die Stirn. „Wie kommst du darauf, Granada? Was ist geschehen?"

„Die Seher haben sich zerstritten. Sie sind zu keiner Einigung gekommen. Ein Krieg steht euch bevor. Du musst mit Eleonora zur Quelle des Lichts."

„Das kann nicht dein Ernst sein? Ich müsste ihr alles erzählen, sie müsste mit ins Avesreich kommen und es wäre sehr gefährlich für sie."

Granada lächelt. „So gefährlich wäre es auch wieder nicht. Außerdem, meine Lieben, möchte ich euch noch etwas sagen. Eine Wahrheit. Eine Wahrheit, die ich geschworen habe für mich zu behalten."

„Wem hast du es geschworen?", will Eirik wissen.

„Sakkara."

„Sakkara? Sakkara, die Seherin?", hakt Eirik nach.

„Sakkara? Meine Tante Sakkara?", fragt Eleonora.

Eirik runzelt die Stirn. „Tante? Sakkara ist deine Tante?"

„Na ja, nicht meine leibliche Tante", erklärt Eleonora. „Ich nenne sie halt ,Tante'."

„Nun, ich halte es für das Beste, wenn ich euch jetzt alles erkläre. Eleonora, du darfst bitte niemandem böse sein, aber Sakkara ist ..." Granada schafft es nicht weiterzusprechen. Sie wird getroffen. Von einem Pfeil. Mitten ins Herz. Granadas Augen sind weit aufgerissen. Blut läuft aus ihrem Mund.

Eleonora schreit.

Eirik zieht Eleonora auf den Boden. „Bitte sei leise", flüstert er. Er robbt zum Fenster, schließt es, zieht die Vorhänge zu.

Eleonora liegt starr am Boden und weint leise.

Eirik schnappt sich Eleonoras Halischma und holt ihre Sneaker aus dem Bad. „Eleonora, wir müssen schnell sein! Ich gehe voraus und du bleibst dicht hinter mir. Versuche bitte, ganz leise zu sein."

Gefolgt von Eleonora robbt Eirik in Richtung der Tür. Sie müssen über Granada klettern. Eleonora schnürt es die Kehle zu. Als sie auf dem Flur sind, richtet sich Eirik auf und lehnt sich an die Wand. Eleonora tut es ihm gleich und zieht die Decke wieder fest um ihrem Körper.

„Wir müssen so schnell wie möglich hier weg. Sie werden gleich da sein. Wir müssen in den Keller."

Eleonora ist völlig verstört. Sie wimmert vor Angst.

Eirik nimmt ihr Gesicht in die Hände und fleht: „El, bitte vertraue mir, ich bringe dich in Sicherheit!"

A wie Avesreich

Eirik horcht auf. Mit seinem Blick überprüft er jeden Zentimeter.

„Sie sind noch nicht da. Komm schnell." Er rennt los und Eleonora folgt ihm die Treppe hinunter bis in den Keller, dann den Gang entlang. Vor der Tür zum Heizungsraum bleiben sie stehen.

„Findest du es klug, dass wir uns hier im Keller verschanzen?" Eleonora zittert am ganzen Körper. „Was, wenn sie uns hier finden? Wir sollten die Polizei rufen."

„Nein, keine Polizei! Hier, zieh das an." Eirik reicht Eleonora das Halischma und stellt ihr die Sneaker hin.

Eleonora findet es doof, das edle Kleid jetzt anzuziehen, aber besser als die Decke ist es auf jeden Fall. Schnell schlüpft sie in das Kleid und schließt den Ring, wieder schlingt sich das Kleid um sie. Ihre Socken hat sie vorhin in die Sneaker gestopft, darüber ist sie jetzt froh. So schnell es geht zieht sie die Socken und die Schuhe an. Eirik hat in der Zwischenzeit einen Rucksack gefunden und stopft Kekse hinein, die er aus dem Vorratskeller geholt hat. Er kommt zurück und schaut Eleonora ernst an.

„So, wie du das Kleid trägst, kannst du nicht rennen. Das müssen wir ändern. Bitte stell jetzt keine Fragen, ich erkläre es dir später." Er zieht sie eng zu sich heran, legt seine Stirn an den Ring, der um ihren Hals liegt. Er konzentriert sich. Auf einmal beginnt das Kleid sich zu verändern. Aus dem Rock wird eine Art Hose, die in Höhe der Knie endet.

Hinten am Rücken wandert der Stoff nach oben bis zum Metallring und umschließt diesen.

Ich träume wohl. Ja, das muss es sein. Es ist einfach alles nur ein Traum.

Eirik lässt von Eleonora ab, setzt den Rucksack auf und legt seine Hand auf die Türklinke. Wieder konzentriert er sich.

Was will er denn im Heizungsraum? Sollen wir uns etwa dort verstecken? Warum will er keine Polizei?

„Hör zu, Eleonora, das wirst du jetzt alles nicht verstehen, ich erkläre es später." Dann öffnet er die Tür. Ein grelles, grünes Licht offenbart sich dort. Es sieht aus, als bestünde der ganze Raum aus grünem Wasser. Das Licht flackert leicht. Eirik nimmt Eleonoras Hand und will mit ihr hineingehen, doch Eleonora zieht die Hand zurück. Sie schaut ihn erschrocken an und schüttelt den Kopf. Eirik schließt kurz die Augen, dann macht er einen Schritt auf sie zu. Er legt seine Hand an ihren Hinterkopf. Langsam nähert er sein Gesicht dem ihren. Seine Lippen berühren fast ihre Lippen. Er flüstert: „Bitte vertraue mir! Du musst freiwillig mitkommen." Dann küsst er sie. Stürmisch. Leidenschaftlich. So, als würde alles von diesem Kuss abhängen.

Schwer atmend löst Eirik sich von ihr. Er legt seine Stirn auf ihre. Beide haben die Augen geschlossen. Eleonora hat für einen Moment alles um sich herum vergessen. Für einen klitzekleinen Moment existieren nur sie und er.

„Vertraust du mir?"

Sie nickt.

Plötzlich hören sie oben in der Gaststube das Zerbrechen von Glas.

„Komm, sie sind da, wir haben nicht viel Vorsprung." Eirik nimmt Eleonoras Hand. Dieses Mal lässt sie nicht los. Sie folgt ihm. Er schließt die Tür. Alles um sie herum leuchtet grün – bis auf die Tür.

„Stell es dir vor wie eine Rutsche. Wie eine sehr schnelle Rutsche. Ach, und wenn es geht, dann schreie bitte nicht."

Eleonora schluckt.

Was hat er nur vor?

Eirik stellt sich hinter Eleonora. Er legt beide Arme um sie, hält sie fest, drückt sie nach vorn. Sie beginnen zu fallen. Sehr schnell, wahnsinnig schnell. Eleonora spürt, wie ihre Haare nach oben gezogen werden. Am liebsten würde sie schreien. Sie hat Angst. Sie möchte gern Eiriks Arme umfassen, aber sie kann sich nicht bewegen. Das grüne Licht ist so grell, dass es in den Augen schmerzt. Ihr wird schlecht. Sie schließt die Augen. Dann spürt sie, dass sie langsamer werden. Immer langsamer. Sie öffnet die Augen. Das Licht ist nicht mehr ganz so grell. Plötzlich kommen sie zum Stehen. Die Wucht haut sie nach vorn, doch sie fallen nicht hin. Sie sieht Bäume. Riesengroße Bäume. Sie hört Laute. Seltsame Laute. Wie von einem Tier, eher wie von Millionen von Tieren.

„Alles in Ordnung?", fragt Eirik und lässt sie behutsam los.

Sie zuckt mit den Schultern. „Wo sind wir?"

„Im Avesreich. In meiner Heimat."

„Sind wir hier sicher?"

„Noch nicht, wir müssen uns verstecken. Vermutlich dauert es nicht lange, bis sie uns finden. Komm!" Er streckt die Hand nach ihr aus. Sie ergreift diese und dann rennen sie los.

Eleonora hat keine Ahnung, wohin es gehen soll, aber sie hat den Eindruck, als wüsste Eirik, was er tut. Die Luft riecht gut. Der Boden unter ihren Füßen fühlt sich weich an. Sie entfernen sich immer weiter von dem grünen Licht. Irgendwann ist davon nichts mehr zu sehen. Um sie herum nur Dunkelheit und Sterne. Sie rennen einige Minuten, bis Eleonora irgendwo in der Ferne einen hellen Punkt wahrnimmt. Wieder ein Licht. Dieses Mal ist es blau. Sie steuern genau auf dieses Licht zu. Es ist rund und groß. Mitten im Nirgendwo. Vor dem Licht bleiben sie stehen. Obwohl Eleonora gut trainiert ist, ist sie nach diesem Sprint völlig außer Atem.

„Wir machen es so, wie du es eben schon mal erlebt hast, und keine Angst, es wird diesmal nicht so lange dauern und wir werden auch nicht ganz so schnell unterwegs sein."

Eleonora nickt.

Wieder stellt sich Eirik hinter sie und umschließt sie mit seinen Armen. Dieses Mal hält sie sich gleich an ihm fest.

Wären die Umstände anders, würde mir diese Umarmung sehr gefallen.

Gemeinsam betreten sie das Portal. Sie fallen, umgeben von einem blauen Nichts. Sie werden schneller, kurz darauf aber wieder langsamer. Bis sie wieder zum Stillstand kommen.

„Mir geht es gut", sagt Eleonora.

Eirik nickt. Wieder fasst er nach ihrer Hand und sie rennen los. Hier gibt es keine Bäume. Das, was sich rund um sie erstreckt, sieht aus wie eine Wiese oder ein Feld. Nach kurzer Zeit stehen sie vor zwei weiteren blauen Portalen.

„Wir nehmen das linke", sagt Eirik. „Wir landen jetzt an einem Knotenpunkt. Dort werden wir Reisenden begegnen. Wundere dich über nichts, was du siehst, und sprich mit niemandem. Hörst du, du darfst nicht den Mund öffnen, um etwas zu sagen. Wenn dich jemand anspricht, schüttelst du einfach nur den Kopf. Hast du mich verstanden?" Eleonora nickt hektisch. Das macht ihr jetzt Angst. Sie nehmen wieder ihre Position ein. Die Dauer des Fallens ist ähnlich wie beim letzten Mal. Als sie angekommen sind, befinden sie sich in einer Art Stadt. Es gibt Häuser, Leuchtreklamen und unzählige Portale. Und es wimmelt nur so von Wesen. Manche sehen aus wie Menschen, andere sind halb Pferd, halb Mensch. Eleonora entdeckt auch Zwerge mit großen, spitzen Ohren. Dann sieht sie einen jungen Mann, der vor Kraft strotzt. Alle machen ihm Platz. Er trägt eine Hose wie Eirik. Sein Oberkörper ist nackt, von seinem Rücken stehen zwei große, weiße Flügel ab. Eirik wendet sich ab und zieht Eleonora in eine schmale Gasse. Das Stimmengewirr wird leiser. Plötzlich packt sie jemand am Kinn. Es ist eine alte Frau. Sie scheint blind zu sein. Eleonora erschrickt, sie ist kurz davor, den Mund zu öffnen, um zu schreien. Doch dann fällt ihr ein, was Eirik ihr eingebläut hat, und deshalb presst sie die Lippen zusammen. Die Frau sagt etwas zu ihr. Sie kann es nicht verstehen. Völlig fremdartige Wörter drängen aus dem Mund der Alten. Eine solche Sprache hat Eleonora noch nie gehört. Die Alte hält sie noch immer am Kinn fest. Sogleich packt Eirik die Alte am Kragen. Er hebt sie mit einem Arm hoch, als wäre sie aus Pappe. Als er zu ihr spricht, klingt seine Stimme fremd. Verzerrt. Dominant. Es ist die gleiche Sprache, die die Alte spricht. Eirik lässt die Frau wieder herunter, worauf sie sofort wegläuft. Eleonora betrachtet Eiriks Augen. Sie sind dunkel und glänzen.

Schließlich laufen sie weiter. Eleonora bemerkt, dass sie sich auf einer Parallelstraße zu den Portalen bewegen. Beim zweitletzten Portal halten sie an. Eirik schaut sich um, vor allem kontrolliert er den Himmel. Er nickt ihr zu und sie rennen los. Dieses Mal betreten sie das Portal nebeneinander. Er hält sie fest an der Hand. Sie fallen, wie sie schon die letzten beiden Male gefallen sind. Als sie ankommen, sind sie umringt von Felsen in einer Schlucht.

„Eleonora, ich muss dir Gehör verschaffen. Willst du hier auf mich warten, oder kommst du mit?"

„Ich will mit, ich will unbedingt mit, lass mich ja nicht allein!"

„Gut, aber wir müssen sehr hoch fliegen."

„Was meinst du mit ‚fliegen'?"

Eirik grinst verschmitzt. „Erschrick jetzt bitte nicht. Du hast doch vorhin den Aves mit den Flügeln gesehen."

Eleonora nickt.

„Nun, ich bin auch ein Aves." Eirik stellt sich vor sie hin, ohne ihre Hand loszulassen. Wieder erstrahlen seine Augen in einem dunklen Glanz.

Zuerst verändert sich sein Halischmo. Das Oberteil verschwindet, indem es sich langsam in Richtung der Hose bewegt und sich dort mit dem Gewebe vereint. Aus der Metallstange wird ein Gürtel. Mit nacktem Oberkörper steht Eirik vor ihr.

Sieht das sexy aus!

Plötzlich beginnen an seinem Rücken Flügel zu wachsen. Riesengroße Flügel. Bestückt mit wunderschönen braunen Federn.

Eleonora rührt sich nicht.

„Ich bin immer noch der Gleiche, Eleonora, bitte hab keine Angst. Außerdem hast du mir gesagt, dass du immer vom Fliegen träumst." Während er spricht, stellt er sich hinter sie. Wieder legt er seine Stirn gegen den Metallring an ihrem Halischma. Sein Halischmo und ihr Halischma beginnen sich zu vereinen, bis Eleonora fest mit Eirik verbunden ist.

„Dir kann nichts passieren", sagt Eirik. „Keine Sorge, ich habe die Kraft, um uns beide zu tragen. Es wäre trotzdem gut, wenn du nicht allzu sehr herumzappelst."

Eleonora schluckt. „Eirik, träume ich?"

„Nein", flüstert er ihr ins Ohr und beschert ihr eine Gänsehaut. Für einen Moment geht er in die Knie, und dann erheben sie sich. Mit jedem seiner Flügelschläge gelangen sie höher und sind bald weit über der Schlucht. Außer ein paar Felsen ist in der Dunkelheit nichts zu sehen.

Eleonora, die dieses Gefühl von Freiheit liebt, möchte jauchzen vor Freude.

„Es ist toll, Eirik, und ich fürchte mich nicht im Geringsten."

„Das freut mich", haucht er ihr ins Ohr und sie bekommt wieder eine Gänsehaut verbunden mit einem wohligen Ziehen in der Bauchgegend.

„Wohin fliegen wir?"

Gott, klingt diese Frage absurd!

„Ich weiß es nicht, ich suche es noch?"

„Was suchst du?"

„Die Pflanze, die dir Gehör verschafft." Eleonora versteht schon wieder nicht, was Eirik meint, aber sie gibt sich auch keine Mühe mehr, denn im Moment begreift sie gar nichts.

Als Eirik zu kreisen beginnt, fühlt sie sich wie im siebten Himmel.

„Ich habe es!", lässt er verlauten.

„Wie? Du kannst in dieser Dunkelheit irgendetwas erkennen?"

„Ich sehe um ein Vielfaches besser, als du dir vorstellen kannst. Sag mal, hast du Lust auf einen Sturzflug?"

Eleonora fällt ein, wie er im Auto zu ihr gesagt hat, dass er im Sturzflug mehr als 300 Stundenkilometer erreicht. Plötzlich ergibt dieser Satz einen Sinn.

„Ne, lass mal, das machen wir beim nächsten Mal."

Eirik lacht.

Wie schön sein Lachen klingt.

Er steuert auf eine kleine Ebene zwischen spitzen Felsen zu. „Zieh bitte die Beine an, das macht das Landen leichter."

Eleonora zieht die Beine an den Bauch.

Ich will lieber nicht wissen, wie das gerade aussieht ...

Gekonnt federt Eirik die Landung ab und kurz darauf haben beide einen festen Stand auf dem Boden.

„Bist du schon mit vielen Frauen geflogen?", will Eleonora wissen.

„Ja, aber nicht so." Eirik grinst wieder und sagt: „Lass uns im Gleichschritt zu dem Busch dort rüberwatscheln. Das geht schneller, als die Halischmas zu trennen und sie dann wieder zu vereinen."

„Okay!" Eleonora nickt.

Doch es ist leichter gesagt als getan. Egal wie sie es versuchen, es klappt einfach nicht. Entweder tritt Eleonora Eirik auf die Füße oder er kommt ihr in die Quere. Sie kichern. Irgendwann umfasst Eirik Eleonoras Hüfte mit den Händen und dirigiert ihre Schritte. Im Einklang bewegen sie sich vorwärts. Eleonora wird ganz heiß. Sie will seine Hände spüren – überall. Sie bleiben stehen.

„Liebste Eleonora", sagt Eirik, „ich muss lernen, mein Verlangen nach dir zu zügeln. Am liebsten würde ich dich zu mir herumdrehen und dich hier und jetzt nehmen. Aber ich darf nicht."

Enttäuschung macht sich in Eleonora breit.

Warum sagt er solche Dinge zu mir? Das macht es mir doch nur noch schwerer.

Sie kommen zu dem Busch. Auf jedem seiner Äste befinden sich sechs weiße Blüten – drei wachsen nach links, drei nach rechts –, die bei genauer Betrachtung gar nicht wie Blüten aussehen. Vielmehr fühlt sich Eleonora an Korallenpilze erinnert, die sie von früheren Waldspaziergängen kennt.

„Wir nehmen die untersten, das sind die kleinsten", beschließt Eirik und zeigt auf die Blüten. „Ich denke, das wird für dich angenehmer. Ich finde übrigens, du hast recht kleine Ohren."

Eleonora schaut ihn fragend an. „Was haben die Dinger mit meinen Ohren zu tun, soll ich die Blüten wie Ohrringe tragen?"

„Nicht ganz. Du wirst eine ins linke Ohr stecken und die andere ins rechte."

„Wie bitte? Und dann schauen aus meinen Ohren so seltsame Blüten heraus?"

Eirik schüttelt den Kopf und lächelt. „Aus deinen Ohren wird nichts herausschauen. Die Gehörpflanze verbindet sich mit deinem Ohr, deinem Gehirn, deinem Körper.

Durch sie wirst du in der Lage sein, alle Sprachen zu verstehen und sie auch automatisch zu sprechen."

„Okay! Und wie bekomme ich diese Pflanze später wieder raus?"

„Warum willst du sie wieder raushaben?"

„Na hör mal, ich will doch nicht irgendwelches Zeug in mir drin haben."

„Wir bekommen die Gehörpflanze bereits als Baby eingesetzt. Dazu findet einmal im Jahr ein großes Fest statt. Den Tag des Festes bestimmt die Gehörpflanze selbst. Sie wird von unseren Sehern genau beobachtet, und sobald sich die ersten Blütenknospen zeigen, gibt es im gesamten Avesreich einen Aufruf zum Gehörfest. Alle Wesen, egal welchen Standes, kommen dorthin und bringen ihren Nachwuchs mit. Einem Kind nach dem anderen wird Gehör verschafft. Im Anschluss daran wird gefeiert, getanzt und gesungen. Die Gehörpflanzen blühen acht Wochen lang, danach fallen die Blüten ab und sind nicht mehr brauchbar. Du hast Glück, denn diese Blüten hier sind etwa vier Wochen alt. Zwar sind sie schon deutlich größer als die Knospen, die ich kenne, aber es funktioniert trotzdem. Kann nur sein, dass es etwas unangenehm für dich wird."

„Unangenehm? Ich will nichts Unangenehmes. Können wir nicht einfach wieder dorthin zurückgehen, wo wir hergekommen sind? Zurück nach Sonnental?"

„Eleonora, wenn du dich hier nicht verständigen kannst, dann wirft das Fragen auf. Das können wir nicht riskieren. Es geht um deine Sicherheit. Du kannst nach Hause zurückkehren, sobald ich Ares aufgehalten habe. Vielleicht kann mein Seher dir die Gehörpflanze wieder entfernen, wenn du sie später nicht willst."

Eleonora gibt sich geschlagen. „Also gut, dann mach. Aber schnell, bevor ich es mir anders überlege." Sie kneift die Augen zu.

Eirik nimmt zwei Blüten und setzt sie gleichzeitig in Eleonoras Ohren ein. Sie spürt, wie etwas in ihre Ohren kriecht. Es kitzelt. Dann kommt es ihr vor, als würden ihre Ohren geschlossen, und es fühlt sich an, als gäbe es einen Druckunterschied. Das Gefühl ist unangenehm, wenn auch nicht sonderlich schmerzhaft. Plötzlich ist es vorbei. Eleonoras Ohren fühlen sich an wie zuvor.

„War es das?", will sie wissen. „Oder kommt noch was?"

„Nein, das war es." Eirik streckt sich. „Wir müssen jetzt zurück. Dafür gehen wir erst einmal wieder zu dem Knotenpunkt. Noch zwei Portale, und dann sind wir am Ziel. Vorerst zumindest. Ach, und wenn dich jetzt jemand ansprechen sollte, kannst du auch antworten. Aber sei bedacht auf das, was du sagst. Niemand darf wissen, wer du bist und woher du kommst."

„Ich gebe mir Mühe."

Eirik geht leicht in die Knie und sie erheben sich in die Luft.

Wieder genießt Eleonora den Flug. Sie könnte stundenlang fliegen.

Am Portal angekommen, trennen sich die Halischmas voneinander und nehmen ihre vertraute Form an.

Eirik und Eleonora stellen sich vor das Portal und treten ein. Sie landen am Knotenpunkt. Dieser ist nach wie vor überfüllt von reisenden Wesen. Jetzt ist es anders für Eleonora, sie fühlt sich, als sei sie auf einem großen Bahnhof. Vereinzelt dringen Gesprächsfetzen in ihre Ohren.

Auch die Leuchtreklame erscheint ihr nicht mehr fremd. Sie kann die Schrift nun lesen und das Gelesene verstehen.

Eirik steuert auf ein schräg gegenüber gelegenes Portal zu, in das sie eintreten. Hand in Hand landen sie. Um sie herum ist fast nur Wasser. Sechs weitere Portale gibt es hier. Eirik wählt das direkt gegenüber gelegene. Sie landen. Um sie herum sind viele kleine Häuser. Ein Dorf. Auf der Straße ist niemand zu sehen. Vermutlich schlafen alle.

V wie Verlangen

„Hör zu, wir befinden uns im Gebiet der Trolle. Ares wird uns hier am allerwenigsten vermuten. Das Schwierige ist nur, dass mich niemand erkennen darf. Wenn jemand wie ich hier ist, dann verbreitet sich das wie ein Lauffeuer und innerhalb kürzester Zeit wäre Ares hier."
„Okay. Ähm, und was heißt das jetzt?"
„Das heißt, dass du von nun an schauspielern musst." Eirik holt eine Goldmünze hervor, gibt sie Eleonora und zeigt in die Ferne. „Dort drüben ist eine Gaststätte. Wir spielen ein Ehepaar. Ich bin dein betrunkener Ehemann und du schleppst mich dorthin. Versuche bitte ohne Punkt und Komma zu reden. Trolle hassen viel Gerede. Versuche ein Zimmer für uns zu bekommen. Der Gastwirt wird dich zunächst abwimmeln wollen, denn Trolle mögen uns Aves nicht besonders. Aber sie mögen unser Gold. Wenn du ihm die Goldmünze zeigst, wird er sicher einlenken. Dann wird er misstrauisch werden und dich fragen, woher du diese Münze hast. Sag ihm, du bist Köchin im Hause Oris. Das wird er dir hoffentlich glauben. Es wäre leichter, wenn ich Silberlinge hätte, aber leider besitze ich nur Goldmünzen. Wie auch immer, du musst es schaffen. Wir müssen für diese Nacht von der Bildfläche verschwinden."
„Warum kannst du uns nicht einfach irgendwo hinfliegen, wo es sicher ist?"
„Das geht nicht, um diese Uhrzeit fallen wir im Doppelpack auf."
Eleonora nickt und betrachtet die Goldmünze.

Mist, Mist, Mist, nicht mal die Kindertheatergruppe wollte mich aufnehmen, weil ich so schlecht schauspielere, und jetzt soll plötzlich mein Leben davon abhängen.

Eirik nimmt Eleonoras Hand und sie rennen quer durch das Dorf. Es erinnert Eleonora an ein Bergdorf. Überall stehen nette, kleine Holzhäuser. Vor der Gaststätte bleiben sie stehen. Ein Schild hängt über der Tür. Obwohl die Schrift ihr nicht bekannt sein dürfte, kann sie es lesen: „Speis und Trank – Zimmer frei".

Eirik schaut Eleonora an. „Bereit?"

Eleonora nickt.

Eirik zerzaust sich die Haare, dann legt er einen Arm um Eleonora, stützt sich schwerfällig auf sie und senkt den Kopf. Dann klopft er laut an die Tür und lässt gleich darauf seinen Arm vor dem Körper baumeln.

Eleonora atmet tief ein, als ruckartig die Tür aufgeht und ein männlicher Troll vor ihr steht. Er ist etwas kleiner als sie und hat lange Ohren, deren Spitzen abgeknickt sind, dazu eine riesengroße, spitze Nase und seltsame kleine, aber offenbar scharfe Zähne. In seiner Kleidung sieht er aus, als käme er aus dem Mittelalter.

Der Troll mustert sie missbilligend. „Wir haben geschlossen!", brüllt er und will die Türe wieder zuschlagen. Doch Eleonora schiebt ihren Fuß zwischen Tür und Rahmen und hält zugleich mit der freien Hand dagegen.

„Netter Mann, so warten Sie doch, bitte."

Der Troll verringert den Druck auf die Tür. „Die Küche hat geschlossen", erwidert er.

„Oh, wir möchten gar nichts essen."

Ich muss viel quatschen, hat Eirik gesagt. In Ordnung, in Ordnung. Mir fällt schon was ein, mir fällt schon was ein ...

„Wissen Sie, ich könnte Ihnen nun etwas vormachen und sagen, dass wir uns verirrt haben und fälschlicherweise hier gelandet sind. Aber das mache ich nicht, ich sage Ihnen, warum wir hier sind. Wir sind hier, weil mein lieber, netter Mann völlig betrunken ist und ich ihn einfach nicht länger tragen kann. Jede Woche macht er das. Er sagt, ich würde das nicht verstehen, das wäre Männersache. Sagen Sie mir mal: Ist das Männersache? Ist es wirklich Männersache, sich mindestens einmal in der Woche so volllaufen zu lassen, dass man nicht mehr allein gehen und stehen kann? Jedes Mal muss ich ihn woanders suchen und, ganz ehrlich, so weit wie heute ist er noch nie gegangen. Ich bräuchte die halbe Nacht, wenn ich versuchen würde, ihn in diesem Zustand nach Hause zu bringen."

Der Troll wird ungeduldig und sein Druck gegen die Tür wird wieder stärker.

Unbeirrt fährt Eleonora fort: „Wissen Sie, was ich mir gedacht habe? Wenn er unser sauer verdientes Geld beim Saufen ausgeben kann, dann kann ich es auch für eine gute Übernachtung ausgeben." Sie streckt dem Troll die Goldmünze hin.

Der Troll reißt seine Augen auf, nimmt die Münze in die Hand, betrachte sie von allen Seiten und murmelt etwas vor sich hin.

„Eine Originalmünze aus dem Hause Oris", preist sie die Münze an, „sogar mit Prinz Eiriks Prägung."

Die Augen des Trolls verkleinern sich zu Schlitzen. „Wo hast du das her, Weib?"

„Was soll die Frage, wo ich das herhabe? Ich habe dafür gearbeitet. Ich bin Köchin im Hause Oris. Können Sie sich vorstellen, wie viele Stunden ich für diese Münze arbeiten musste? Also passen Sie auf, ich beschreibe Ihnen mal meinen Alltag, dann können Sie mir sagen, ob es recht oder unrecht von meinem Gatten ist, so viel Geld in Besäufnisse zu stecken. Also: Ich stehe auf, wenn es noch dunkel ist und ..."

Weiter kommt sie nicht, weil der Troll sie unterbricht. „Schon gut, schon gut. Ihr könnt hier nächtigen, das Zimmer befindet sich oben rechts. Und jetzt höre endlich auf zu reden, sonst überlege ich es mir noch anders."

Eleonora hütet sich davor, noch einen Ton zu sagen, und schleppt Eirik die Treppe hinauf. Als sie oben angekommen sind, ist der Troll bereits in einem der unteren Räume verschwunden.

Im Halbdunkeln öffnet sie die Tür. Im Zimmer ist es stockdunkel. Sie sucht den Lichtschalter und greift dabei nach etwas, das sich zugleich weich und stachelig anfühlt. Sie erschrickt und drückt zu, genau in dem Moment wird das Zimmer hell erleuchtet. Sie treten ein und schließen die Tür hinter sich.

Eirik löst den Arm von Eleonoras Schulter. „Sehr gut gemacht! Der hat dir die Geschichte abgekauft."

Eleonora freut sich über das Kompliment und lächelt verlegen. Als das Licht etwas schwächer wird, schaut sie sich um und stellt fest, dass es von kleinen stacheligen Bällen ausgeht. Das Zimmer selbst sieht nicht ungewöhnlich aus. Es ist einfach, aber zweckmäßig eingerichtet. Ein Schrank, ein Tisch, ein Stuhl, ein Doppelbett, und soweit sie es beurteilen kann, ist es auch sauber. Sogar eine Balkontür entdeckt sie.

„Ich bin überrascht", sagt sie, „es sieht aus wie ein ganz normales Zimmer."

„El, es ist ein ganz normales Zimmer. Ich glaube, du musst deine Definition für ‚normal' erweitern."

„Ja, da hast du wohl recht. Aber nun sag mal: Wo um alles in der Welt sind wir?"

„Wir sind wie gesagt im Avesreich. Dies ist nicht mehr die Menschenwelt."

„Was heißt das, dies ist nicht mehr die Menschenwelt? Sind wir etwa auf einem anderen Planeten gelandet? Und du? Bist du ein Alien?"

Das Licht wird wieder heller.

Eirik schmunzelt. „Beruhige dich, El, du musst nur deine Definition ändern. Was heißt schon ‚Alien'? Unsere Welten – deine und meine – sind schon immer miteinander verbunden. Die Mythen und Sagen auf deiner Welt kommen nicht von ungefähr. Früher haben wir uns ganz offen besucht, aber irgendwann ging das nicht mehr. Deshalb haben kluge Köpfe vor Jahrhunderten entschieden, die Bewohner zu teilen. Das Geheimnis wird gut gehütet und es ist nur wenigen gestattet, hin und her zu reisen. Wobei ich gestehen muss, dass wir Avesbewohner etwas mehr Rechte haben als ihr Menschen, deshalb gibt es auch mehr Avesbewohner bei den Menschen als umgekehrt."

„Du meinst, es gibt Menschen, die wissen, dass es euch gibt?"

„Natürlich gibt es die. Es ist ein Orden, der überall seine Leute hat, vor allem in den Führungsebenen."

„Das verstehe ich nicht. Warum? Und warum dürfen es nicht alle wissen?"

„Unsere Welten sind abhängig voneinander und wir dürfen keine Panik riskieren. Je weniger von unserer Existenz wissen, umso besser."

Langsam wird das Licht wieder dunkler.

„Gut", Eirik nickt, „ich sehe, du beruhigst dich wieder. Können wir bitte morgen weiterreden? Wir sollten versuchen, etwas zu schlafen."

Er geht in das kleine Bad und dreht über dem Waschbecken den Wasserhahn auf.

Eleonora setzt sich prüfend aufs Bett. Die Matratze fühlt sich gut an. Auch die Bettdecke und das Kissen sehen normal aus. Irgendwie sieht hier in dieser Welt alles normal aus. Sie sieht, wie sich Eirik das Gesicht wäscht.

Mein Gott, wo bin ich hier nur gelandet? Ich bin auf einer anderen Welt und werde gejagt von einer Frau namens Ares, die mich töten will. Ich bin völlig abhängig von Eirik. Von einem Aves. Einem Alien. Eirik – mein Herr Griesgram. Mein sanfter, fürsorglicher Herr Griesgram.

Eirik nimmt ein Handtuch und trocknet sich ab. Eleonora beobachtet ihn.

Er sieht so gut aus. Er sieht so verdammt gut aus. Er hat mich völlig nackt gesehen. Er wollte mich nackt sehen. Ich wollte, dass er mich nackt sieht. Er sagte, er würde mich begehren. Oh ja, und ich begehre ihn. Er hat mich geküsst. Er hat mich so geküsst wie noch nie ein Mann zuvor. Wird ES jetzt hier heute geschehen? Ich wünsche es mir. Ich will nochmals von ihm geküsst werden. Ich will seine Küsse auf meinem ganzen Körper spüren. Ich will IHN.

Während Eleonora ihren Gedanken nachhängt, wird das Licht um sie herum ganz wohlig, schummrig.

Als Eirik das Handtuch vom Gesicht nimmt, bemerkt er den Stimmungswechsel. Er lächelt, verschränkt die Arme vor seinem Körper und lehnt sich an den Türrahmen. „Woran denkst du gerade?"

Eleonora wird aus ihren Gedanken gerissen und schluckt. Sie antwortet mit trockener Kehle. „An nichts Besonderes, warum?"

„Du hast vielleicht vorhin diesen Troll täuschen können, aber mich kannst du nicht täuschen. Erst recht nicht, nachdem du das Lichtwesen so fest gedrückt hast, dass es jede deiner Emotionen widerspiegelt."

Eleonora erschrickt, und schlagartig wird es taghell. „Was habe ich gemacht?", will sie wissen.

Eirik geht zu dem Lichtwesen, welches auf der Kommode neben der Tür steht, und tippt es ganz leicht mit dem Zeigefinger an.

„Wir haben andere Energiequellen als ihr. Wir brauchen keinen Strom, wie ihr ihn benutzt. Wir erhalten unser Licht beispielsweise von einem Lichtwesen wie diesem hier. Wir müssen es nur leicht antippen und an Licht denken, und schon leuchtet es. Die Lichtwesen wiederum leben von unseren freigegebenen Emotionen. Es ist also ein Geben und Nehmen. Die Helligkeit des Lichts können wir durch unsere Gedanken und Gefühle steuern. Normalerweise muss man den Helligkeitswunsch klar und deutlich gedanklich äußern. Als wir eingetreten sind, hast du Licht gesucht. Du warst beim Tasten sehr energisch und hast dabei wahrscheinlich fast alle Tentakel des Lichtwesens berührt. Es hat danach auch auf deine Gefühle reagiert."

Dann weiß Eirik genau, was ich eben über ihn gedacht habe. Mist!

„Keine Sorge, jetzt nicht mehr. Ich habe das Lichtwesen durch meine Berührung auf mich gepolt. Jedenfalls muss ich nicht deine Gedanken lesen können, um zu wissen, was du denkst. Deine Umwelt verrät es mir."

Eleonora wird rot.

„El", Eirik setzt sich neben sie auf die Bettkante, „ich muss es noch mal klarstellen: Zwischen mir und dir wird nichts sein. Es darf nichts sein, verstehst du? Wir müssen unser Verlangen unter Kontrolle bringen."

Eleonora wird wütend und springt auf. „Dann hör auf damit! Hör auf, mit mir zu spielen. Hör auf, mich so anzusehen. Hör auf, mir solche Dinge zu sagen, und wage es ja nicht, mich noch einmal zu küssen! Warum hast du es überhaupt getan?"

„Die Portale muss man aus freien Stücken benutzen, andernfalls zerreißen sie einen. Du hättest es nicht überlebt, wenn du nicht furchtlos und freiwillig eingetreten wärst. Ich dachte, es wäre eine gute Idee, dir vorher die Furcht zu nehmen."

„Weißt du was?" Eleonoras Blick geht zur Tür. „Fasse mich nie wieder an, bringe mich einfach zu dieser Quelle des Lichts, und vor allem: Bringe mich wieder heim. Ich wünschte, ich wäre dir nie begegnet. Warum bist du nur bei Granada abgestiegen?"

„Ich bin nicht dort abgestiegen. Du hast mich dort hingebracht."

Eleonora versteht gar nichts mehr. Fragend schaut sie ihm in die Augen.

„El, ich war der Falke, den du gerettet hast." Eirik steht auf und wandert im Raum hin und her. „Ich verdanke dir mein Leben. Ich habe deinen Sturz beobachtet, während ich den Hochzeitstanz mit Ares abhielt. Aber wir konnten uns nicht vermählen, Ares forderte zu viel. Sie wurde wütend, als ich nicht auf ihre Forderungen eingehen wollte, und griff mich an. Wegen meiner Kampfverletzung konnte ich mich nicht ausreichend wehren, und da hat sie mich voll erwischt. Wenn du nicht gewesen wärst, dann wäre ich wahrscheinlich ertrunken. Ausgerechnet eine schwache, dazu noch verletzte Menschenfrau hat mich gerettet. Ausgerechnet so jemandem habe ich mein Leben zu verdanken. Anfangs war ich so wütend auf dich. Noch wütender aber war ich auf mich. Ich wollte dich loswerden. Ich wollte mit dir nichts zu tun haben. Aber du warst ständig da und du warst so nett zu mir, obwohl ich wirklich versucht habe, dich von mir zu stoßen. Doch deine Schönheit ergreift permanent mehr von mir Besitz und mein Verlangen nach dir wird immer stärker."

„Hör auf!" Eleonora schreit ihn an. „Ich will nichts mehr davon hören! Hör einfach auf. Ich will mit dem Begriff ‚Verlangen' nichts mehr zu tun haben." Rasch zieht sie ihre Schuhe und die Socken aus. Den Rest behält sie an und legt sich ins Bett. Sie zieht die Bettdecke über den Kopf. Heiße Tränen laufen an ihren Wangen herunter, aber sie gibt keinen Laut von sich. Irgendwann schläft sie ein.

Es ist schon wieder hell, als Eleonora erwacht. Noch bevor sie die Augen öffnet, schwirren die Bilder der vergangenen Nacht in ihrem Kopf herum.

Lass es bitte ein Traum gewesen sein. Bitte, ich mache jetzt die Augen auf und befinde mich in meinem Zimmer. Ich habe alles nur geträumt. Ich stehe auf und richte mich, danach gehe ich zur Arbeit und sehe, dass Granny wohlauf ist. Dort treffe ich meinen Herrn Griesgram, der nett zu mir ist, und alles ist in Ordnung.

Langsam öffnet sie die Augen. Sie kann nichts sehen, da die Bettdecke noch immer über ihrem Kopf ist. Ganz langsam zieht sie die Bettdecke weg und ihr wird sofort klar, dass sie sich nicht in ihrem Zimmer befindet. Sie setzt sich hin, legt ihr Gesicht in ihre Hände und schüttelt den Kopf.

Wo bin ich hier nur? Ich will nach Hause. Ich will mein altes Leben wieder. Ich will nicht wissen, dass es andere Wesen gibt. Ich will nicht allein in einem Trollhaus sitzen. Wieso bin ich eigentlich allein? Wo ist Eirik?

Sie nimmt die Hände vom Gesicht und schaut sich um. Ihr fällt auf, dass sie ihre Ohrringe immer noch trägt. Die Badezimmertür steht offen, das Bad ist leer. Sie schaut auf das Bett neben sich. Es ist benutzt. Anscheinend hat Eirik neben ihr geschlafen. Sie hat nichts davon bemerkt. Das schmerzt sie und ihr fällt ein, dass er ihr gesagt hat, dass zwischen ihnen nichts sein wird.

Wo ist er nur?

Sie steht auf und geht ins Bad, das ebenso wie das Zimmer sehr einfach eingerichtet ist. Aber es ist alles vorhanden, was zu einem Badezimmer gehört: Waschbecken, Wasserhahn, großer Spiegel, Badewanne, Toilette. Sie schaut sich im Spiegel an, nimmt die Ohrringe ab und legt diese auf die Ablage unter dem Spiegel.

Oh je, wie sehe ich nur aus! Die gesamte Schminke ist verlaufen. Als ob mich jemand die ganze Nacht durchgeprügelt hätte. Und was ist das für ein ekliger Geschmack im Mund? Blöd, dass es hier keine Zahnbürste gibt.

Sie dreht den Wasserhahn auf. Wenigstens gibt es Seife. Damit rubbelt sie so lange das Gesicht ab, bis auch die letzten Schminkereste verschwunden ist. Als sie den Mund ausgespült hat und ins Zimmer zurückgeht, sieht sie auf dem Schreibtisch die offene Kekspackung liegen, die Eirik eingepackt hatte. Er muss schon daraus gegessen haben. Sie nimmt sich einen Keks und beißt hinein.

So bekomme ich zumindest einen anderen Geschmack im Mund.

Sie stellt sich vor das offene Dachflächenfenster. Um hinausschauen zu können, muss sie sich auf die Zehenspitzen stellen. Im Dorf ist bereits ziemlich viel los. Überall laufen Trolle herum: Männer, Frauen, Kinder – aber eben Trolle. Eleonora sieht kein einziges anderes Wesen. Ihr wird mulmig.

Eirik, lass mich ja nicht allein hier!

Dann bemerkt sie, dass ihre Blase drückt. Sie rennt ins Bad, schließt die Tür, vergisst jedoch abzusperren und öffnet sogleich das Halischma, welches an ihrem Körper hinuntergleitet. Sie setzt sich auf die Toilette und erleichtert sich. Sie muss lächeln, als sie sieht, dass es sogar Toilettenpapier gibt.

Aha, das gute, alte Toilettenpapier. Hätte ja auch ein Washlet sein können wie bei den Japanern.

Sie steht auf und beschließt zu duschen.

Hätte nie gedacht, dass es mich einmal faszinieren würde, eine ganz normale Duscharmatur zu benutzen.

Sie lässt das Wasser laufen und genießt es, denn es ist warm. Plötzlich jedoch empfindet sie es als unangenehm. Es brennt fast auf ihrer Haut. Sie dreht den Wasserhahn zu und wringt sich die Haare aus. Sie steigt aus der Duschwanne und nimmt ein Handtuch, um sich abzutrocknen. Dabei schaut sie zufällig in den Spiegel. Sie erschrickt und stößt einen Schrei aus. Dort, wo vorhin noch das Halischma auflag, ist sie jetzt knallrot. Nicht nur das, sie hat auch kein einziges Schamhaar mehr. Im nächsten Moment erschrickt sie wieder, weil ruckartig die Tür aufgestoßen wird und Eirik hereinschaut.

„Was ist los?", will er wissen.

„Das Halischma. Das Halischma hat mich irgendwie verletzt. Meine Haut ist rot und schmerzt. Ich weiß nicht, vielleicht bin ich allergisch gegen das Material. Sogar meine Haare sind mir ausgefallen."

Eirik lacht erleichtert. „Eleonora. Das Halischma besteht nicht aus einem Stoff. Es ist kein Garn darin verarbeitet. Es ist ein Lebewesen wie du und ich. Was glaubst du, wie es sich sonst stets deinen Bedürfnissen anpassen kann? Es ist eine Art Schutzschild. Ein Pfeil beispielsweise durchdringt ein Halischma nur ziemlich schwer. Wenn du ein Halischma trägst, brauchst du im Prinzip nicht mal zu duschen, denn es hält dich sauber. Das Halischma ernährt sich von allem, was auf deiner Haut ist: Hautschüppchen, Schweiß, Härchen und was es sonst noch so findet. Zugegeben, es konnte sich wohl bei dir nicht ganz zurückhalten und hat etwas mehr weggeknabbert, als es sollte. Aber das ist nicht schlimm. Ihr werdet euch aneinander gewöhnen. So, wie auch wir uns aneinander gewöhnen müssen. Vor allem haben wir zu lernen, mit unserem Verlangen umzugehen. Obwohl ich sagen muss, dass du es mir nicht einfach machst mit deinen eindeutigen Signalen und deinem perfekten, nackten Körper."

Eirik tritt nun vollends ins Bad. Erst jetzt sieht Eleonora, dass auch er nackt ist. Ihr wird ganz heiß. Er hebt das Handtuch auf, welches sie hat fallen lassen, und legt es um sie.

Eleonora schließt die Augen, als er ihr ins Ohr flüstert.

„Es fällt mir so schwer. Es fällt mir so unendlich schwer, dich nicht anzusehen, dich nicht anzufassen, dich nicht zu spüren, aber du bist mir nicht gewachsen."

„Es reicht!", brüllt sie. „Raus! Ich will mich in Ruhe anziehen."

„Gut, dass du einen kühlen Kopf hast", gibt er leicht abwesend von sich.

„Ich habe dich nicht hereingebeten. Ich wollte einfach nur duschen. Davon mal abgesehen, was läufst du eigentlich die ganze Zeit nackt herum?"

Eirik lacht schon wieder.

„Du wirst dich daran gewöhnen müssen, mich wie auch viele andere Aves nackt zu sehen."

Eleonora versteht das nicht. „Was meinst du damit? Seid ihr etwa ein FKK-Volk?"

Eirik lacht noch lauter. Es macht sie verrückt, dass er noch besser aussieht, wenn er lacht.

„Nein, wir sind kein FKK-Volk. Zumindest nicht so richtig." Während er spricht, verlässt er das Badezimmer und zieht sich sein Halischmo an. „Wir haben drei Erscheinungsformen. Da ist zum einen meine jetzige Gestalt, die – sagen wir mal – menschlich aussieht. Als Zweites die Gestalt, die du gestern gesehen hast. Nennen wir es ‚Mensch mit großen Flügeln'. Unsere dritte Erscheinungsform ist ein kompletter Vogel, etwa so groß, wie die irdischen Falken. Du kennst diese Form, denn in einer solchen befand ich mich, als du mich gerettet hast. Wenn ein Aves sich zum Falken wandelt, kann er das nur nackt tun. Die Aves machen das oft. Somit wirst du unwillkürlich immer wieder irgendwo nackte Aves sehen. Uns macht das nichts aus."

Eleonora schüttelt den Kopf. Sie schließt die Tür, lehnt sich dagegen und betrachtet ihr Halischma.

Warum hat Tante Sakkara mir dieses Kleid gegeben? Sie muss doch gewusst haben, dass mir auffällt, dass damit etwas nicht stimmt. Das ist alles so verwirrend. Eigentlich will ich es gar nicht mehr anziehen. Aber nackt herumrennen will ich auch nicht. Also dann ...

Sie geht ein paar Schritte und hebt das Halischma vom Boden auf. Trotz Herzklopfens nimmt sie es hoch und steigt hinein. Langsam schließt sie den Ring um ihren Hals. Sofort passt sich das Halischma ihrem Körper an.

Es fühlt sich verdammt gut an auf der Haut. Hör zu, Halischma, knabbere nicht mehr so viel an mir, hörst du?

Plötzlich geht eine Welle durch das Halischma. Es fühlt sich gigantisch an. Eleonora bekommt eine wohlige Gänsehaut.

Hat es mich etwa verstanden? Ich werde noch verrückt hier.

Sie schüttelt ihre Haare aus und knotet sie halb nass zusammen. Dann öffnet sie die Tür. Eirik hat sein Halischmo ebenfalls wieder angezogen. Allerdings ist sein Oberkörper frei. Den Rucksack hat er auch bereits gepackt. Er streckt ihr die Hand hin. Darin befinden sich Blaubeeren. Überrascht schaut sie Eirik an.

„Wir Aves können Gedanken lesen und Gefühle spüren."

Eleonora schluckt, dann hört sie weiter zu.

„Aber nur, wenn die Person keine Blaubeeren gegessen hat. Der Blaubeerextrakt blockiert die Weitergabe von Gedanken und Gefühlen. Deine Gedanken würde ich zwar sehr gern lesen, aber das Risiko ist zu groß. Ares könnte dich sofort aufspüren. Deshalb bin ich heute Morgen los und habe ein paar Blaubeeren gesammelt. Damit mich niemand erkennt, bin ich als Falke geflogen."

Diese besondere Eigenschaft hätte ich den Blaubeeren niemals zugetraut. Was für ein Zufall, dass im Hause Bender schon immer viele Blaubeeren gegessen wurden.

Eleonora nimmt die Blaubeeren aus seiner Hand und beginnt sie zu essen. „Danke, Eirik."

Eirik nickt. „Bis zu meinem Schloss ist es nicht mehr weit. Ich denke, wir brauchen etwa eine Stunde. Wenn du so weit bist, können sich mein Halischmo und dein Halischma wieder vereinen."

Eleonora steckt die letzte Beere in den Mund. „Ich bin so weit."

Eirik öffnet die Balkontür. „Gut, dann stelle dich bitte wie beim letzten Mal vor mich hin. Nimm den Rucksack und schnalle ihn dir vornherum um, sodass die Ausbeulung an deinem Bauch ist."

Eleonora folgt seiner Aufforderung. Als der Rucksack so sitzt, wie er es soll, lehnt Eirik seine Stirn gegen den Metallring an Eleonoras Halischma. Sogleich beginnt es sich wieder zu verändern. Eirik steht jetzt dicht hinter Eleonora. Ihr Halischma umschließt den Rucksack und verdeckt dessen Riemen auf ihren Schultern, dann vereinigt es sich mit Eiriks Halischmo. Sie spürt, dass sie nun wieder fest miteinander verbunden sind. Als sie an sich herunterschaut, erschrickt sie.

„Eirik, ist das dein Ernst? Ich sehe hochschwanger aus?"

Eirik kann sich ein Lachen nicht verkneifen. Bevor er antwortet, begibt er sich mit Eleonora in die Luft.

Eleonora sieht, wie das Dorf unter ihnen immer kleiner wird. Sie hört Eiriks Flügelschläge und hält genießerisch ihr Gesicht in den Wind.

„Eleonora, du sollst schwanger aussehen."

„Warum um alles in der Welt muss ich denn schwanger aussehen?"

„Wenn die Avesfrauen in anderen Umständen sind, dürfen sie nicht selbst fliegen. Während dieser Zeit nehmen die Avesmänner ihre Frauen mit. Wenn jetzt jemand deinen dicken Babybauch sieht, schöpft er keinen Verdacht, und niemand denkt daran, dass ich der Prinz sein könnte. Eirik aus dem Hause Oris würde nämlich keine schwangere Frau herumfliegen."

„Ist das eigentlich schwer für dich? Ich meine, ist es sehr anstrengend, mit mir herumzufliegen?"

„Na ja, es ist anders, als wenn ich allein fliege, aber nein, als anstrengend würde ich es nicht bezeichnen."

Eleonora denkt darüber nach, was sie alles erfahren hat.

„Eirik, bist du wirklich ein Prinz? Ich meine, ein richtiger Prinz?"

Wieder lächelt Eirik und sagt: „El, ich empfinde dich als sehr erfrischend. Ja, ich bin ein richtiger Prinz."

„Was musst du denn alles so machen als Prinz?"

Plötzlich werden seine Gesichtszüge ernst.

„Ich muss alles Mögliche machen. Vor allem Dinge, die ich nicht will."

„Was denn für Dinge?"

„Ach, Eleonora, du kannst vielleicht Fragen stellen. Also gut: Ich darf nichts frei entscheiden. Alles, was ich mache, muss zum Wohle des Volkes geschehen. Ich darf keinen eigenen Willen haben, ich darf keine eigenen Gedanken haben, ich darf keine eigenen Gefühle haben."

Eleonora hat keine Fragen mehr. In ihr regt sich Mitleid für Eirik. Er klingt so traurig. Das wiederum macht sie traurig. Sie schließt die Augen und genießt den Flug. Es ist traumhaft zu fliegen.

Eirik meldet sich zu Wort. „Du machst einen sehr zufriedenen Eindruck. Gefällt dir das Fliegen?"

„Ja, sehr. Es ist fast wie in meinen Träumen."

„Nur fast? Was ist denn in deinen Träumen anders?"

„Nun, ich träume immer davon, wie ich in der Luft Kreise ziehe."

Eirik schüttelt den Kopf. „Du bist ein sonderbarer Mensch." Dann fliegt er höher und höher und beginnt zu kreisen.

Eleonora kreischt vor Freude. „Jaaaaaaaaaaaaaaaaa! Das ist es! Genau das ist es!" Sie breitet ihre Arme aus, gerade so, als wären es Flügel. „Eirik es ist einfach nur traumhaft. Es ist das Beste, was ich je erlebt habe. Danke! Danke dafür, dass du mir diesen Eindruck schenkst."

Eirik lächelt bei so viel überschäumender Freude. „Ist es nun wie in deinen Träumen?"

„Besser! Es ist viiiiel besser!"

Eirik wird nachdenklich. „Schön, dass ich dir zumindest auf diese Art und Weise Vergnügen bereiten kann."

Eleonora verspürt wieder diese innere Hitze. Sie versteht Eiriks Verhalten einfach nicht. Aber sie will jetzt nicht darüber nachdenken. Sie will nur den Moment genießen.

Nach einiger Zeit nehmen sie ihre Route wieder auf.

„El, erschrick bitte nicht, wenn uns mehrere Flugpartner begegnen. Wir kommen gleich an die Hauptverkehrsroute zwischen den Städten. Diese Strecke ist stark beflogen. Ganz oben fliegen die Falken, darunter die Aves mit Flügeln und noch weiter unten die schwangeren Pärchen."

Jetzt kichert Eleonora.

„Ich finde es lustig, dass du sie als schwangere Pärchen bezeichnest, denn eigentlich sind nur die Frauen schwanger, aber du hast recht, wenn ich uns so anschaue, sind bei euch die Männer irgendwie mit schwanger."

Dann sieht sie die Masse der fliegenden Aves, und es ist, wie es Eirik beschrieben hat. Oben fliegen die Falken – ein dunkles, breites Band, so viele sind es. Darunter die großen Aves mit ihren breiten Flügeln. Sie erscheinen ihr sehr erhaben. Dann kommen die Pärchen. Von denen sind es nicht ganz so viele. Eirik hat sich das mit ihrer vorgetäuschten Schwangerschaft gut überlegt. Von oben kann niemand sein Gesicht sehen und die anderen Pärchen sind so beschäftigt mit sich selbst, dass sie nicht darauf achten, wem sie begegnen.

Von Weitem ist eine Stadt aus lauter Bäumen zu erkennen. Wobei diese unten mit Dächern miteinander verbunden sind. Bei näherer Betrachtung sieht es aus wie Häuser, aus denen Bäume herausragen. In den Baumkronen befinden sich weitere Häuser. Hier gibt es Straßen und über den Dächern befinden sich Verbindungswege, auf denen es sich tummelt wie auf einem Bahnhof.

Eirik steigt nun etwas höher in die Lüfte.

Eleonora hebt den Blick und schaut in die Ferne. Dann liegt es vor ihnen in der Krone eines gigantischen Baumes:

das Schloss. Es scheint aus purem Gold zu sein. Sie steigen höher und immer höher.

„Erschrick bitte nicht, wahrscheinlich schnappen uns gleich zwei Wächter."

„Was?" Eleonora kommt nicht dazu, weiter zu fragen, denn in diesem Moment wird Eirik von links und von rechts an beiden Flügeln gepackt.

„Du und deine schwangere Frau solltet nicht hier oben sein", ertönt die Stimme von einem der Wächter. „Wir bringen euch wieder runter und vergessen den Vorfall. Sollten wir euch nochmals hier erwischen, wird es ein Nachspiel geben."

„Ganeese aus dem Hause Eres, ich bin es, Eirik."

„Was? Woher kennst du meinen Namen? Und wie kannst du es wagen ..." Plötzlich stutzt der Wächter – Ganeese –, um sogleich fortzufahren: „Bei allen Mächten, Eirik, wen hast du denn da geschwängert?" Er wendet sich dem anderen Wächter zu. „Belar aus dem Hause Dorin, du kannst gehen, ich mach das hier allein."

Eirik lacht. „Das ist eine lange Geschichte, und übrigens, sie ist nicht schwanger."

Nun lacht auch Ganeese. „Na, wenn sie nicht schwanger ist, bin ich wohl eine Frau."

„In Ordnung, Ganeese, du hattest deinen Spaß. Bitte bringe uns zu meinem Vater."

„Wie Ihr befehlt, Prinz Eirik aus dem Hause Oris, ich bringe Euch zu Eurem Vater. Bevor ich es vergesse, Eure Hoheit: Darf ich Pate werden?" Der Wächter amüsiert sich köstlich.

Sie fliegen nach ganz oben und landen auf einer Plattform vor einer Tür. Ganeese tritt an die Tür und klopft, während Eirik seine Stirn an den Metallring von Eleonoras Halischma legt. Sofort beginnen sich die Kleidungsstücke voneinander zu lösen. Eleonoras Halischma gibt den Rucksack frei, und als sie ihn abnimmt, steht sie für einen Moment oben ohne da.

Ich hasse das!

Gleich danach formt sich das Halischma neu und verbirgt wieder ihre Brüste. Eleonora atmet auf und schaut sich um. Ein Blick nach unten verrät ihr, dass sie sich in schwindelerregender Höhe befinden.

Plötzlich geht die Tür auf.

„Mein Herr", sagt der Wächter, „Ihr Sohn wünscht mit Ihnen zu sprechen. Er ist in weiblicher Begleitung." Er dreht sich um und nickt Eirik zu. „Ihr könnt schon mal eintreten. Der König muss noch kurz etwas erledigen und kommt dann gleich zu euch." Aus seinem vergnügten Gesichtsausdruck wird blankes Erstaunen. „Wo ist denn das Baby hin?", fragt er verwirrt. Ohne eine Antwort abzuwarten, murmelt er: „Ich verstehe die jungen Leute nicht, aber das muss ich auch nicht. Ich gehe jetzt einfach und mache meine Arbeit." Mit diesen Worten springt er von der Plattform und breitet seine imposanten Flügel aus.

Eirik drückt Eleonora leicht nach vorn, damit sie eintritt. Doch sie ziert sich, bleibt stehen und dreht sich zu Eirik. „Sag mir bitte: Soll ich jetzt irgendetwas machen? Ich meine, was erwartet dein Vater von mir? Muss ich eine Art Hofknicks machen oder so?",

Eirik lächelt verschmitzt. „Eleonora, nachdem du den Prinzen Eirik aus dem Hause Oris als Arschloch betitelt und ihn mit einer Klobürste bedroht hast, brauchst du keine Förmlichkeiten mehr zu beachten. Ich bin schon höchst zufrieden, wenn du einfach nichts tust."

Im Nachhinein ist es Eleonora peinlich, wie sie anfangs mit Eirik umgesprungen ist. Nachdem er sie mit sanftem Druck in die Halle geschoben hat, lässt sie ihren Blick schweifen. So viel Prunk hat sie noch nie gesehen. Es ist genau so, wie sie sich einen Saal in einem Schloss immer vorgestellt hat. Der Boden und die Säulen sind aus feinstem Marmormosaik. Die Wände sind mit Stuck und Goldelementen verziert und die Decke ist voller Malereien. Die Fenster aus buntem Fensterglas stellen ebenfalls Bilder dar. Auf der linken Seite befindet sich eine Art Runderker mit zahlreichen Fenstern. In diesem steht ein Schreibtisch, der überladen ist mit Papier und Schriftrollen. Es ist nicht zu übersehen, dass hier noch mit Feder und Tinte geschrieben wird.

Eigentlich nur passend und überhaupt nicht absurd.

Am anderen Ende des Saals steht ein großer runder Holztisch mit vielen Stühlen drum herum. Überall liegen Lichtwesen. Eleonora empfindet sie als dekorativ, und das, obwohl sie im Moment nicht einmal leuchten, denn der Raum ist vom Tageslicht hell durchflutet.

Eiriks Vater ist nirgends zu sehen. Fragend schaut Eleonora Eirik an. Er zuckt mit den Schultern. Ihr fällt auf, dass er seine Flügel eingefahren hat.

Plötzlich geht in ihrer unmittelbaren Nähe eine Tür auf. Eleonora erschrickt so sehr, dass sie einen Schritt nach hinten geht. Ein großer, stattlicher Avesmann betritt den

Saal. Seine Körper- und Flügelhaltung drücken den puren Stolz aus. Der Avesmann trägt einen leicht ergrauten, sehr gepflegten Bart und hat freundliche, dunkle Augen.

Das ist er. Eiriks Vater. Sie haben die gleichen Augen.

Er breitet seine Arme aus und geht schnellen Schrittes auf Eirik zu. „Mein Sohn, ich bin so glücklich, dich wohlauf zu sehen." Mit diesen Worten nimmt er Eirik in den Arm, bevor er sich Eleonora zuwendet. „Das ist sie? Die Menschenfrau, die meinem Sohn das Leben gerettet hat?"

Eleonora weiß nicht, wie sie sich verhalten soll. Sie hat keine Ahnung, wohin mit ihren Händen. Also zuckt sie einfach mit den Schultern und lächelt.

„Liebes Kind. Schönes Kind. Sehr schönes Kind ...", er unterbricht kurz und schaut mit hochgezogenen Augenbrauen zu seinem Sohn. Dann wendet er sich wieder Eleonora zu. „Das alles hier muss sehr erschreckend auf dich wirken. Warte, ich lasse gleich mal meine Flügel verschwinden, dann wirke ich vielleicht nicht mehr ganz so einschüchternd." Tatsächlich verschwinden seine Flügel und sein Halischmo formt sogleich eine Art Anzug. Er geht direkt auf sie zu und streckt ihr seinen Arm zum Einhängen hin.

Eleonora findet Eiriks Vater sehr sympathisch. Sie hängt sich bei ihm ein und lässt sich von ihm in einen weiteren Raum führen. Es ist ein kleinerer Raum, der aber nicht weniger prunkvoll ist. Darin stehen gemütliche Ledersessel und ein kleiner Tisch. Dieser ist für drei Personen gedeckt und neben Getränken gibt es Kuchen. Blaubeerkuchen. Der König bringt Eleonora zu einem der Sessel, wartet, bis sie Platz genommen hat, und setzt sich ihr gegenüber. Eirik nimmt sich von dem Kuchen und bleibt erst einmal stehen.

„Wie heißt du, mein Kind?", will der König wissen.

„Eleonora", flüstert sie, „Eleonora Bender."

„Eleonora. Was für ein schöner Name. Hast du gewusst, dass dieser Name etwas mit Licht zu tun hat?"

Eleonora schüttelt den Kopf.

„Wir lieben Lichtnamen", fährt er fort. „Erzähle mir alles von dem Tag, an dem du Eirik gerettet hast, und lasse bitte kein Detail aus. Nur um einen Gefallen möchte ich dich bitten: Sprich etwas lauter. Ich bin schon ein alter Mann und verstehe nicht mehr so gut."

Er ist so galant!

Eleonora kichert, weil er die Schuld dafür auf sich nimmt, dass sie fast kein Wort herausbringt. „Soll ich wirklich alles erzählen? Ich möchte Sie nicht langweilen, vielleicht gehört es sich auch nicht, wenn ich Ihnen alles erzähle." Sie schaut zu Eirik, der sich inzwischen auch auf einen Sessel gesetzt hat.

„Erzähl ihm ruhig alles." Eirik nickt ihr aufmunternd zu. „Mein Vater liebt Menschengeschichten, und vor allem die, die sich sonst niemand trauen würde, ihm zu erzählen. Wie gesagt, keine Förmlichkeiten."

Eleonora errötet, weil sie genau weiß, dass Eirik wieder auf die Klobürstenaktion anspielt. Sie holt kurz Luft und fängt an: „Also, es war der 30. August, mein einundzwanzigster Geburtstag. Ich hatte von meinen Eltern ein neues Mountainbike geschenkt bekommen. Ähm, Sie wissen doch, was ein Mountainbike ist, oder? Oh, ist das jetzt unhöflich zu fragen?" Wieder schaut sie zu Eirik. Die Vertrautheit zwischen den beiden entgeht seinem Vater nicht.

„El, erzähl einfach, er weiß alles über die Menschwelt."

„Okay, also ich hatte dieses neue Mountainbike und ich wollte es unbedingt sofort testen. Ich schnappte mir das Nötigste und fuhr gleich los. Wir haben am Berg eine Hütte und zu der wollte ich fahren. Als ich dort angekommen war, holte ich mir eine Liege raus und genoss die Ruhe. Ich ging dann, um mir eine Limo zu holen, in die Hütte und schlief dort unerwartet ein. Als ich aufwachte, stellte ich fest, dass ich zu spät dran war. Wir erwarteten Besuch und da sollte ich pünktlich daheim sein. Also packte ich schnell meine Sachen, ging hinaus und sah, dass dort noch die Liege stand. Auch mein Helm lag noch dort. Und dann kam er, dieser kleine Chihuahua. Er setzte sich direkt in meinen SixSixOne-Helm und ... naja ... er verrichtete darin sein Geschäft."

Wie sein Vater hört auch Eirik gespannt zu, da er diesen Teil auch noch nicht kennt. Beide lachen.

„Für mich wäre dieser kleine Hund sofort zur Zwischenmahlzeit geworden", kommentiert Eiriks Vater.

Eleonora runzelt die Stirn.

Wie brutal!

„Lass dich nicht unterbrechen. Bitte erzähl weiter", fordert sie der König auf.

„Na ja, jedenfalls wollte ich diesen Helm nicht mehr aufsetzen. Ich räumte die Liege weg und stieg auf mein Mountainbike. Es ging bergab. Da machte ich eine Dummheit. Ich nahm die Hände vom Lenkrad und breitete die Arme aus. Dabei schloss ich die Augen und genoss den Wind. Ich stellte mir vor, dass das dem Fliegen nahekommt. Als ich die Augen wieder öffnete, lag direkt vor mir ein großer Stein auf der Straße. Ich konnte ihm nicht mehr ausweichen, legte meine Hände auf das Lenkrad und machte eine Vollbremsung. Was auch nicht sonderlich klug war, denn ich kannte die Bremsen meines neuen Rades ja noch nicht. So kam es, dass ich mich überschlug und vom Rad fiel."

„Ja, das hab ich gesehen. Es war ein perfekter Salto Mortale."

Eleonora straft Eirik mit einem Blick. Der grinst sie nur spitzbübisch an. Sie wendet sich wieder dem König zu.

„Na ja, dann wollte ich aufstehen, konnte jedoch das Gleichgewicht nicht halten und rollte den Berg hinunter. Unten angekommen, schlug ich mit dem Kopf gegen etwas Hartes. Ich hatte einen Blackout. Als ich wieder zu mir kam, lag ich auf dem Rücken und schaute hinauf zum Himmel. Mir tat alles weh, aber ich konnte den Blick nicht abwenden von den herrlichen Falken, die ich dort oben tanzen sah. Es sah aus wie ein Liebestanz."

Als sie das Wort „Liebestanz" aussprach, bildete sich ein Kloß in ihrem Hals. Sie räusperte sich.

„Zumindest sah es am Anfang harmonisch aus. Plötzlich jedoch griff der weiße Falke den dunklen an, und der dunkle Falke stürzte in die Tiefe. Vor mir lag ein kleiner Bergsee. Ich sah, wie der Falke in den See platschte. Er kam noch mal hoch und versuchte mit all seiner Kraft herauszuschwimmen, aber sein Flügel war verletzt, er schaffte es nicht. Er tat mir so leid. Da ging ich ins Wasser und holte ihn raus."

„Warst du nicht selbst verletzt?", hakt der König nach.

„Doch, und es war sehr dumm von mir, mein Leben für einen Vogel zu riskieren. Ich meine, ich wusste ja nicht, dass es Eirik war, und ich wusste nichts über das Avesvolk. Für mich war es einfach nur ein Falke. Zum Glück kamen kurz darauf meine Eltern. Sie halfen uns den Berg hoch. Aber dann kam der weiße Falke und griff mich an. Ich weiß nun, dass es Ares war, und sie verpasste mir ein richtiges Loch im Kopf."

Die Gesichtszüge des Königs wurden ernst. „Hast du die Wunde mit Loranum behandelt?", fragt er Eirik.

Der nickt.

„Jedenfalls fuhren wir los und lieferten Eirik bei Granny ab. Das war's. Vielleicht nicht gerade die spektakulärste Geschichte, die Sie je gehört haben ..."

„Ach, Kind, es kommt nicht auf die Heldentat allein an. Es kommt darauf an, um wen es geht, und hier ging es um meinen einzigen Sohn. Wenn du nicht gewesen wärst, würde ich heute als ein Haufen Elend hier sitzen, und so kann ich als glücklicher Vater weiter existieren." Er blickt zu seinem Sohn.

„Vater, es tut mir leid." Eirik räuspert sich. „Es tut mir leid, dass ich dich und das Volk enttäuscht habe. Ich weiß, die Hochzeit hätte zustande kommen sollen, aber ich konnte auf die Bedingungen, die Ares gestellt hat, nicht ohne Weiteres eingehen. Ich wollte mit ihr verhandeln. Aber ihr stand nicht der Sinn danach. Stattdessen griff sie mich ohne Vorwarnung an. Hätte ich nicht diese Kampfverletzung gehabt, hätte ich den Angriff besser abwehren können. Andererseits, ich hatte einfach nicht erwartet, dass sie so weit geht. Mittlerweile weiß ich, dass sie bereit ist, noch viel weiter zu gehen. Sie hat versucht, Eleonora über ihr Blut ausfindig zu machen, sie trachtet ihr nach dem Leben. Und das ist nicht die einzige Grenzüberschreitung. Sie hat unseren alten Freund vom Lax-Schloss auf ihre Seite gezogen. Das Schlimmste kommt noch: Sie hat Granada, die Portalwächterin, getötet."

Eiriks Vater ist sehr nachdenklich.

„Ich dachte mir so was schon. Die Seher hatten bereits ein Treffen und sie konnten sich nicht einigen. Ein Krieg steht uns bevor, es sei denn, du und Ares findet eine Einigung."

„Wir werden eine Einigung finden. Bitte schicke einen Boten zu dem Hause Lakes. Die Familie Lakes soll heute Abend Gast bei uns sein. Ich glaube, es wäre gut, wenn wir noch mehr Adelige einladen, denn so kann Ares weniger Unsinn anstellen. Ich werde auf ihre Bedingungen eingehen – zum Wohle des Volkes. Die Hochzeit soll so schnell wie möglich stattfinden. Das ist der einzige Weg, um einen Krieg zu vermeiden."

Eleonora hört heraus, dass Eirik Ares heiraten wird. Ihr Magen schnürt sich zu. Am liebsten würde sie heulend rausrennen, aus Anstand bleibt sie jedoch ruhig sitzen. Einzig ihr Atem verrät, dass ihr das Gespräch zusetzt. Ihr Blick haftet auf Eirik, doch der blickt starr in die Luft.

Sein Vater bemerkt die Spannung.

„Eirik, was soll ich sagen. Ich habe mir immer eine andere Zukunft für dich gewünscht. Du solltest glücklich werden und wie ich eine Heirat aus Liebe tätigen, auch wenn die meine nur von kurzer Dauer war. Aber ich hatte sie, die Liebe, und es vergeht keine Sekunde, in welcher ich nicht an sie denke. Aber ich muss gestehen, du stehst heute vor einer anderen Situation als ich damals. Ich gebe dir die Erlaubnis, frei zu entscheiden, selbst wenn es für uns Krieg bedeutet."

„Hör auf damit, Vater! Du weißt, ich werde nicht den gleichen Fehler begehen wie du. Auch wenn deine Heirat nur ein Leben gekostet hat. Es war eines der wichtigsten Leben überhaupt. Meinetwegen soll es kein Blutvergießen geben. Bitte lade die Gäste ein, wie soeben vorgeschlagen."

Der König atmet tief ein und aus. „So sei es!" Ganz förmlich sagte er: „Eleonora, bitte erlauben Sie mir die Ehre und seien Sie heute Abend die Dame an meiner Seite. Ich bin mir sicher, dass es meiner verstorbenen Frau gefallen würde."

Was soll ich nur tun? Eiriks Vater ist so nett zu mir. Ich kann ihm diese Bitte nicht abschlagen, wo er auch noch seine tote Frau ins Gespräch bringt. Aber wie soll ich es aushalten, den Mann, den ich liebe, zu sehen, wenn er eine andere Frau heiraten will?

Sie erschrickt bei diesem Gedanken. Sie erschrickt, als sie sich eingestehen muss, dass sie Eirik liebt. Einen Mann den sie nie lieben darf. In diesem Moment versteht sie, warum Eirik sie permanent auf Distanz zu halten versucht. Nun begreift sie den Satz: „Wir müssen lernen, unser Verlangen zu zügeln." Gequält lächelnd nickt sie dem König zu. „Danke für die Einladung. Es wird mir eine besondere Freude sein, Sie heute Abend begleiten zu dürfen."

E wie Erkenntnis

„Eirik, was hältst du davon, wenn wir Eleonora das schöne Südzimmer anbieten? Ich denke, von dort hätte sie die schönste Aussicht", schlägt der König vor.
Eirik nickt geistesabwesend.
„Gut, begleitest du unseren Gast dorthin? Ich werde mich sofort um die Einladungen kümmern." Mit diesem Satz steht Eiriks Vater auf und geht zur Tür hinaus.
Eirik und Eleonora stehen ebenfalls auf und Eirik streckt Eleonora die Hand hin. Sie ignoriert diese Geste und verschränkt die Arme vor ihrem Körper.
Langsam senkt Eirik seinen Arm wieder. „Wir müssen hier entlang." Er deutet auf eine weitere Tür, die aus dem Raum herausführt. Er geht voraus und hält die Tür auf. Eleonora lässt ihre Arme vor ihrem Körper und folgt ihm.
Schweigend gehen sie einen Gang entlang, bis sie wieder an einer Tür stehen bleiben.
Ein richtiges Labyrinth ist das hier.
Eirik öffnet die Tür und deutet Eleonora mit einer Geste an einzutreten.
Eleonora geht an Eirik vorbei, sehr bemüht, ihn nicht anzusehen, geschweige denn ihn zu berühren. Der Raum, den sie betritt, ist ein sehr großes Gästezimmer. Eleonora schätzt es auf mindestens 100 Quadratmeter. Die Wände, der Boden und die Decke sind alle im gleichen Stil wie die Räume, die sie bereits gesehen hat. Hier reichen einige Fenster bis auf den Boden. Verziert ist keines von ihnen. Mitten im Raum steht ein riesiges Himmelbett. Die Vor-

hänge und die Bettwäsche sind in verschiedenen Brauntönen gehalten und dezent aufeinander abgestimmt. Links befindet sich eine gemütliche Sitzgruppe rund um einen Kamin. Auf der anderen Seite prangt eine frei stehende Badewanne.

Eirik tritt ebenfalls in den Raum und schließt die Tür hinter sich. In Richtung der geschlossenen Tür gewandt macht er eine Faust und legt sich diese auf seine Stirn. Langsam beugt er sich nach vorn, bis er mit dem anderen Faustende das Türblatt berührt. Sein zweiter Arm hängt einfach runter. Eirik schließt die Augen.

Eleonora, die Eirik beobachtet, presst ihre Arme noch fester an ihren Körper.

„Eleonora?" Eiriks Stimme ist kratzig.

„Schönes Zimmer", entgegnet sie.

„Eleonora?", wiederholt Eirik.

Eleonora geht langsam zum Fenster. Tränen brennen in ihren Augen. Sie sieht alles nur verschwommen. „Schöne Aussicht", sagt sie.

Für einen Moment sind beide still.

„Eleonora?", versucht es Eirik noch einmal.

Eleonora sagt nichts. Sie hält die Luft an.

„Eleonora? Verstehst du mich nun? Verstehst du nun mein Leben? Ich kann nicht lieben, ich darf es nicht, und mir ist es nicht vergönnt, geliebt zu werden. Deshalb habe ich immer wieder versucht, dich auf Abstand zu halten."

Aus Eleonora platzt es plötzlich heraus. Sie dreht sich zu Eirik um und schreit ihn an. „Ach ja? Deshalb flirtest du die ganze Zeit mit mir? Deshalb hast du mir das Halischma ausgezogen, als ich es das erste Mal trug. Deshalb hast du mich geküsst? Deshalb hast du mir meinen Traum vom

Fliegen erfüllt und mir den schönsten Augenblick meines Lebens geschenkt?" Heiße Tränen laufen an ihren Wangen hinunter.

Eirik löst sich von der Tür. Langsam geht er zu Eleonora hinüber und nimmt sie in die Arme. Anfangs wehrt sie sich, doch irgendwann lässt sie es einfach zu. Sie weint. Sie weint bittere Tränen an seiner Schulter und braucht Zeit, bis sie sich beruhigt.

„Es tut mir leid, Eleonora." Eirik streicht ihr über die Wange. „Ich wollte dir das nicht antun. Es war nicht fair von mir. Aber das Leben ist nicht fair zu mir. Mit dir habe ich zum ersten Mal so etwas wie Freiheit verspürt. Du ließest mich für einige Augenblicke vergessen, dass ich Prinz Eirik aus dem Hause Oris bin. Dass ich nur Pflicht kennen darf. Ja, mit dir habe ich mich frei gefühlt. Ich war einfach ein Mann, nichts weiter, und du warst eine Frau. Dann hat mich die Realität eingeholt. Ich bin ein Aves und du bist ein Mensch. Das allein ist Grund genug, dass wir nicht zusammengehören. Du bist zu schwach für einen Aves."

Eleonora löst sich aus der Umarmung und stößt Eirik kräftig von sich weg. Sie wischt sich die Tränen aus dem Gesicht. „Hör auf damit! Dein blödes Gerede über die erhabenen Aves und die ach so schlechten Menschen. Ja, ich bin ein Mensch, und weißt du was? Ich bin stolz darauf. Ein Mensch zu sein, das ist nichts Schlechtes. Du hast kein Recht darauf, permanent zu behaupten, ich sei schwach im Vergleich zu dir. Was weißt du schon über mich? Nichts! Gar nichts weißt du."

„El, höre mir zu, ich werde dir erklären, was ich mit Schwäche meine."

„Ich will es nicht wissen."

„Was?"

„Du hast richtig gehört. Ich will es nicht wissen. Verlasse jetzt bitte den Raum."

„Aber Eleonora?"

Eleonora öffnet die Tür. „Raus! Verschwinde! Geh! Ich will mit dir nichts mehr zu tun haben. Geh und werde glücklich mit deiner Ares, von mir aus auch unglücklich, es ist mir egal. Mein einziges Ziel ist es, nach Hause zu kommen und das alles hier hinter mir zu lassen."

Eirik kneift die Augen zusammen. „Eleonora, ich warne dich, so geht niemand mit mir um. Ich bin kein Hund, den man einfach vor die Tür setzt."

„Oh, der Herr ist anderes gewohnt. Weißt du was, es ist mir scheißegal, was du gewohnt bist. Raus! Und sprich mich nie wieder an."

Sichtlich wütend stapft Eirik zur Tür hinaus und dreht sich nicht einmal mehr um.

Eleonora schlägt die Tür hinter ihm zu. Schwer atmend lehnt sich mit dem Rücken dagegen und sinkt zu Boden. Ihr Gesicht ist schmerzverzerrt. Sie weint, bis keine Tränen mehr kommen. Ihr Blick geht ins Leere. Eine halbe Ewigkeit.

Irgendwann steht sie auf. Sie geht zum Bett, zieht ihre Schuhe aus und legt sich hin. Sie ist müde, schafft es nicht einmal mehr, sich zuzudecken. Erschöpft schläft sie ein.

Es ist dunkel. Eleonora wacht auf, weil sich ihre Blase meldet.

Mist, ich sehe nichts. Haben die hier überhaupt eine Toilette? Wer weiß, nachher gehen die Vögel in den Wald und verrichten dort ihr Geschäft.

Sie steht auf und läuft zu den Fenstern, von dort kommt zumindest ein wenig Licht herein. Auf einem der Fenstersimse erblickt sie ein Lichtwesen. Sie streckt den Zeigefinger aus und tippt es leicht an.

„Licht", denkt sie.

Es funktioniert. Alle Lichtwesen im Raum reagieren und spenden ein angenehmes Licht. Nicht zu hell und nicht zu dunkel. Sie lässt ihren Blick durch den Raum schweifen. Hinter der Badewanne befindet sich eine Trennwand. Sie geht darauf zu und schaut dahinter. Dort ist eine Tür, die sie öffnet.

Krass! Ein ganz normales, wenn auch sehr edles Bad. Mit Dusche, Klo und Toilettenpapier. Dann gehen sie wohl doch nicht in den Wald.

Sie lächelt ein wenig über ihren eigenen Witz. Als sie aus dem Bad herauskommt, schaut sie zu der Tür, an der Eirik vor einigen Stunden gelehnt hatte. Sie hebt den Kopf und schiebt das Kinn nach vorn.

Ich werde es nie wieder zulassen, dass mich irgendjemand so demütigt und verletzt. Ich lasse es nicht zu, dass jemand mit mir spielt, nur um seinem eigenen Schicksal zu entfliehen. Ich kann nichts dafür, dass er so traurig ist, aber es ist nicht sein Recht, mich zu benutzen, wann immer ihm der Sinn danach steht.

Da klopft es an der Tür. Eleonora geht hin und öffnet. Mit gesenktem Kopf steht eine sehr schöne, schmale Frau vor ihr. Sie hält ein silberfarbenes Halischma in den Händen.

„König Okor schickt mich."

König Okor? Oh, wahrscheinlich heißt Eiriks Vater so.

„Dann komm doch herein."

Das Mädchen tritt ein und hält den Kopf noch immer gesenkt. „Herrin, mit Ihrer Erlaubnis würde ich Ihnen gern ein Bad einlassen."

Die hat nicht wirklich gerade „Herrin" zu mir gesagt, oder?

„Süße, wie heißt du denn?"

Das Mädchen erschrickt, was wiederum Eleonora erschrecken lässt. Sie schaut das Mädchen mit großen Augen an.

„Mein Name ist Wela aus dem Hause Adal", antwortet das Mädchen.

„In Ordnung, Wela. Können wir bitte etwas ausmachen?"

Das Mädchen nickt untertänig.

„Bitte höre auf, dich wie eine Dienerin zu benehmen. Das packt mein Ego nicht."

Das Mädchen ist noch verwirrter. „Aber Herrin, ich bin Dienerin. Ich werde alles machen, was Sie verlangen."

„Wirklich alles?"

„Ja."

„Prima, dann schau mich an."

Verunsichert hebt Wela den Kopf und schaut Eleonora direkt in die Augen.

„Wela, hör zu, ich komme von sehr weit her und bei uns gelten andere Verhaltensregeln als hier."

Wela senkt den Kopf wieder. „Ich verstehe. Sie sind unzufrieden mit mir. Soll ich jemand anderen schicken? Jemanden mit mehr Erfahrung. Bitte verzeihen Sie, wenn ich Sie verärgert habe."

„Herrgott noch mal, Wela, hör auf damit!" Eleonora wird langsam ungeduldig.

Das Mädchen steht wie versteinert da. Sie weiß nicht, wie sie sich verhalten soll.

„Bitte, Wela, hab keine Angst. Verhalte dich ganz normal." Eleonora erkennt, wie paradox das Wort „normal" nun klingt. „Wir machen es anders. Stell dir vor, ich wäre deine Freundin."

„Ich soll was machen?" Sie stutzt. „Aber das wäre sehr respektlos Ihnen gegenüber."

„Wela, bitte! Ich komme von woanders und dort gehen wir alle sehr freundschaftlich miteinander um. Respekt erweist man einem anderen doch nicht durch Untertänigkeit, sondern durch Taten. Durch freundschaftliche Gesten. Also, wie würdest du vor mir stehen, wenn ich deine Freundin wäre?"

Wela richtet sich auf und schaut Eleonora in die Augen. Dann lächelt sie verlegen. „So in etwa, Herrin."

„Prima." Eleonora lächelt. „Und du würdest mich doch nicht Herrin nennen, oder?"

Wela schüttelt den Kopf.

„Genau, du würdest eine Freundin beim Vornamen nennen. Also machen wir es doch so: Ich bin Eleonora."

„Eleonora", flüstert Wela.

„Komm schon, Wela, mach es mir nicht so schwer. Lass all deine Sorgen los und stell dir einfach vor, ich wäre deine Freundin. Ich verspreche dir, dass ich dann zufrieden bin."

Wela kichert.

„Na also, geht doch." Erleichtert atmet Eleonora auf. „Ich soll also baden? Okay. Was hast du denn da in der Hand?"

„Ein Halischma, welches Sie ... ich meine du ... heute Abend tragen kannst."

Eleonora wird bewusst, dass sie an diesem Abend ihrer größten Rivalin gegenüberstehen wird.

„Wela, ich muss heute umwerfend aussehen, hilfst du mir dabei?"

„Aber gern, Herr... ich meine Eleonora."

„Dann hole bitte alles, was dir dazu einfällt. Ich weiß nicht, was ihr Ladys hier so macht. Schminke, Schmuck, Parfüm – ich mache alles mit. Ich muss einer ganz bestimmten Person die Show stehlen. Es gibt da eine Dame, die heute kommen wird. Sie hasst mich, und weißt du was? Ich will, dass sie mich noch mehr hasst, verstehst du?"

Wela versteht nicht alles, was Eleonora sagt, aber sie begreift, worauf sie hinauswill. „Darf ich dich fragen, wer diese Person ist?"

„Du darfst raten."

Wela zögert kurz. „Prinzessin Ares aus dem Hause Lakes?"

Eleonora nickt.

„Ich verstehe." Wela lächelt. „Wir werden sie übertrumpfen." Sie begibt sich zur Badewanne, lässt Wasser ein und holt ein Fläschchen aus einer Kommode. Darin befindet sich eine klare Flüssigkeit, die silbern glänzt. Sie öffnet das Fläschchen und schnuppert daran. Dann reicht sie es Eleonora. „Gefällt dir der Duft?"

Eleonora schnuppert ebenfalls. „Es duftet herrlich! Weißt du, eigentlich mag ich kein Parfüm, aber von diesem Duft kann ich, glaube ich, nicht genug bekommen."

„Hi, hi, mir geht es auch so. Es wird aus dem Ere-Gestein gepresst. Dieses ist sehr selten und wird nur auf dem Gipfel von Tanem gefunden. In ihm sind Silberpartikel enthalten. Schnell, Eleonora, zieh dich aus. Wir haben nicht mehr allzu viel Zeit, und du musst eine Weile in der Wanne liegen, sonst kann deine Haut den Duft nicht richtig aufnehmen." Noch während Wela spricht, kippt sie den Inhalt des Fläschchens ins Badewasser.

Sofort öffnet Eleonora ihr Halischma, lässt es an sich hinuntergleiten und steigt in die Wanne. Das Wasser ist herrlich warm, sie entspannt sich augenblicklich.

„Eleonora, ich bin gleich zurück." Wela entfernt sich ein paar Schritte. „Ich hole nur etwas, um deine Augen zu betonen und dein Haar zu befestigen."

„Ich habe noch eine Bitte", ruft Eleonora ihr hinterher.

Wela bleibt stehen und schaut Eleonora an.

„Bitte hole mir etwas Wasser zum Trinken. Ich habe das Gefühl, ich verdurste. Und bring mir außerdem ein paar Blaubeeren mit – sicher ist sicher. Ach, und noch was: Habt ihr so etwas wie eine Zahnbürste und Zahnpasta? Ich möchte so gern meine Zähne putzen."

Wela nickt und verlässt das Zimmer.

Nach einigen Minuten kommt sie zurück. Als Erstes reicht sie Eleonora ein Glas Wasser. Eleonora trinkt es in einem Zug leer und lässt sich ein Schälchen mit Blaubeeren reichen. Sie isst sie alle auf. Sie nimmt ein grünes Blatt entgegen, das Wela ihr reicht. Es sieht so aus, als wäre es frisch von einem Obstbaum abgezupft worden.

„Kaue einfach auf diesem Blatt herum, das reinigt die Zähne." Zur Bekräftigung nickt Wela Eleonora zu.

„Sehr gut. Nach all den Blaubeeren brauche ich so etwas wirklich."

Beide lachen.

Eleonora steckt sich das Blatt in den Mund und kaut, bis sich in ihrem Mund eine kaugummiartige Masse gebildet hat. Eleonora kaut weiter und es wird nicht weniger. Irgendwann ist die Masse so zäh, dass ihr die Kaumuskeln wehtun. Sie nimmt das Schälchen, in dem die Blaubeeren waren, und spuckt das durchgekaute Blatt hinein. Es sieht tatsächlich wie Kaugummi aus. Leicht bläulich und gespickt mit Blaubeerkernen.

Wela nimmt ihr das Schälchen ab und reicht ihr ein kleines Stöckchen sowie einen Handspiegel. „Kaue ein wenig auf einem der Enden herum. Damit polierst du dir die Zähne."

Eleonora findet es seltsam, an einem Stockende zu kauen, aber sie tut es. Nach kurzer Zeit lösen sich einzelne Fasern und aus dem Stöckchen wird eine Art Bürste. Ein Geschmack nach Lakritze macht sich in ihrem Mund breit. Sie hält sich den Spiegel vors Gesicht und putzt sich die Zähne fast wie mit einer Zahnbürste.

Abgefahren!

Als sie fertig ist, gibt sie Wela das Stöckchen und den Spiegel zurück.

„Darf ich dir nun die Haare waschen?", fragt Wela.

Eleonora nickt.

Geschickt feuchtet Wela ihr die Haare an und massiert Shampoo ein.

Eleonora genießt die nun folgende Kopfmassage in vollen Zügen. „Wela, wenn du so weitermachst, muss ich dich mit nach Hause nehmen."

Wela kichert und fragt: „Hast du dir schon überlegt, welches Halischma und in welcher Art du es heute Abend tragen möchtest?" Sie wickelt Eleonoras Haare in ein Handtuch.

Eleonora blickt von einem Halischma zum anderen. Beide liegen nebeneinander auf einem Stuhl – Wela muss sie dort hingelegt haben. Sie stellt sich eine Kombination aus beiden vor. „Könnte ich auch beide tragen?"

Wela zuckt mit den Schultern. „Wie meinst du das? Wie willst du denn beide tragen?"

„Na, beide eben. Können die sich nicht vereinen?"

„Ich weiß nicht. Ich meine, es ist gang und gäbe, dass sich ein Halischmo und ein Halischma vereinen, aber ob zwei Halischmas das auch können, weiß ich nicht. Ich habe es zumindest noch nie gesehen."

„Meinst du, ich würde damit gegen irgendein Gesetz verstoßen?"

„Ich glaube nicht. Aber wie gesagt, ich weiß nicht mal, ob es überhaupt möglich ist."

„Na, dann lass es uns ausprobieren!" Eleonora erhebt sich aus der Wanne und nimmt das Handtuch entgegen, das Wela ihr reicht. Sie steigt aus der Wanne und trocknet sich sorgfältig ab. Ihre Haut fühlte sich wunderbar an, weich und sanft. Sie ist nicht einmal gerötet. Hier und da glänzen Silberpartikel, die sich auf ihrer Haut verteilt haben.

Mist! Bisher hat immer Eirik den Halischmas gesagt, wie sie sich verwandeln sollen. Ob ich das wohl auch kann? Ich muss es versuchen.

Sie geht zu dem Stuhl, auf dem beide liegen, schlüpft in die Hose des pfirsichfarbenen und hängt sich das silberne Halischma um den Hals. Den Metallring ihres Halischmas legt sie an ihre Stirn. An dem silbernen findet sie eine Metallklammer, diese legt sie ebenfalls an ihre Stirn. Dann versucht sie sich auf ihre Gedanken zu konzentrieren.

Ihr zwei schönen Wesen, bitte vereinigt euch. Ich stelle mir ein silbernes Korsett vor, das einen tiefen Ausschnitt zulässt, aber meine Brüste verdeckt. Die Schultern bitte frei. Dazu wünsche ich mir einen langen, pfirsichfarbenen Rock. Der soll ganz leicht fallen. Ich hätte gern ringsum offene Schlitze, damit meine schönen langen Beine zum Vorschein treten, wenn ich einen Raum durchschreite.

Es dauert einen Moment, aber dann beginnen die Halischmas genau das zu tun, worum Eleonora sie gebeten hat. Sie wickeln sich um ihren Körper und verbinden sich an der Taille. Das Metall beider Kleider bildet eine Art Gürtel.

Ich kann es! Ich habe es geschafft. Ich kann es!

Wela hüpft aufgeregt herum. „Eleonora, das sieht wundervoll aus! Ich kann es nicht glauben!" Sie schnappt Eleonoras Hand und führt sie vor den großen Spiegel im Bad.

Eleonora sieht sich an. Sie ist mehr als zufrieden.

Wela lässt Eleonoras Hand nicht los und zieht sie wieder zurück ins Zimmer. Sie drückt sie auf einen Stuhl und nimmt ihr das Handtuch ab, das um ihren Schopf gewickelt war. Kurz schüttelt sie das Haar durch. Danach reicht sie Eleonora silberne, flache, geschnürte Sandalen.

„Die sind perfekt."

Stolz auf das Lob strafft Wela ihre Schultern. Sie bückt sich und hilft Eleonora, die Sandalen anzuziehen.

Puh, Glück gehabt, sie passen!

Eleonora entdeckt erst jetzt den Beistelltisch neben dem Stuhl. Er ist voll mit lauter sonderbaren Dingen.

Wela stellt sich hinter Eleonora und beginnt damit, deren Haar zu bearbeiten. „Bist du damit einverstanden, wenn wir es hochstecken?"

Eleonora nickt.

Wela dreht einzelne Strähnen auf etwas Rundes. „Kennst du Mak Sin zum Trocknen?" Sie schaut Eleonora fragend an.

Eleonora schüttelt den Kopf.

„Also, ich habe deine Haare auf Mak gedreht und berühre nun das Mak mit den Sin-Stäbchen. Wenn sich die beiden Elemente berühren, werden sie heiß. Dadurch bringen wir dein Haar in Form und es trocknet schneller."

Eleonora nickt.

Oh, Aves' Art zu föhnen.

Ihr ist längst aufgefallen, dass Wela genau weiß, was sie tut. Und nichts von all dem ist unangenehm, im Gegenteil, es fühlt sich wohltuend an. „Sag mal, Wela, wieso wusstest du vorhin, dass ich Ares meinte?"

Wela zuckt mit den Schultern. „Prinzessin Ares aus dem Hause Lakes ist kalt. Sie ist böse. Sie will nur herrschen. Keiner hier mag sie. Ehrlich gesagt haben wir alle Angst vor ihr."

Die Antwort leuchtet Eleonora ein. „Und wie findest du Eirik?"

„Es steht mir nicht zu, über den Prinzen zu urteilen."

„Wela, ich bin es, Eleonora. Nichts von dem, was du mir hier sagst, wird den Raum verlassen."

Wela zögert wieder, entschließt sich dann aber doch zu sprechen. „Eirik ist im Grunde genommen ein wundervoller Herrscher. Er ist diszipliniert, wohlerzogen und entscheidet stets zugunsten des Volkes. Kurz gesagt, das Volk liebt ihn. Wobei man seine Strenge nicht unterschätzen darf. Wenn jemand seine Arbeit nicht ordentlich erledigt, hat derjenige bald keine Arbeit mehr. Wobei ich das in Ordnung finde. Immer noch besser als körperliche Bestrafung."

„Körperliche Bestrafung? Gibt es denn so etwas hier?"

„Prinzessin Ares aus dem Hause Lakes bevorzugt körperliche Bestrafung bei Missachtung ihrer Vorgaben."

Eleonora ist entsetzt, aber nicht überrascht. „Und wie findest du es, dass Eirik und Ares heiraten?" Eleonora versucht den Satz so gleichgültig wie möglich rüberzubringen.

„Mir tut der Prinz leid. Anderseits wird wahrscheinlich nur ein Mann wie er darauf achten können, dass ihre Bosheit nicht überhandnimmt. Ich glaube, Prinzessin Ares aus dem Hause Lakes ist zu allem imstande."

„Sind denn die Damen hierzulande nicht traurig, dass solch eine gute Partie wie Eirik ausgerechnet Ares heiratet?" Eleonora hofft, dass Wela nicht bemerkt, wie sehr sie diese Informationen interessieren.

„Oh, und ob! Aber alle wissen, dass er ihr seit seinem fünften Lebensjahr versprochen ist."

Das ist ja schlimmer als im Mittelalter. Eheversprechen per Handschlag.

„Heißt das, Eirik hatte nie eine Beziehung? Oder führt er schon eine Beziehung mit Ares?"

„Nein, nein. Eirik und Ares führen keine Beziehung. Das wird wohl erst nach der Hochzeit der Fall sein."

„Du willst mir doch nicht sagen, dass Eirik noch nie mit einer Frau zusammen war."

„Ja und nein. Er hatte viele Frauen und er ist unter den Damen sehr begehrt als ... na du weißt schon ..."

„Ne, weiß ich nicht. Als was ist er begehrt?"

Wela flüstert. „Na, als Liebhaber. Jede, die mit ihm eine Nacht verbracht hat, schwärmt von seinen Liebeskünsten. Aber du musst mich richtig verstehen: Jede Frau, die sich auf ihn eingelassen hat, wusste genau, dass er bereits versprochen ist. Er ist stets für klare Verhältnisse."

Sieh an, sieh an. Meinen Freund Leo hat er für seine Art verurteilt, dabei ist er der gleiche Typ. Ja nichts anbrennen lassen und mich als Spielmaus benutzen ...

„Wela, was ist mit dir? Hast du einen Freund?" Eleonora versucht das Thema zu wechseln, damit ihre Neugier nicht auffällig wird.

Welas Wangen fangen an zu glühen und sie gerät ins Schwärmen. „Nein, noch nicht. Aber ich denke, da könnte sich etwas entwickeln."

„Erzähl mir mehr." Eleonora nickt Wela aufmunternd zu.

„Er ist Wächter hier am Schloss und heißt Belar. Oh, er sieht so toll aus!" Sie dreht sich um die eigene Achse und widmet sich dann wieder Eleonoras Haaren. „Gestern hat er mich das erste Mal angesprochen und mich gefragt, ob ich mit ihm morgen Abend ausgehen möchte."

„Na, das klingt doch wundervoll. Ich habe ihn heute getroffen und kann dich gut verstehen. Er ist ein sehr gut aussehender Mann. Was hast du ihm denn geantwortet?"

Wela beginnt Eleonoras Augen zu schminken und plappert ohne Punkt und Komma über Belar. Eleonora fällt es schwer, ihr zu folgen, denn ihre Gedanken kreisen die ganze Zeit um Eirik und Ares.

Wela geht einen Schritt nach hinten und betrachtet Eleonora. Sie lächelt, nimmt Eleonora an die Hand und führt sie ins dunkle Bad. „Bereit?"

„Ja, Wela, bitte mach das Licht an. Ich kann es nicht erwarten, dein Werk zu sehen." Wela holt ein Lichtwesen herein und es wird langsam heller.

Eleonora blickt in den Spiegel, sie kommt sich fremd vor. Die Haare sind kunstvoll hochgesteckt, einige Strähnen fallen locker herunter. Ihre Augen sind schwarz umrandet und wirken sehr geheimnisvoll. Die beiden Halischmas ergeben eine perfekte Symbiose.

„Eleonora, für mich bist du die mit Abstand schönste Frau, die ich je gesehen habe. Ich hoffe, du bist zufrieden mit deinem Aussehen."

Eleonora lächelt. „Ja", sagt sie, „ich muss dir recht geben. Diese Frau da im Spiegel sieht umwerfend aus. Aber wer ist das?"

Beide lachen.

Eleonora schnuppert an ihrem Unterarm. Der Duft ist herrlich. Sie nimmt Wela in den Arm. „Danke für deine Hilfe, für deine Unterstützung und deine Freundschaft."

„Oh nein", wehrt Wela ab, „ich danke dir! Ich habe wirklich das Gefühl, als wären wir Freundinnen, und irgendwie schäme ich mich dafür."

Eleonora will etwas erwidern, um Welas Zweifel zu zerstreuen, da klopft es an der Tür.

Vielleicht ist es Eirik.

„Oh, das wird der König sein. Er holt dich ab", sagt Wela.

Stimmt ja, sein Vater holt mich ab. Wie dumm von mir. Ich muss aufhören, an Eirik zu denken. Ich war ihm nicht mal gut genug als Bettgeschichte.

Wela eilt zur Tür, dreht sich um und schaut Eleonora fragend an. Erst als Eleonora nickt, öffnet sie die Tür.

„Mein König, Ihr Gast ist fertig. Wenn Sie mich nicht länger brauchen, ziehe ich mich zurück."
„Danke! Du kannst gehen."

König Okor betritt den Raum und verharrt mitten in der Bewegung, als er Eleonora erblickt.
Sie steht aufrecht und lächelt ihn an.
„Eleonora, mein liebes Kind, wo ist denn das schüchterne Mädchen von heute Morgen? Das, was ich hier vor mir sehe, ist eine wunderschöne und stolze junge Frau. Mit sehr viel Mut. Mit ausgesprochen viel Mut." Er lächelt und streckt ihr seinen gebeugten Arm entgegen.
„Jetzt bin ich verunsichert. Warum bin ich denn in Ihren Augen mutig?" Sie hakt sich bei ihm ein.
„Nun, du bist die erste Frau, die ich sehe, die zwei Halischmas gleichzeitig trägt, und glaube mir, ich habe schon viele Frauen gesehen. Außerdem war keine so zauberhaft wie du."
„Dann ist es also nicht schlimm, dass ich das gemacht habe?"
König Okor lacht laut. „Nein, schlimm ist das nicht. Nur eben mutig. Du wirst in vielen Frauen den Neid wecken. Aber ich freue mich, eine so anmutige junge Dame an meiner Seite zu haben."
Erleichtert atmet Eleonora aus. „Und ich freue mich, einen so gut aussehenden König an meiner Seite zu haben."
„Ho, ho, schmeicheln kannst du also auch."
Langsam gehen sie den langen Gang entlang.
Eleonora findet, dass der König für sein Alter noch recht gut aussieht. Sein Halischmo hat in etwa die Form, wie Eirik sie auf dem Maskenball getragen hat.

„Das Fest findet in unserem Ballsaal statt. Der befindet sich ein Stockwerk tiefer. Um dorthin zu kommen, benutzen wir eine Art Aufzug. Das wird dir gefallen."

Eleonora, die dem König aufmerksam zugehört hat, schweigt und schaut sich die Bilder an, die im Gang hängen. Sie vermutet, dass es sich bei den abgebildeten Personen um Vorfahren handelt und dass es Ölgemälde sind. Ihr fällt auf, dass alle Porträts offenbar im selben Raum entstanden sind und dass jeder der Abgebildeten sich mit Flügeln hat malen lassen. Die Männer strotzen vor Stolz und Stärke und die Frauen könnten schöner und anmutiger nicht sein.

„Gefallen dir die Bilder?", fragt König Okor?

„Ja, sehr", gibt Eleonora zur Antwort und bleibt stehen, da sie den König als jungen Mann erkennt. „Oh, das sind ja Sie!"

König Okor lacht. „Ja, das bin ich. Obwohl es mir manchmal selbst schwerfällt, daran zu glauben, wenn ich mich jetzt so anschaue."

Eleonora tritt näher an das Gemälde heran. Es zeigt einen sehr attraktiven jungen Aves, der denselben Ausdruck in seinen Augen hat, wie sie ihn von Eirik kennt.

„Das braucht Ihnen nicht schwerzufallen, ich habe Sie sofort erkannt", sagt Eleonora und schaut sich das nächste Bild an. Es ist anders. Darauf ist eine wunderschöne junge Frau zu sehen. Sie kommt Eleonora irgendwie bekannt vor. Anders als alle übrigen Bilder ist dieses in einem anderen Raum entstanden und die Frau wurde ohne Flügel gemalt.

Eleonora blickt zum nächsten Bild und erkennt Eirik. Ihr Blick geht zurück zu dem mit der Frau.

Das ist seine Mutter. Die Ähnlichkeit ist unverkennbar.

Ihr fällt noch etwas auf.

Was ist das? Sie trägt mein silbernes Halischma! Besser gesagt, ich trage wohl ihres.

Sie tritt einen Schritt zurück und schaut Eiriks Vater direkt in die Augen.

Bevor sie die Frage stellt, antwortet er. „Ja, meine liebe Eleonora. Das ist sie, meine verstorbene Frau. Es vergeht kein Tag, an dem ich nicht an sie denke. Ach, was rede ich, es vergeht kein Augenblick, an dem ich nicht an sie denke. Insbesondere wenn ich Eirik anschaue. Er hat so viel von ihr. Auch wenn er das nicht wahrhaben will."

Eleonora versteht nicht ganz.

Warum will Eirik das nicht wahrhaben?

„Ich fühle mich sehr geehrt, dass Sie mir das Halischma Ihrer Frau zur Verfügung gestellt haben." Sie ist peinlich berührt.

„Gern, mein Kind. Sehr gern. Das Halischma freut sich sicher auch, endlich mal wieder getragen zu werden. Zudem sehe ich, dass du es schätzt. Einer Ares aus dem Hause Lakes wäre es wahrscheinlich nicht gut genug. Außerdem weiß ich eines ganz genau: Meiner Lore hätte es sehr, sehr gut gefallen zu wissen, dass ausgerechnet du es trägst. Ich weiß, du verstehst das, was ich sage, noch nicht. Aber du wirst es verstehen. Allerdings muss es dir Eirik erklären. Ich glaube, es wäre falsch, wenn ich es dir sage."

Tatsächlich versteht Eleonora nicht, was der König meint. Gern würde sie nachfragen. Gern würde sie wissen wollen, warum seine Frau in einem anderen Raum gemalt wurde als alle anderen und warum sie ohne Flügel abgebildet ist. Aus Höflichkeit lässt sie es jedoch bleiben.

Sie begleitet den König, bis sie an den Aufzug kommen, von dem er vorhin gesprochen hat. Dieser sieht aus wie ein überdimensionales Rohr, welches in der Mitte aufgeschnitten wurde. Durch diese Rohrhälfte verlaufen lianenartige Seile. Alle zwei Meter gibt es eine Fläche, die man nur mit einem Fuß betreten kann. Der andere Fuß hängt in der Luft. Es passt immer nur eine Person hinein.

Eleonora schluckt.

„Keine Angst, Eleonora, das wird dir Spaß machen. Eirik hat es als Kind geliebt. Immer, wenn ich nicht wusste, wo er war, konnte ich sicher sein, ihn an einem der Aufzüge zu finden."

Eleonora stellt sich einen kleinen Jungen vor, der durch die Gänge rennt und vergnügt mit den Lianen auf und ab fährt. Sie lächelt.

„Ich zeige dir, wie es geht. Du nimmst dann einfach die nächste Trittfläche und ich warte unten auf dich."

Eleonora nickt.

König Okor geht zu dem Aufzug und steigt mit einem Fuß auf die Trittfläche. Mit beiden Händen hält er sich an der Liane fest, grinst und fährt abwärts.

Eleonora atmet tief durch, tritt ebenfalls an den Aufzug heran und macht es dem König nach.

Oh, es ist leichter, als ich gedacht habe. Und ja, es macht Spaß!

Sie spürt, dass es abwärts geht. Dann wird es kurz dunkel, bis sie das nächste Stockwerk erreicht. Elegant steht König Okor dort und erwartet sie. Die eine Hand hat er auf dem Rücken, die andere streckt er ihr entgegen. Mit einer Hand lässt Eleonora die Liane los und greift nach des Königs Hand, um sogleich mit einem kleinen Satz den Aufzug zu verlassen. „Sie hatten recht, es macht Spaß", sagt sie vergnügt.

Zufrieden schaut sie der König an. „Nun, wenn wir jetzt nicht in diesen großen Saal dort müssten, könnten wir noch eine Runde fahren."

Eleonora schaut den neuen Gang hinunter. An dessen Ende befindet sich eine große Doppelflügeltür. Ihr wird ganz anders zumute. Sie schaut den König mit großen Augen an. „Ist sie schon da?" Die Frage bleibt ihr fast im Hals stecken.

„Ja, Eleonora. Prinzessin Ares aus dem Hause Lakes ist schon da, zusammen mit Königin Gade. Keine Angst, sie wird dir hier, in meinem Schloss, nichts tun können. Außerdem bin ich ja auch noch da, ebenso wie Eirik und noch so viele andere Avesmänner, die versuchen werden, dich zu beeindrucken. Glaube mir, Ares hat heute keine Chance, dir nahe zu kommen."

Die Worte beruhigen Eleonora ein wenig.

„Ach, ein oder zwei Verhaltensregeln noch."

Eleonora versteift sich.

„Niemand weiß, dass du ein Mensch bist. Außer Ares natürlich, aber sie wird es heute Abend nicht preisgeben. Das musste sie mir versprechen."

Sieh an, er hat mit ihr über mich gesprochen!

„Bitte sprich mich mit ‚Mein König' an, und Eirik darfst du auch nicht einfach nur beim Vornamen nennen. Entweder sagst du ‚Mein Prinz' oder du sagst ‚Eirik aus dem Hause Oris'. Auch die anderen mögen es sehr gern, wenn sie mit dem Haustitel angesprochen werden. Versuche dir daher zu merken, woher sie kommen. Ach, und du bist Eleonora aus dem Hause Bender. Du bist die Tochter eines alten Freundes von mir, aus dem Norden. Nur gleichrangige Aves dürfen sich direkt in die Augen schauen. Da dich niemand kennt, kannst du auch nicht gleichrangig sein. Daher schaue bitte keinem von ihnen direkt in die Augen, es sei denn, es wird dir erlaubt. Es tut mir leid, du bist zwar meine Begleitung, aber du darfst mir nur dann direkt in die Augen schauen, wenn ich dich anspreche. Ich bin nun mal der König."

Eleonora zieht sofort ihre Hand zurück und schaut zu Boden.

König Okor greift erneut nach Eleonoras Hand und hebt ihr Kinn mit seinem Zeigefinger an, bis sie ihn wieder anschaut. „Noch eins, Eleonora: Diese Regeln gelten nur dort drinnen. Ich mag deine offene und unkomplizierte Art. Aber wir müssen das Spiel nun mal mitspielen. Eirik darfst du auch nicht direkt anschauen und auf gar keinen Fall Ares. Du bist aber keine Dienerin. Das heißt, wenn dich jemand beim Namen nennt, dann hast du sehr wohl das Recht, in dessen Augen zu schauen."

„Oh, das wusste ich alles nicht. Am liebsten würde ich in mein Zimmer zurückgehen." Eleonora ist mulmig zumute.

„Nein, nein, so schlimm wird das nicht. Davon mal abgesehen, wollen wir doch Ares ein wenig aus dem Mittelpunkt drängen. Du wirst sehen, das schaffst du allein mit deiner Präsenz."

„Aber wo soll ich denn hinschauen? Ich kann doch nicht den ganzen Abend auf den Boden starren."

„Eleonora, du schaust überall hin. Du schaust dir jeden an. Nur nicht direkt und nicht in die Augen. Bewege dich mit aufrechtem und erhobenem Haupt. Denk daran, du bist eine Aves, du darfst Stolz und Arroganz ausstrahlen. Das klappt schon, und jetzt komm. Wir sind die Letzten, man wartet bereits auf uns." König Okor legt Eleonoras Hand wieder in seine rechte Armbeuge.

Mit jedem Schritt, den sie sich der Doppelflügeltür nähern, klopft Eleonoras Herz schneller und lauter. Ohne dass König Okor etwas tut, gehen die Türen auf. Aus den Augenwinkeln sieht Eleonora zwei Diener, sie halten die Türflügel weit geöffnet. Sanfte Klänge, vielleicht von einer Harfe, dringen an ihr Ohr.

Sie treten ein. Kaum sind sie über der Türschwelle, sieht Eleonora einen vollen Saal. Prächtige Avesmänner und hinreißende Avesfrauen. Zu ihrer Überraschung sind alle ohne Flügel und sie tragen die ihr nun bereits bekannte Kleidung. Die Halischmos der Männer sind wie der von Eirik im gewohnten Anzugsstil, sie alle sind dunkel und unterscheiden sich in leichten Farbnuancen. Bei den Halischmas hingegen sind Farben und Formen keine Grenzen gesetzt. Alles ist vorhanden: hell, dunkel, glänzend, kurz, lang, offen, eng und locker fallend. Plötzlich hört die Musik auf zu spielen. Von irgendwo her ist eine Männerstimme zu hören.

„König Okor aus dem Hause Oris und seine Begleitung Eleonora aus dem Hause Bender betreten die Festlichkeit."

Eleonora schluckt. Vor ihren Augen wird ein Korridor frei gemacht. Alle halten den Kopf leicht schräg und nicken einmal ganz leicht zur Begrüßung.

Was mach ich? Was soll ich machen? Soll ich auch nicken? Nein, halt! Sie nicken ihm zu, nicht mir. Also, was hat er gesagt? Ich soll aufrecht gehen, aber niemanden ansehen. Okay, okay. Aufrecht. Aufrecht. Mist, was mach ich! Durchatmen ... durchatmen. Kopf hoch, El. Schultern nach hinten. Bauch rein.

Po raus. Ich glaub, so ging aufrecht. Und ich schaue einfach geradeaus. Ich schaue nicht nach links und nicht nach rechts.
König Okor setzt sich in Bewegung. Langsam und ruhig. Eleonora hält Schritt. Er begrüßt seine Gäste mit derselben Kopfbewegung. Eleonora starrt einfach geradeaus. Sie ist überrascht, wie viel man sieht, ohne jemandem direkt ins Gesicht zu schauen. Am anderen Ende erscheint Eirik in ihrem Blickfeld. Ungewollt hebt sie den Kopf und schaut ihm direkt in die Augen. Er mustert sie und seine Augen blitzen wütend. Verwirrt senkt sie den Blick. Genau in diesem Moment bleibt König Okor stehen. Zusammen mit ihr dreht er sich nach rechts. Obwohl sie niemanden geradewegs ansieht, weiß sie, wer vor ihr steht.

„Königin Gade und Prinzessin Ares aus dem Hause Lakes. Welch besondere Ehre, Sie heute hier begrüßen zu dürfen", spricht der König die Damen an.

Eleonora steht Ares genau gegenüber. Sie nimmt ihre weißen Haare wahr und spürt, wie Ares sie Millimeter für Millimeter inspiziert. Dann bemerkt sie Eirik neben sich.

Königin Gade eröffnet das Wort. „König Okor. Danke für die freundlichen Worte. Es freut mich, Prinz Eirik aus dem Hause Oris wohlauf zu sehen."

Nur schwer erträgt Eleonora die Situation. Sie hat das Gefühl, dass, wenn auch nur ein Feuerfunke zwischen sie geraten würde, dieser eine Explosion auslösen könnte. Sie hört Eirik sprechen.

„Auch mich freut es, dass es mir wieder besser geht, Königin Gade. Ich hoffe, die Damen hatten eine angenehme Anreise."

Ares antwortet. „Da ich zuvor noch etwas Wichtiges erledigen wollte, habe ich letzte Nacht wenig geschlafen.

Deshalb beschlossen wir, uns im Konvoi herbringen zu lassen. Wie war denn Ihre Anreise, Eleonora aus dem Hause Bender?"

Eleonora ist geschockt, dass Ares sie anspricht. Sie zeigt es jedoch nicht, sondern blickt ihr direkt in die eiskalten, hellblauen Augen. Überrascht bemerkt sie, dass Ares etwas größer ist als sie. Und sie sieht, dass Ares sie zutiefst verabscheut.

„Meine Anreise war sehr interessant, und sie war gespickt mit aufregenden Erlebnissen. Danke der Nachfrage, Prinzessin Ares aus dem Hause Lakes."

König Okor übernimmt wieder das Wort. „Musiker, bitte spielt weiter! Lasst uns zu Speis und Trank übergehen."

Eirik hält Ares den Ellbogen hin, woraufhin sie sich elegant bei ihm einhakt. Auf die gleiche Weise führt König Okor Königin Gade in Richtung der Tische, die ringsum aufgestellt sind. Der Ehrengasttisch ist deutlich zu erkennen. Die übrigen Gäste machen ihnen Platz.

Eleonora hört ein Raunen, das durch den Saal geht. Sie fängt Gesprächsfetzen auf.

„Wer ist sie?"

„Von dem Hause Bender habe ich noch nie gehört!"

„Trägt sie etwa zwei Halischmas?"

Als sie am Tisch angekommen sind, zeigt ihr der König ihren Platz. Sie darf links von ihm sitzen. Rechts vom König sitzt Königin Gade. Eirik setzt sich an Eleonoras freie Seite. Links daneben nimmt Ares Platz.

Eleonora hat Herzklopfen, weil Eirik neben ihr sitzt. Tausend Schmetterlinge feiern Party in ihrem Bauch. Gleichzeitig rügt sie sich selbst.

Du blöde Nuss, vergiss ihn. Seine Verlobte sitzt ebenfalls neben ihm.
Nach und nach nehmen alle Gäste ihre Plätze ein.
„Welche Speisen werden denn zu unserem heutigen Feste gereicht?" Ares blickt in die Runde. „Ich hoffe, etwas Frisches und Blutiges." An der Art, wie Eirik atmet, weiß Eleonora, dass ihm diese Anmerkung missfällt.
Was meint sie wohl mit „blutig"?
Der König antwortet: „Liebe Prinzessin Ares, Sie haben recht, es gibt fast nichts Besseres als etwas frisch Gefangenes, das noch zappelt, während man das Fleisch von den Knochen isst. Aber wie Sie wissen, habe ich auch eine besondere Vorliebe für die Speisen unserer Menschennachbarn. Heute will ich daher etwas Besonderes anbieten. Etwas nicht Alltägliches, daher gibt es ausschließlich gegarte Speisen. Selbstverständlich darf jeder, der Lust hat, im Anschluss an unser Fest in unsere Wälder zum Jagen ausfliegen. Wir haben dort bewusst einige Lichtwesen positioniert, das erleichtert den Beuteflug bei Nacht."
Wie bitte? Was essen die hier nur?
„Dieses Angebot nehme ich sehr gern an. Ich hoffe, es schließen sich mir noch mehr Blutshungrige an. Wie sieht es mit Ihnen aus, Eleonora aus dem Hause Bender? Werden Sie mich auf der Nachtjagd begleiten?" Ares provoziert mit Absicht.
Eleonora sieht, wie Eirik eine Hand zur Faust ballt. Betont freundlich sagt sie: „Prinzessin Ares aus dem Hause Lakes, ich danke Ihnen für Ihr nettes Ausflugsangebot, aber ich bin wirklich sehr gespannt auf das Menü, welches uns heute hier erwartet. Sicherlich werde ich danach so satt sein, dass es keines Ausfluges mehr bedarf."

Plötzlich meldet sich ein männlicher Aves vom Nachbartisch zu Wort. „Liebste Cousine, ich werde dich auf jeden Fall später begleiten. Eleonora aus dem Hause Bender, ich würde mich ebenfalls äußerst freuen, wenn Sie uns begleiten. Ich habe gehört, dass die Aves aus dem Norden andere Jagdkünste anwenden als wir hier im Süden. Vielleicht könnten Sie uns davon etwas präsentieren?"

Überrascht betrachtet Eleonora den Mann, der sie angesprochen hat. Wie Ares hat er weiße Haare. Seine Augen sind ebenfalls hellblau, aber sie besitzen nicht diese spürbare Kälte. Im Gegenteil, er wirkt freundlich und ist wie die meisten im Raum sehr attraktiv.

Bevor Eleonora etwas erwidern kann, fährt er fort. „Entschuldigung, ich habe vergessen, mich vorzustellen. Mein Name ist Lonn aus dem Hause Frant."

„Es ist mir eine Ehre, Sie kennenzulernen, Lonn aus dem Hause Frant. Der Abend ist noch so jung, lassen Sie uns später planen, was wir noch alles anstellen." Eleonora hofft, ihn damit erst mal abgewimmelt zu haben.

„Sie haben recht, Eleonora aus dem Hause Bender. Ich glaube, der Hunger regiert hier. Apropos Hunger: Welches ist Ihr Lieblingsfrischfleisch im Norden?"

Mist, was sage ich denn jetzt? Ich habe doch keine Ahnung, was diese Aves so jagen. Was jagt ihr denn? Mäuse? Kaninchen? Essen die womöglich Mäuse?

Sie bemerkt, dass sie von allen angeschaut wird. „Rind! Wir essen am liebsten Rindfleisch."

Die Mehrheit reagiert entrüstet auf ihre Aussage. Dann herrscht Stille und alle schauen sie an.

Das war wohl keine gute Antwort. Die werden doch wohl nicht Kühe verehren wie die Hindus?

Mühsam bringt sie ein Lächeln zustande. „Das war natürlich ein Scherz. Sie müssen entschuldigen, den Humor habe ich von meinem Vater geerbt und manchmal kann ich ihn mir einfach nicht verkneifen."

Lonn fängt lauthals an zu lachen und einige andere schließen sich ihm an. „Eleonora, Sie sind mutig. Das gefällt mir." Er schlägt sich auf die Schenkel.

Auf der anderen Seite meldet sich eine Frau zu Wort. „Ja, Eleonora, Sie sind mutig, und zwar nicht nur, was Ihre Wortwahl anbelangt, sondern auch in der Kleiderfrage. Wir müssen uns später unbedingt unterhalten. Ich bin Anees aus dem Hause Korin."

Während sich die Frau vorstellt, betrachtet Eleonora sie eingehend. Sie ist eine ältere, äußerst elegante Dame. Ihre dunklen Haare sind von grauen Strähnen durchzogen und streng nach hinten gekämmt. Ihr Halischma ist bodenlang und fast schwarz. Die Dame strahlt etwas Vertrautes aus.

Eleonora nickt ihr zu und sie ist froh, als sie unterbrochen werden, da das Essen serviert wird. Eleonora kommt sich vor wie in einem Fünf-Sterne-Restaurant. Im Prinzip wird alles angeboten. Die Dienerschaft präsentiert verschiedene Platten voller ansprechend hergerichteter Köstlichkeiten. Eleonora versucht zu essen, bekommt aber nicht viel runter. Sie lauscht der angeregten Unterhaltung des König und der Königin, allerdings erfährt sie nicht, worum es geht. Eirik und Ares wechseln kein Wort.

Als alle satt sind, beginnen die Diener mit dem Abräumen. Währenddessen wird die Musik lauter und schneller.

„Prinz Eirik, ich möchte tanzen." Ares sieht Eirik erwartungsvoll an. Der steht galant auf und reicht Ares den Arm zum Einhaken. Ares steht auf, beugt sie sich zu Eleonora herunter und flüstert ihr ins Ohr. „Ich töte dich, du Miststück."

Eleonora schaut sie direkt an.

Ares setzt ein falsches Lächeln auf und hakt sich bei Eirik ein.

Na bravo, was für ein schöner Abend!

Der König steht ebenfalls auf und geht mit der Königin tanzen. Eleonora erkennt recht schnell, dass sie mit dieser Art Tanz nichts anfangen kann. Es erinnert sie an die mittelalterlichen Tänze. Dann sieht sie im Augenwinkel, dass Lonn aufgestanden ist. Ihr wird ganz heiß und bange.

Oh nein, oh nein, der wird mich doch wohl nicht auffordern wollen!

Plötzlich hört sie die Stimme von Anees neben sich.

„Mein liebes Kind, stehe einfach auf und wende dich mir zu."

Auf der Stelle gehorcht Eleonora. Sie steht auf und schaut die alte Dame an. Anees hakt sich bei ihr ein und zieht sie in eine andere Richtung. „Anees aus dem Hause Korin, nicht wahr?", fragt sie.

„Ach, Kind, vergiss doch die Förmlichkeiten, wenn wir unter uns sind. Du musst wissen, Lore war eine meiner besten Freundinnen. Ich kann mir schon vorstellen, was hier zugange ist, und ich nehme an, du willst weder tanzen noch später mit zur Jagd."

Eleonora spürt, dass sie Anees vertrauen kann. Sie nickt.

„Das wird eine harte Herausforderung für mich. Du musst wissen, dass du eine wahre Augenweide bist, und die Idee mit den zwei unterschiedlichen Halischmas ist atemberaubend. Ich denke, du hast heute Abend einen neuen Trend ins Rollen gebracht. Jedenfalls starren dich alle im Saal an. Die Frauen sind neidisch. Sie hoffen, dass dir etwas Peinliches widerfährt. Die Männer hingegen würden dich alle gern für diese Nacht mitnehmen. Ha, ha, und jetzt kommt die alte Anees ins Spiel. Ich passe auf, dass dir nichts Peinliches passiert und dass dich niemand vernascht, es sei denn, du willst von jemandem vernascht werden, dann gibst du mir einfach Bescheid." Beim letzten Satz zwickt Anees Eleonora leicht in den Unterarm.

Eleonora lächelt. „Anees, ich danke dir. Ich danke dir aus tiefstem Herzen. Bleib einfach bei mir, ja? Bleib bitte einfach bei mir."

„Mit Vergnügen, mein Kind. So komme ich mal wieder in den Genuss, mir die ganzen jungen Burschen anzuschauen, wenn sie um dich herumschwirren."

Lonn hat sich nicht abwimmeln lassen. „Anees aus dem Hause Korin", sagt er, „wie schön, Sie mal wieder zu sehen. Dürfte ich bitte so unhöflich sein und Ihre bezaubernde Begleitung für einen Tanz entführen?"

„Lonn aus dem Hause Lakes, es tut mir leid für dich. Du warst langsamer als ich alte Frau. Ich hoffe, du stellst dich später bei der Jagd etwas geschickter an und bist vor allem schneller. Ich kann dir meine Begleitung nicht überlassen, denn wir sind mitten in einem Gespräch und ich wünsche es zu Ende zu führen."

Lonns Gesichtsmuskeln zucken, ihm gefällt die Abfuhr nicht. „Gut, wenn das so ist, dann warte ich und versuche es später noch einmal."

Eleonora nickt ihm freundlich zu, woraufhin sich Lonn nur widerstrebend entfernt.

„Da hast du schon zwei Verehrer, die du nicht mehr loswirst", flüstert Anees Eleonora zu.

„Wieso zwei?", fragt Eleonora.

„Schätzchen, ich bin zwar alt, aber nicht blind. Vielleicht solltest du mir sagen, was zwischen dir und Eirik läuft."

Eleonora errötet leicht. „Nichts läuft zwischen uns. Eirik ist Ares versprochen. Punkt."

„Schätzchen, ich weiß, wann ein Mann verrückt nach einer Frau ist. Bei mir ist es zwar lange her, aber ich erinnere mich noch an jede Einzelheit. Jedenfalls ist Eirik jedes Mal kurz vor dem Platzen, wenn Lonn dich ansieht. Na ja, und Lonn lässt dich schon gar nicht mehr aus den Augen, wenn du weißt, was ich meine."

Eleonora muss lachen. „Ach, Anees, es ist so kompliziert!"

„Schätzchen, das ist es immer, und jetzt raus mit der Sprache: Was ist mit dir und Eirik?"

„Ganz ehrlich? Es ist nichts. Er will mich nicht. Ich bin ihm nicht gut genug. Aber was spielt das für eine Rolle, er ist doch sowieso Ares versprochen."

Anees schüttelt energisch den Kopf. „Es spielt immer eine Rolle. Zudem passen er und Ares nicht zusammen. Nie im Leben würde das gut gehen. Er soll lieber die Finger von ihr lassen."

„Aber das kann er doch nicht machen, denn sonst kommt es zum Krieg. Er muss sie heiraten."

„So was kann dir nur ein dummer Mann gesagt haben. Mit Ares kommt es zum Krieg, egal ob mit oder ohne Heirat. Durch die Heirat zögert sich das Unvermeidliche nur heraus. Ares ist ein durchtriebenes Miststück."

„Ja, das ist sie. Sie will mich töten."

„Schätzchen, denke dir da nichts. Ares will jeden töten. Ach, und bevor ich es vergesse: Wenn dich das nächste Mal einer fragt, was du am liebsten jagst, dann sprich bitte von Enten. Enten sind groß und in der Luft flink. Das zeigt Stärke und Geschicklichkeit. Aves dürfen nur in Vogelform jagen, niemals als Aves mit Flügeln. Außer im Krieg, da hält sich niemand an irgendwelche Regeln."

Eleonora schweigt und nickt.

Ein Diener kommt vorbei und bietet den beiden Damen ein Getränk an. Sie nehmen sich je ein Glas. Eleonora schnuppert daran. Es riecht nach starkem Alkohol.

Plötzlich steht Eirik neben ihnen. Allein – ohne Ares. „Du solltest das nicht trinken, El", warnt er. „Es ist zu stark für dich."

Aber Eleonora ist so genervt von ihm, dass sie demonstrativ das Glas ansetzt und den ganzen Inhalt auf einmal leer trinkt. Es brennt höllisch in ihrer Kehle. Aber sie lässt sich nichts anmerken.

Wütend schaut Eirik sie an. „Was soll das? Willst du dich betrinken? Ich sagte doch deutlich, du sollst das nicht trinken."

Eleonora wendet sich Anees zu, gibt ihr das leere Glas und nimmt deren volles. Wieder setzt sie an und trinkt alles in einem Zug leer. Dabei schaut sie Eirik direkt in die Augen.

„Bist du verrückt geworden? Hör auf damit. Du sollst ..."

Eirik kommt nicht dazu weiterzureden, denn Eleonora unterbricht ihn.

„Du hast mir gar nichts zu sagen. Ich sage dir aber, was du tun sollst. Du sollst zu deiner Verlobten gehen. Sie wartet sicherlich schon auf dich." Dann dreht sie sich wieder zu Anees um und beachtet Eirik nicht weiter.

Zornig stapft er zurück auf seinen Platz.

Anees lächelt. „Schätzchen, das hast du gut gemacht. Obwohl es wirklich dumm war, denn das Zeug ist tatsächlich sehr stark."

Eleonora merkt, wie der Alkohol zu wirken beginnt. „Du hast recht", sagt sie, „das war dumm von mir."

Die Musik wird leiser, eine Fanfare ertönt. Die Männerstimme, die bei ihrer Ankunft sie und den König angekündigt hat, ertönt erneut. „Verehrte Gäste, es haben sich einige zur Jagd angemeldet. Lasst uns schauen, wer sich heute am geschicktesten anstellt."

Anees und Eleonora haben einen guten Platz, sie stehen auf einer Stufe direkt vor der Plattform. Von da aus können sie auf die Plattform sehen, auf der sich einige Aves versammelt haben. Unter ihnen sind Ares und Lonn. Lonn macht vor allen Anwesenden eine kleine Verbeugung in Eleonoras Richtung. Alle auf der Plattform lassen ihre Hüllen fallen. Splitterfasernackt stehen sie da. Lonn lässt Eleonora nicht aus den Augen. Die wiederum weiß nicht, wo sie hinschauen und wie sie reagieren soll.

„Ganz ruhig, Schätzchen." Anees legt ihr die Hand auf den Arm. „Genieße den Anblick eines so schönen nackten Männerkörpers, der dir zudem auch noch zugewandt ist. Genieße es ruhig deutlicher, Eirik dreht fast durch auf seinem Stuhl. Du musst Lonn nur leicht anlächeln und ihm zunicken."

Eleonora ist ein wenig schwindelig, aber sie tut, was Anees ihr geraten hat. Sie beobachtet, wie Lonns Brust vor

Stolz schwillt. Dann begeben sich alle auf der Plattform in die Hocke und verwandeln sich in Falken.

Abgefahren!

Direkt an der Plattform öffnet sich ein Tor und alle Falken fliegen hinaus.

„Anees, mir ist schwindelig."

„Kein Wunder, das kommt von deinem Trinkeifer. Als Nächstes wird dir schlecht werden."

„Anees, bitte sag mir, was macht Eirik?"

„Schätzchen, Eirik starrt dich an. Wie übrigens fast alle hier im Saal. Lonns Gestik war sehr eindeutig."

Oh.

„Siehst du die Türen hinter uns?", fragt Anees.

Eleonora dreht sich um und sieht zwei Türen. „Ja, sehe ich. Warum?"

„Nun, wenn dir gleich schlecht wird, dann gehe bitte durch die linke Tür in den Damenwaschraum, dort kannst du das Zeug loswerden."

Eleonora sieht Anees schulterzuckend an.

Eine seltsame Spannung liegt in der Luft. Alle schauen jetzt zu der Plattform. Nach einer kleinen Ewigkeit kommen zwei Falken in einer unsagbaren Geschwindigkeit hereingeflogen. Jeder von ihnen hat einen Hasen in den Krallen. Die Menge im Saal jubelt. Zu ihrer eigenen Überraschung erkennt Eleonora die Falken. Es sind Lonn und Ares. Lonn hat ganz knapp gewonnen. Die beiden lassen ihre Beute fallen und stürzen sich darauf, um sogleich an dem Fleisch des jeweiligen Tieres zu reißen. Die Hasen bewegen sich noch. Eleonora erstarrt bei diesem Anblick.

Plötzlich kommen zwei weitere Falken hereingeflogen. Der eine hat einen Lemming in seinen Krallen und der andere ein Tier, das Eleonora nicht erkennen kann. Auch sie lassen ihre Beute fallen und stürzen sich darauf.

Währenddessen verwandelt sich Lonn zurück in seine menschliche Gestalt. Er hat Blut am Mund. Auch Ares verwandelt sich zurück. Beide bleiben noch in der Hocke. Ares nimmt den Hasen in die Hände und fängt an, mit ihren Zähnen an dem Tier zu reißen und das Fleisch herunterzuschlingen.

Eleonora wird vom Zuschauen übel. Ein kurzer Blick hinüber zu Eirik verrät ihr, dass er nicht die eigentliche Attraktion verfolgt, sondern dass er ihre Reaktion abwartet. Sie richtet ihre Aufmerksamkeit wieder auf die Plattform.

In der Zwischenzeit sind noch mehr Falken mit Beute zurückgekehrt. Auch Lonn in seiner menschlicher Gestalt macht sich weiter über den Hasen her.

Jetzt wird Eleonora speiübel.

Plötzlich steht Lonn auf. Er ist im ganzen Gesicht und an den Händen blutverschmiert und schaut Eleonora direkt in die Augen. Nackt, blutig und mit dem Beutetier in den Händen geht er auf Eleonora zu, sodass sie würgen muss. Ihr kommt der gesamte Mageninhalt hoch und sie schluckt ihn wieder runter.

Anees registriert das und ruft laut: „Huch, die Aufregung, mir ist so schummrig. Kind, bitte bringe mich in den Waschraum." Mit diesem Satz hängt sie sich an Eleonora und beide wenden sich der linken Tür zu. Für alle Beteiligten sieht es so aus, als würde Eleonora die alte Dame stützen, doch tatsächlich ist es genau umgekehrt.

Sie lässt alles raus und muss sich mehrmals übergeben. Beim wiederholten Würgen laufen ihr Tränen über das Gesicht.

Oh nein, die Schminke!

Sie spült und springt schnell zum Spiegel.

Nichts, nichts verschmiert. Nur meine Augen sind knallrot.

„Keine Sorge, dein Entleeren konnte deiner Schönheit nichts anhaben. Hier, trink reichlich Wasser." Anees dreht den Wasserhahn auf.

Eleonora beugt sich hinunter und trinkt wie eine Verdurstende. Als sie fertig ist, schaut sie zu Anees, die zu lachen beginnt. Das Lachen ist so ansteckend, dass kurz darauf auch Eleonora lacht. Schließlich lachen sie Tränen und können sich kaum beruhigen.

„Schätzchen, du weißt schon, dass mich Lonn für immer und ewig hassen wird."

Jetzt lachen beide noch mehr.

„Ach, Anees", Eleonora seufzt, „ich weiß gar nicht, wie ich dir danken soll. Wie oft hast du mir heute schon die Haut gerettet?"

Anees zuckt mit den Schultern. „Ich mag dich eben. Und ich helfe dir gleich noch mal. Wir gehen jetzt gemeinsam zurück und ich entschuldige mich bei Lonn. Dann habt ihr zwei die Gelegenheit, euch ungestört zu unterhalten. Selbstverständlich sorgen wir dafür, dass Eirik das mitbekommt. Glaube mir, das ist der einzige Weg, der einen Sturkopf wie ihn zur Besinnung bringt."

Eleonora lässt sich auf das Spiel ein. Sie prüft nochmals ihr Äußeres und ist zufrieden. Immer noch sitzt alles perfekt.

Das Zeug ist unverwüstlich, ich werde es mitnehmen müssen.

Anees hält Ausschau nach einem Diener mit einer der begehrten Platten, nimmt sich ein Häppchen und reicht es Eleonora. „Iss das, es wird dir guttun."
Eleonora nimmt das Häppchen und beißt hinein.
Gerade als sie das letzte Stückchen herunterschluckt, steht Lonn hinter ihr. „Mein frisches Fleisch wäre sicher besser gewesen."
Eleonora dreht sich zu ihm um.
Bin ich froh, dass er wieder angezogen ist und dass er sich das Blut aus dem Gesicht gewaschen hat.
Lonn steht ganz nah bei ihr und berührt sie fast mit seinem Körper. Er holt tief Luft. „Hm, ich dachte mir schon, dass du herrlich duftest."
Eleonora weicht einen Schritt zurück, diese Nähe ist ihr nicht geheuer. „Freut mich, dass Sie eine so erfolgreiche Jagd hatten, Lonn aus dem Hause Frant."
„Das habe ich für dich gemacht. Ich hatte gehofft, du würdest etwas von meiner Beute probieren, aber jetzt ist der Hasenkörper schon kalt und das Fleisch hat an Qualität verloren."
Ach herrje. Bedeutet das etwa etwas, wenn man von der gleichen Beute isst?
Als ein Diener mit einer Platte vorbeiläuft, greift sich Eleonora schnell ein weiteres Häppchen. Das vorherige hat ihr richtig gutgetan. „Nun gut, dann esse ich noch etwas hiervon", sagt sie. „Aber danke, Lonn aus dem Hause Frant, dass Sie mir etwas von Ihrer Beute abgeben wollten."
„Eleonora, du bist niedriger als mein Rang, aber das macht mir nichts aus. Bitte sprich mit mir nicht so förmlich, denn das gibt mir das Gefühl, dass ich dir lästig bin."

Hinter Lonn befindet sich eine Glastür und Eleonora entdeckt, dass sich der ganze Saal darin spiegelt. Sie sieht, wie Eirik sie beide beobachtet. „Entschuldige, Lonn, ich wollte dir gegenüber nur höflich sein. Selbstverständlich können wir uns auch lockerer unterhalten." Eleonora lächelt Lonn an, der daraufhin erleichtert aufatmet.

Er scheint ein netter Kerl zu sein und ich glaube, dass sich viele Damen um ihn reißen würden. Aber trotz seiner Attraktivität löst er in mir nichts, aber auch absolut gar nichts aus.

Anees hat die ganze Zeit stumm neben ihnen gestanden. Sie lächelt und sagt: „Kinder, ich könnte etwas frische Luft vertragen. Würdet ihr mich bitte hinaus begleiten?", und hakt sich bei Eleonora und Lonn ein.

Lonns Augen hellen sich auf.

„Aber gern, Anees aus dem Hause Korin." Er öffnet die Glastür und lässt zuerst die Damen nach draußen gehen.

Sie befinden sich nun auf einem ziemlich großen Balkon. Eleonora entdeckt mindestens fünf überdachte Bänkchen. Perfekte kleine Sitznischen.

Anees setzt sich auf die Bank in der erste Nische. „Ach, was für eine herrlich, klare Luft hier draußen doch ist", sagt sie, lehnt sich nach hinten und schließt die Augen.

Lonn und Eleonora sind stehen geblieben. Lonn führt sie zum Balkongeländer und Eleonora schaut hinunter. Sie erkennt nicht viel, nur dass es sehr tief ist. Dann schaut sie hinauf zu den Sternen. Sie ist überrascht, dass der Nachthimmel hier nicht nur einen, sondern zwei Monde hat. Das hatte sie in der ersten Nacht nicht bemerkt.

„Die Sterne sehen aus wie bei mir zu Hause", flüstert sie.

Lonn schaut sie überrascht an. „Ich verstehe dich nicht, Eleonora. Dachtest du, im Süden sehen die Sterne so viel anders aus als im Norden?"

„Nein, ich wollte damit sagen, dass es beruhigend ist, etwas zu sehen, das einem bekannt vorkommt."

Lonn nickt. „Ich verstehe. Du bist hier allein und fühlst dich einsam."

Mist, ein bellangloseres Gespräch schaffe ich mit ihm wohl nicht.

Hilfe suchend schaut sie zu Anees.

„Ich glaube, sie ist eingeschlafen", sagt Lonn, der ihren Blick bemerkt hat.

„Ja, das kann sein", stimmt Eleonora zu.

Lonn holt tief Luft. „Eleonora, ich bin froh, dass ich kurz mit dir allein reden kann."

Oh nein, was kommt jetzt?

Eleonora schluckt.

„Ich weiß nicht, wie ich anfangen soll, daher sage ich dir ganz einfach, wie ich mich fühle."

Eleonora schluckt erneut.

„Du bist in den Raum gekommen und es ist um mich geschehen. Ich bin sicher nicht der Einzige, dem es so geht, deshalb habe ich wahrscheinlich auch den Drang, dich sofort für mich zu gewinnen. Den ganzen Abend versuche ich schon, mich dir zu nähern. In meinen Augen verkörperst du alles, absolut alles, was eine Avesfrau haben muss. Du bist bildschön, anmutig, stolz, mutig und intelligent. Wenn du noch niemandem versprochen bist, so bitte ich dich hiermit, die Meine zu werden."

„Was?" Eleonora möchte gern schlucken, aber ihr Hals ist wie zugeschnürt. „Wie? Du ... du machst mir doch hier nicht gerade einen Heiratsantrag, oder?"

„Warum nicht, Eleonora?"

„Du ... du kennst mich doch gar nicht, ich meine, die Dinge, die du aufgezählt hast, sind doch nur Oberflächlichkeiten."

Lonn protestiert: „Ich kenne dich genug. Du hast ein gutes Herz, sonst wärst du nicht so nett und hilfsbereit zu der alten Dame. Mir ist absolut klar, dass Schönheit allein nichts bringt. Schau dir doch meine Cousine Ares an. Bildschön ist sie, dabei aber eiskalt. Ihr Verlobter kann einem nur leidtun."

„Aber du weißt doch sonst nichts von mir."

„Zugegeben, ich hätte dich gern bei der Jagd dabeigehabt. Es wäre mir ein Vergnügen gewesen, deinen Körper in voller Pracht zu sehen. Aber das macht nichts. Ich bin überzeugt davon, dass wir gut zusammenpassen. Manche gehen eine Ehe ein und haben viel schlechtere Voraussetzungen."

„Lonn, ich bin wirklich gerührt und du bist ein sehr gut aussehender Avesmann, aber ich kenne dich nicht."

„Bitte glaube mir, Eleonora, dir würde es bei mir – mit mir – gut gehen. Bitte sag ja, ich weiß einfach, dass du die Richtige für mich bist."

Auf einmal hören sie Anees sprechen. „Prinz Eirik, du hast mich vielleicht erschrocken. Magst du dich ein wenig zu einer alten Freundin setzen?"

Eirik beachtet Anees gar nicht, sondern hält direkt auf Lonn und Eleonora zu.

Er ist wütend!

„Lonn aus dem Hause Frant, mein Vater wünscht Sie zu sprechen. Es geht um die Siegerehrung für den Beuteflug."

Lonn zögert.

„Bitte sofort", drängt Eirik ihn. „Sie sind der Einzige, der noch fehlt."

Lonn schaut noch einmal zu Eleonora, nickt ihr einen Gruß zu, wendet sich ab und geht in Richtung Saal.

Anees springt auf. „Warten Sie, Lonn, nehmen Sie mich bitte mit hinein!"

„Was treibst du hier für ein Spiel?"

„Ein Spiel? Was für ein Spiel?"

„Was soll die Aufmachung?"

„Wovon redest du, bitte?"

„Du ... du ziehst dich an auf eine Weise, dass jeder Mann den Verstand verliert. Dazu deine Haare, dein Duft – einfach alles." Eiriks Stimme wird eine Spur sanfter. „Eleonora, was machst du nur?" Er nimmt ihr Gesicht in seine Hände.

Als würde er sie magisch anziehen, schließt sie die Augen und öffnet leicht den Mund. Ganz sanft fährt Eirik mit seinem Zeigefinger über ihre Lippen. Dann küsst er sie. Er küsst sie voller Leidenschaft und sie saugt ihn auf. Sie legt ihre Arme um seinen Hals und erwidert seinen Hunger.

Plötzlich drückt er sie von sich weg. „So ist das mit dir!"

Eleonora ist völlig verwirrt. Fragend schaut sie ihn an.

„Jetzt habe ich die Erkenntnis."

„Welche Erkenntnis, wovon redest du?"

„Du nimmst alles, was sich dir anbietet. Kaum ist der eine weg, nimmst du gleich den nächsten."

Eleonora ist tief getroffen. Sie überlegt nicht lange, holt aus und verpasst Eirik eine feurige Ohrfeige.

Wütend schaut er sie an. „Dafür könnte ich dich einsperren lassen."

„Warum denn nur einsperren? Du könntest mich auch auspeitschen lassen. Vielleicht bringt dich deine Zukünftige noch auf den Geschmack." Eleonora dreht sich um und läuft zur Glastür. Nach ein paar Schritten bleibt sie stehen und dreht sich zu Eirik um. „Auch ich habe jetzt die Erkenntnis. Die Erkenntnis nämlich, dass mein erster Eindruck von dir der richtige war. Arschloch bleibt Arschloch!" Sie hebt den Kopf, schiebt ihr Kinn nach vorn und begibt sich in den Saal.

Die Siegerehrung ist in vollem Gange. Trotzdem entdeckt sie Lonns Blick. Er muss wohl die ganze Zeit auf die Tür geschaut und darauf gewartet haben, dass sie wieder reinkommt.

Langsam kommt Anees auf sie zu. „Schätzchen, Männer sind und bleiben Sturköpfe. Man muss nur verstehen, wie man mit ihnen umgehen soll."

„Ach, Anees, jetzt ist alles aus."

„Abwarten, Schätzchen, abwarten."

„Sag mal, muss ich als des Königs Begleitung bis zum Schluss mit ihm hierbleiben?"

„Nein, du kannst ruhig in deine Gemächer gehen. Ich habe ihm schon gesagt, dass du zwei Robs getrunken hast und dich nicht wohlfühlst."

Eleonora nimmt Anees in den Arm. „Wer auch immer dich zu mir geschickt hat, danke! Danke, dass du heute für mich da warst, Anees."

Anees tätschelt Eleonoras Schulter. „Schon gut. Wir unterhalten uns die Tage. Schließlich will ich Einzelheiten wissen. Und jetzt kümmere ich mich um Lonn."

Eleonora lächelt und verabschiedet sich. Eilig huscht sie durch die Doppelflügeltür, durch die sie in den Saal hereingekommen ist. Sie eilt zu dem Aufzug und begibt sich nach oben. Den Gang erkennt sie dank der Bilder sofort. Sie rennt, sie will nur noch in ihr Zimmer.

Als sie die Tür hinter sich geschlossen hat, bleibt sie stehen. Im Zimmer ist es still. Fahles Licht dringt von außen ins Dunkel. Langsam geht sie zum Fenster und berührt das Lichtwesen auf dem Fenstersims. Sofort erhellen sich alle Lichtwesen ganz leicht.
Es ist toll, wie die Lichtwesen auf meine Gefühle Rücksicht nehmen.
Auf dem Tisch entdeckt sie einen frischen Krug Wasser.
Den hat sicher Wela hingestellt.
Sie geht hinüber und schenkt sich etwas zu trinken ein. Danach will sie ins Bad. Auf dem Weg dorthin öffnet sie die Sandalen und schlüpft aus ihnen heraus. Im Bad findet sie in einem Schälchen eine ölige Flüssigkeit, daneben einen Zettel. Obwohl es wieder diese fremdartigen Zeichen sind, kann Eleonora die Nachricht lesen: „Wasche damit das Gesicht, so geht die Farbe um die Augen weg."

Hinter dem Schälchen liegen ein Zahnreinigungsblatt und ein frisches Stöckchen.
Wela, du bist einfach ein Schatz.
Eleonora schnuppert an der Flüssigkeit. Ihr Geruch ist neutral. Sie taucht ihren Zeigefinger in das Schälchen und reibt die Flüssigkeit zwischen Zeigefinger und Daumen. Dann riecht sie noch einmal dran. Noch immer entwickelt sich kein besonderer Duft. Sie schüttet sich etwas von der Flüssigkeit in ihre linke Handfläche, lehnt die rechte Hand

gegen die linke und betrachtet, wie die Flüssigkeit beide Handflächen benetzt. Ihr ist nicht wohl bei dem Gedanken, sich etwas so Öliges ins Gesicht und vor allem in die Nähe der Augen zu schmieren. Sie atmet tief ein und aus und traut sich schließlich doch. Es fühlt sich warm an. Rund um die Augen, die sie nun geschlossen hat, reibt sie kräftig, dreht den Wasserhahn auf und füllt ihre Hände mit Wasser, um sogleich das Gesicht abzuwaschen. Es erstaunt sie, wie leicht sich das ölige Zeug abwaschen lässt. Nach gründlichem Spülen traut sie sich, die Augen zu öffnen. Sie blinzelt in den Spiegel. Die schwarze Umrandung ist vollkommen weg. Zufrieden trocknet sie sich das Gesicht ab. Dann steckt sie sich das Blatt in den Mund und beginnt es zu kauen. Wieder ist sie von dem Frischegefühl, welches das Blatt im Mund hinterlässt, überrascht. Während sie darauf herumkaut, zieht sie die fremdartigen Haarklammern aus den Haaren. Langsam löst sich Strähne um Strähne. Als sie alle Klammern aus ihren Haaren gelöst hat, spuckt sie das kaugummiartige Blatt aus. Auf das Stöcken hat sie keine Lust. Sie schüttelt sie die Haare durch.

Was würde ich jetzt für mein Snoopy-Nachthemd geben. Aber hier habe ich ja gar kein Nachthemd und im Halischma mag ich heute Nacht nicht schlafen.

Vorsichtig öffnet sie den Metallgürtel. Beide Halischmas lösen sich voneinander und gleiten an ihrem Körper herunter. Eleonora nimmt sich ein großes Handtuch und wickelt es um ihren nackten Körper. Mit einem Knoten fixiert sie das Handtuch. Sie blickt in den Spiegel und muss unwillkürlich lächeln.

Hallo El, da bist du ja wieder. Die Frau von vorhin war mir fremd.

Sie bückt sich, hebt die Halischmas vom Boden auf und legt sie auf den Badewannenrand. Langsam geht sie zu einem der bodenlangen Fenster. Dabei entdeckt sie, dass es eine Tür ist. Sie öffnet diese und findet einen kleinen Balkon. Sofort tritt sie hinaus und atmet die frische, kühle Luft ein. Dabei schließt sie ihre Augen. Ein sanfter Wind weht ihr durch ihre Haare. Sie spürt ihn auch im Gesicht. Ihr fällt ein, wie sie mit Eirik geflogen ist. Ein wohliges Gefühl macht sich in ihr breit, doch dieses wird sogleich von einem anderen Gefühl verdrängt. Von einem Gefühl der Erkenntnis. Der Erkenntnis, ihn nie wieder so nah und so intensiv spüren zu dürfen. Sie öffnet die Augen und blickt zum Himmel. Sternenklar. Der Himmel ist wundervoll. Wieder trifft sie die Erkenntnis. Nämlich die, wie eng Freud und Leid beieinander liegen. Sie hat, seitdem sie Eirik über den Weg gelaufen ist, so viel Freude erfahren und gleichzeitig so viel Leid. Das meiste darf sie nicht einmal jemandem erzählen. Wie gern würde sie Tara anrufen, um ihr von den Portalen zu erzählen. Von der Trollpension. Von Eirik, dem Prinzen. Davon, wie toll, aber auch wie gemein er sein kann. So gern würde sie erzählen, dass sie die Begleitung eines echten Königs gewesen ist. Tara wäre stolz auf sie, wenn sie ihr Outfit gesehen hätte. Sie würde erfahren, dass Ares die schlimmste Giftschlange ist, der sie je begegnet ist. Tara würde sich köstlich über Lonns Annäherungsversuche amüsieren, noch mehr würde sie über Anees lachen. Eine alte Dame, die noch richtig Pfeffer im Blut hat. Aber es bringt nichts. Sie wird nichts von all dem hier erzählen dürfen. Wenn sie zurückkommt, wird sie einfach nur traurig sein. Traurig mit der Erkenntnis, den einzigen Mann, den sie jemals richtig begehrt hat, nie wiedersehen zu dürfen. Ihn nie wieder umarmen zu dürfen. Ihr bleibt nur die Erinnerung an den Geschmack seiner Lippen. Tränen füllen ihre Augen und ein dicker Kloß sitzt in ihrer Kehle. Sie schließt die Augen. Dabei rollen ihr die Tränen an ihrer Wange hinunter. Plötzlich spürt sie einen starken Windstoß. Dieser reißt sie aus ihrer Melancholie. Sie reibt sich die Augen und schaut sich um. Es ist richtig dunkel geworden. Sie sieht keine Sterne mehr. Wieder ein Windstoß. Eleonora muss sich am Balkongeländer festhalten. In der Ferne sieht sie Blitze. Blaue und grüne Blitze.

Oh, vielleicht ein Unwetter. Ja, warum nicht. Wenn es hier zwei Monde geben kann, können die Blitze durchaus auch blau und grün sein ...

Wieder blitzt es, aber diesmal weitaus näher. Sie hört einen ohrenbetäubenden Donner. Der Wind wird binnen Sekunden unerträglich stark. Sie tastet sich am Geländer entlang und geht schnell ins Zimmer. Nur mit Mühe gelingt es ihr, die Balkontür zu schließen. Erleichtert atmet sie aus. Sie dreht sich um, blickt auf und erschrickt.

„Eirik, was machst du hier?", fragt sie verwirrt.
Eirik steht an der Zimmertür. Er hält die Arme hinter seinen Rücken und schaut sie schweigend an.
„Eirik, was machst du hier?", wiederholt sie ganz sanft.
Er blickt kurz auf den Boden, dann schaut er sie wieder an. Sein Blick ist seltsam. „Eleonora, bitte schicke mich fort. Ich sollte nicht hier sein." Seine Stimme ist kratzig.
„Eirik, ich verstehe dich nicht."

„Ich verstehe mich selbst nicht. Seitdem ich dich getroffen habe, breche ich all meine Regeln. Bitte, El, bitte schicke mich fort!"

Von seinem Anblick gefesselt spürt Eleonora eine wohlige Aufregung. Sie will ihn nicht fortschicken. Ganz langsam geht sie auf ihn zu. „Warum sollte ich das tun?", fragt sie mit belegter Stimme.

„Ich habe zu viele Robs getrunken. Ich bin nicht mehr in der Lage, klar zu denken. Bitte, bitte schicke mich fort. Ich bin eine Gefahr für dich."

Auf keinen Fall will Eleonora seine Warnung hören. Sie öffnet den Knoten ihres Handtuches und lässt es auf den Boden gleiten. Dabei betrachtet sie seine Mimik. Sie sieht seine Augen aufblitzen und spürt förmlich seine Erregung. Sie erkennt genau, dass ihm gefällt, was er sieht.

„Ich will aber nicht, dass du gehst. Ich will nicht an morgen denken. Ich will nicht wissen, wer du bist und welches deine Verpflichtungen sind. Ich will einfach nur dich."

„Oh Eleonora, du weißt nicht, was du da sagst." Eirik löst sich von der Tür und geht mit animalischem Blick auf sie zu.

Ihr Herz rast.

Kurz vor ihr bleibt er stehen. „Eleonora, ich bitte dich noch einmal: Schicke mich fort! Ich habe nicht mehr die Kraft, mich gegen dich zu wehren." Er umfasst ihr Gesicht mit seinen Händen.

Wieder öffnet sie leicht den Mund und er streicht ihr mit seinem Daumen über die Lippen.

Ein leises Stöhnen entflieht ihrem Mund. Sie flüstert. „Ich werde dich nicht fortschicken. Nein, das werde ich nicht tun. Bitte, bitte küss mich. Bitte bleib hier. Ich will dich. Schenke mir die Erinnerung an eine gemeinsame Nacht als Liebespaar."

Eirik kann sich nicht mehr wehren. Er küsst sie. Er küsst sie, als würde sein Leben davon abhängen. Sie schmiegt sich in seine Arme, ohne dass sie aufhört, seine Küsse zu erwidern. Sie ertastet den Metallverschluss seines Halischmos. Öffnet ihn. Das Halischmo gleitet auf den Boden. Ihr fallen seine Worte ein: „Das Halischma passt sich deinem Körper genau an. Es wird nie jemandem etwas zeigen, das du nicht willst."

Dasselbe wird auch für das Halischmo gelten. Eirik will mich also. Er will mich so, wie ich ihn will.

Sie legt ihre Arme um seinen Hals. Er schlüpft aus seinen Schuhen und hebt sie hoch.

Der Inhalt dieser Seite
ist für Leserinnen und Leser
ab 18 Jahren.

Gern kann der Inhalt
unter der E-Mail-Adresse
aves@winterwork.de
separat erworben werden.

Der Inhalt dieser Seite
ist für Leserinnen und Leser
ab 18 Jahren.

Gern kann der Inhalt
unter der E-Mail-Adresse
aves@winterwork.de
separat erworben werden.

Der Inhalt dieser Seite
ist für Leserinnen und Leser
ab 18 Jahren.

Gern kann der Inhalt
unter der E-Mail-Adresse
aves@winterwork.de
separat erworben werden.

Der Inhalt dieser Seite
ist für Leserinnen und Leser
ab 18 Jahren.

Gern kann der Inhalt
unter der E-Mail-Adresse
aves@winterwork.de
separat erworben werden.

Der Inhalt dieser Seite
ist für Leserinnen und Leser
ab 18 Jahren.

Gern kann der Inhalt
unter der E-Mail-Adresse
aves@winterwork.de
separat erworben werden.

S wie Schluss

Eleonora wacht langsam auf. Sie will die Augen nicht öffnen. Sie fühlt sich glücklich. Aber sie hat Angst. Wenn sie die Augen öffnet, könnte sich herausstellen, dass alles nur ein Traum war. Doch sie spürt ihn neben sich. Sie spürt seine Umarmung. Sie hört ihn atmen. Sie lächelt. Ganz langsam macht sie die Augen auf. Es ist schon richtig hell. Und es ist still. Von dem Unwetter ist nichts mehr übrig, im Gegenteil, ein strahlend blauer Himmel lacht sie durch das Fenster an. Sie dreht den Kopf und sieht Eiriks Gesicht neben dem ihrem.

Er sieht so gut aus. „Gut" reicht nicht. Er sieht fantastisch aus. Er ist makellos. Perfekt. „Perfekt" beschreibt auch die letzte Nacht. Ich hatte ja keine Ahnung, zu welchen Gefühlen mein Körper in der Lage ist. Am liebsten würde ich Eirik gleich noch mal spüren wollen.

Eleonora kichert in sich hinein. Einige Zeit liegt sie regungslos da, damit sie ihn nicht weckt. Sie will sich nicht bewegen, damit die Situation so lange wie möglich anhält. Wenn da nur nicht ihre Blase wäre. Sie muss einfach aufs Klo. So unbemerkt wie möglich versucht sie sich aus seiner Umarmung zu lösen. Das gelingt ihr nur schwer. Jedes Mal, wenn sie sich bewegt, zuckt er. Zum Schluss hat er sie noch fester umarmt als zuvor.

Das wäre echt lustig, wenn ich nur nicht so dringend auf die Toilette müsste.

Als Eirik sich plötzlich auf die andere Seite dreht und sie loslässt, hüpft sie aus dem Bett und eilt ins Bad.

Auf der Toilette betrachtet sie wieder das Klopapier.
Es ist wirklich komisch. So komisch, dass diese fantastische Welt tatsächlich ganz normales Klopapier verwendet.
Sie tritt ans Waschbecken, um ihre Hände zu waschen, und lächelt über sich selbst. Über die Situation. Über das, was letzte Nacht geschehen ist. Einfach über alles. Sie nimmt das Stöckchen und lächelt auch darüber. Wieder kaut sie ein Ende an, bis eine kleine Bürste sichtbar wird. Mit den Fasern reinigt sie sich die Zähne. Sie spült den Mund und wäscht sich das Gesicht. Beim Abtrocknen betrachtet sie sich näher im Spiegel. Ihre Wangen sind leicht gerötet.
Bleibt das jetzt so?
Wieder lächelt sie. Sie schüttelt ihre Haare durch. Dann nimmt sie ein weiteres, großes Handtuch und wickelt es um ihren Körper.
Gut gelaunt kehrt sie in das Zimmer zurück. Zu ihrer Überraschung sieht sie, dass Eirik bereits wach ist. Er sitzt auf dem Bett. Sein Gesicht hat er in seinen Händen vergraben. Er hat auch sein Halischmo bereits angezogen. Ihr wird ganz anders zumute, als sie ihn so sieht. Sie erkennt, dass er nicht so glücklich ist wie sie.
Oh nein, wird er jetzt gleich wieder gemein zu mir?
„Guten Morgen, Eirik."
Er hebt seinen Blick. Er sieht zerknirscht aus, als er fragt: „Es war kein Traum, richtig? Wir haben miteinander geschlafen, oder?"
Eleonora spürt einen dicken Kloß in ihrer Kehle. Das, was für sie der bisher schönste Moment in ihrem Leben war, hat er vergessen. „Du erinnerst dich nicht mehr?", fragt sie mit gebrochener Stimme.

„Natürlich erinnere ich mich. An jedes Detail. Aber es hätte niemals geschehen dürfen."

Nachdem er das gesagt hat, kann Eleonora den Begriff „seelische Ohrfeige" endlich richtig einordnen. Sie hat soeben eine solche erhalten. Mit trotziger Miene verschränkt sie ihre Arme vor dem Körper. „Hör zu, Eirik. Ich hatte dich nicht gebeten, in mein Zimmer zu kommen. Allerdings hatte ich dich später gebeten zu bleiben. Wie ich sehe, bereust du diese Entscheidung. Ich bereue sie nicht. Aber keine Sorge, ich halte dich nicht von deinen Hochzeitsplänen ab. Ich bin eine erwachsene Frau, ich kann mit so etwas umgehen. Geh du deiner Verpflichtung nach und vergiss diese Nacht einfach. Für dich bin ich ja doch nur eine von vielen. Dann ist es das Beste, wenn ich dich als einen guten One-Night-Stand in Erinnerung behalte."

„Warum redest du so? Ich bin doch für dich der erste Mann, mit dem du intim zusammen warst. Das habe ich gespürt."

„Eirik, was willst du von mir? Ich lasse dir doch alle Freiheiten, die du brauchst, damit du dein Leben führen kannst. Wenn ich erst mal wieder weg bin, vergiss mich einfach."

„Du verstehst nicht, Eleonora." Eirik ist die Verunsicherung ins Gesicht geschrieben. „Wir haben nicht verhütet. Du könntest in anderen Umständen sein."

Eleonora verdreht die Augen. „Ach, das quält dich also. Ein ungewolltes Kind. Das braucht dich nicht zu quälen. Es gibt so viele alleinerziehende Mütter, ich würde das auch ohne dich schaffen. Selbst in diesem Fall würde ich von dir nichts wollen. Du brauchst es niemandem zu sagen und du brauchst auch nichts zu bezahlen. Ich benötige dein Geld nicht." Eleonora macht eine kurze Pause, bevor sie weiterspricht. „Gibt es hier so etwas wie die Pille danach? Wenn ja, dann schlucke ich das, dann gibt es für dich überhaupt kein Problem."

„Eleonora, du weißt wieder einmal nicht, was du redest."

„Ach nein? Aber du weißt es, oder wie?"

Eirik steht auf und geht langsam auf Eleonora zu. Sie will das nicht. Sie presst ihre Arme noch enger an ihren Körper und geht einen Schritt zurück. Eirik lässt sich davon nicht beeindrucken. Noch ein paar Schritte, und er ist bei ihr. Er nimmt sie in den Arm und drückt sie so fest, dass sie kaum noch Luft bekommt. Zunächst wehrt sie sich, doch irgendwann gibt sie ihre abweisende Haltung auf und legt ihre Arme um ihn.

„Eirik, ich verstehe dich nicht."

„Ich weiß." Er nimmt ihr Gesicht in seine Hände und schaut sie an. Mit zittriger Stimme beginnt er zu sprechen. „Vielleicht habe ich dich letzte Nacht getötet."

Eleonora schaut ihn verwirrt an. „Was redest du da? Ich fühle mich sehr lebendig."

„Ja, noch", erwidert Eirik kaum hörbar.

„Was willst du mir damit sagen, Eirik?"

„Dass du zu schwach bist für mich. Du bist ein Mensch und ich bin ein Aves. Ein Mensch kann kein Aveskind bekommen."

„Warum nicht?"

„Das Aveskind braucht sehr viel Kraft, und die holt es sich. Weißt du noch, wie ich dir erklärt habe, dass schwangere Avesfrauen nicht fliegen dürfen? Sie dürfen es nicht, weil sie all ihre Energie für die Geburt aufsparen müssen. Während das Aveskind geboren wird, holt es sich genau diese Kraft. Eine Avesfrau kann ihre Energie während der Schwangerschaft speichern und diese dann bei der Geburt auf das Aveskind übertragen. Das ist einem Menschen aber nicht möglich." Eirik hält kurz inne, dann fährt er fort. „Ich habe meine Mutter getötet. Sie war ein Mensch und bei der Geburt habe ich sie getötet." Tränen füllen seine Augen.

„Ein Mensch?", wiederholt Eleonora.

„Ja, ein Mensch. Und ich bin schuld an ihrem Tod, und wenn ich nun dir das gleiche Schicksal bereitet haben sollte, dann könnte ich mit dieser Schuld nicht leben. Verstehst du, Eleonora? Ich liebe dich so sehr, dass ich lieber auf dich verzichte, als dass du durch eine Schwangerschaft von mir getötet wirst."

Eleonora hört seine Liebeserklärung wie ein Echo: „Ich liebe dich ..."

Beide schweigen einige Sekunden lang, bis Eleonora sich wieder fängt und ihre praktische Seite die Oberhand gewinnt. „Okay, okay, lass uns mal logisch an die Sache herangehen. Habt ihr denn so etwas wie die Pille danach oder irgendetwas in der Art? Ich meine, es werden doch sicher auch andere Frauen ungewollt schwanger."

„Wenn die Zellteilung bei einem Aveskind begonnen hat, kann es nichts mehr aufhalten, ohne dabei auch das Leben der Mutter zu opfern."

Allmählich beginnt Eleonora Eiriks Verhalten zu verstehen. Sie begreift nun, warum er immerzu betont hat, sie sei zu schwach für ihn.

„Hat dein Vater nicht gewusst, was mit deiner Mutter geschehen wird, falls sie schwanger wird?"

Eirik räuspert sich. „Doch, sie wussten es. Es gibt eine Avesblume. Wenn man meiner Mutter deren Nektar während der Geburt verabreicht hätte, dann hätte sie es überleben können. Aber sie haben die Avesblume nicht gefunden. Du musst wissen, sie wächst nur alle hundert Jahre und blüht nur drei Mal."

„Das klingt ja schrecklich!" Fieberhaft sucht Eleonora nach einer Lösung. „Vielleicht bin ich ja auch gar nicht schwanger", sagt sie und stellt gleich die nächste Frage: „Habt ihr so etwas wie einen Schwangerschaftstest? Am besten einen Frühschwangerschaftstest?"

„Da könnte uns unser Seher helfen. Der sieht, ob du schwanger bist oder nicht." Eirik zieht Eleonora näher zu sich heran. „Es tut mir leid, Eleonora. Es tut mir so leid, dass ich die Kontrolle verloren habe und dass ich mich von meinem Verlangen habe hinreißen lassen. Nichts, aber auch wirklich gar nichts, rechtfertigt ein so unverantwortliches Verhalten. Es wird nie wieder geschehen, es darf nie wieder geschehen."

„Ach, Eirik, rede nicht so. Es war die schönste Nacht in meinem Leben und ich möchte die Erinnerung daran nicht missen. Wie gesagt, vielleicht bin ich ja gar nicht schwanger, und wenn doch, dann suchen wir eben diese Blume. Wir schaffen das. Irgendwie." Sie schmiegt sich an ihn.

Na klar schaffen wir das. Neben deiner Hochzeit und deiner Hochzeitsnacht. Nicht zu vergessen neben deiner liebreizenden Frau, die uns dabei sicher unterstützen wird. Wer weiß, vielleicht gibt es auch ganz nebenbei einen Krieg. Da ist doch so etwas, wie eine seltene Blume zu finden, die nur alle hundert Jahre wächst, das reinste Kinderspiel. Unsere Vorgänger haben es schließlich auch geschafft. Ha, ha, ha, selten so gelacht, El!

Eng umschlungen stehen sie da. Keiner will den anderen loslassen. Als es an der Tür klopft, haben sie keine andere Wahl. Eleonora geht zur Tür und öffnet. Es ist Wela.

„Guten Morgen, Eleonora. Gut, dass du wach bist. Ich hatte schon Sorge, dich im Schlaf zu stören. Dein Auftritt gestern war mehr als gelungen. Die ganze Dienerschaft zerreißt sich das Maul über die neidischen Blicke von Ares aus dem Hause Lakes." Wela spricht ohne Punkt und Komma, bis sie Eirik im Zimmer entdeckt. Sie verstummt augenblicklich und richtet ihren Blick auf den Boden. „Ich bitte vielmals um Entschuldigung, Prinz Eirik. Ich wusste nicht, dass Sie anwesend sind."

„Hat man dir beigebracht, so respektlos mit unseren Gästen zu reden?", fragt Eirik streng.

Wela ist die Situation sichtlich unangenehm. Sie lässt den Blick gesenkt und sucht nach den passenden Worten.

Aber Eleonora greift ein. „Lass sie, Eirik. Wela trifft keine Schuld."

„Misch dich nicht ein. Hier gibt es klare Regeln, wie unsere Dienerschaft mit uns und unseren Gästen umzugehen hat."

„Deine oder von mir aus auch eure Regeln interessieren mich nicht. Ich habe Wela darum gebeten, mich als Freundin zu sehen."

„Du freundest dich mit der Dienerschaft an?"

„Was geht es dich an, mit wem ich mich anfreunde?"

„Es gibt Regeln, Eleonora, und du bist Gast hier, also halte dich bitte an die Regeln."

„Ich bin kein freiwilliger Gast und ich werde niemanden von oben herab behandeln, nur weil du es gern möchtest." Sie tauschen wütende Blicke aus.

„Eleonora, ich will mich mit dir nicht streiten. Wir vergessen diese Sache einfach hier und ich hole dich später, damit wir zum Seher gehen können. Vorher muss ich jedoch dringend zu meinem Vater. Der erwartet mich sicher bereits. Was dich angeht, Wela, verhalte dich bitte angemessen." Eirik schaut Wela streng an.

Wela nickt und macht einen kleinen Knicks.

„In Ordnung", sagt Eleonora, „ich will mich mit dir auch nicht streiten, Eirik. Ich warte hier auf dich."

Eiriks Augen blitzen ärgerlich, als er sich erneut an Wela wendet: „Wie gesagt, ich bitte um ein angemessenes Verhalten." Er wird laut. „Und du, Eleonora, widersprich mir nicht ständig. Das steht dir nicht zu."

Wela steht zwischen den beiden. Aus Angst aufzufallen hat sie die Luft angehalten.

Eleonora lächelt, verschränkt die Arme und schaut Eirik eindringlich an. „Treib es nicht auf die Spitze!" Ihre Stimme spricht eine andere Sprache als ihre Augen. „Sieh es bitte ein, dass du mir nicht vorschreiben kannst, was ich zu tun oder zu lassen habe."

Eirik schüttelt missbilligend den Kopf. „Wie gesagt, ich hole dich später hier ab." Er schnaubt durch seine zusammengepressten Zähne. Als Eleonora nickt, verlässt er das Zimmer.

Eleonora gibt der Tür einen Schubs, sodass sie laut polternd hinter ihm ins Schloss fällt.

Wela zuckt zusammen, bleibt jedoch wie angewachsen stehen und rührt sich nicht weiter.

„Wela, komm schon, lass dich von dem nicht so einschüchtern."

Wela schaut Eleonora mit großen Augen an. „Aber das ist doch unser Prinz. Mein Herr. Er sorgt für mich. Durch ihn habe ich ein Dach über dem Kopf, ich habe was zu essen und Kleidung. Er und König Okor sind dafür bekannt, dass sie die beste Dienerschaft haben und dass sie am besten für sie sorgen. Auch im Krankheitsfall lassen sie keinen von uns im Stich. Das Einzige, was sie verlangen, ist Gehorsam. Sie sind wirklich sehr gütig zu uns."

Oh, das wusste ich nicht.

„Du meinst, ich war zu streng zu ihm?"

Wela zuckt mit den Schultern. „Ich habe noch nie jemanden so mit ihm reden hören."

Eleonora beschleicht ein schlechtes Gewissen. „Ach, Wela, weißt du, ich will einfach nur Gerechtigkeit. Ich kann es nicht leiden, wenn jemand ungerecht behandelt wird."

„Aber er behandelt doch niemanden ungerecht."

„Wie dem auch sei, bitte verhalte dich mir gegenüber so wie gestern. Ich möchte nicht, dass du dich in meiner Gegenwart unterwürfig verhältst."

„Darf ich etwas vorschlagen?", fragt Wela unsicher.

„Natürlich darfst du."

„Wenn wir allein sind, sind wir Freundinnen, und sobald noch jemand im Raum ist, bin ich Dienerin und du Herrin. Einverstanden?"

Eleonora überlegt kurz. Sie will nicht, dass Wela, ihretwegen Ärger bekommt. „Einverstanden."

Erleichtert lächelt Wela. „Darf ich dir dein Frühstück bringen?"

Eleonora nickt. „Leistest du mir denn beim Frühstücken Gesellschaft?"

„Ich kann gern anwesend sein. Aber mitessen darf ich nicht."

„Ach so. Gut, dann machen wir es so." Eleonora schaut sich suchend im Raum um. „Weißt du zufällig, wo mein Haargummi ist? Eine Haarbürste wäre auch toll."

Ohne die Frage zu beantworten, sagt Wela: „Wenn es für dich in Ordnung ist, helfe ich dir nach dem Frühstück mit deinen Haaren."

Eleonora muss sich erst daran gewöhnen, so verwöhnt zu werden. Als Wela das Zimmer verlässt, nutzt sie die Zeit, um ihr Halischma anzuziehen. Sie legt das Metallstück an ihre Stirn und stellt sich die Form vor, die sie bei der Flucht getragen hat. Das Halischma formt sich entsprechend an ihrem Körper. Sie bückt sich nach ihren Sneakers. Die Socken kann sie unmöglich noch mal anziehen. Sie sucht die Sandalen vom Vorabend und zieht diese an. Die Socken weicht sie in warmem Wasser im Waschbecken ein. Als sie aus dem Bad kommt, ist Wela bereits zurückgekehrt und deckt den Tisch. Sie hat alle möglichen Leckereien mitgebracht. Natürlich auch frische Blaubeeren.

„Das sieht wunderbar aus, danke, Wela." Eleonora setzt sich hin, um zu frühstücken. Obwohl sie keinen Hunger hat, lässt sie sich von den Leckereien verführen und beginnt zu essen. Sie findet fremdartige Früchte auf dem Tablett. Da sie schon immer gern Neues probiert hat, isst sie auch diese Früchte und ist begeistert von deren Geschmack. Sie schaut hinüber zu Wela und sieht, dass diese sie ebenfalls anschaut. Eleonora hört auf zu kauen. „Wela, was ist denn los? Du schaust mich so sonderbar an."

Unsicher wippt Wela von einem Bein aufs andere. „Ich würde dich gern etwas fragen."

Schulterzuckend kaut Eleonora weiter. „Dann frag doch."

Wela reißt die Augen auf. „Hast du ... ich meine ... hat der Prinz ... habt ihr zusammen die Nacht verbracht?"

Eleonora stellt das Kauen ein und blickt in Welas neugierige Augen.

Mist, was sage ich ihr jetzt? Ich mag sie und ich glaube, ich kann ihr vertrauen, aber sie ist von der Dienerschaft. Herrgott noch mal, jetzt klinge ich schon wie Eirik. Aber kann ich denn so ein Detail einfach einer Dienstkraft mitteilen? Sagte sie nicht, alle aus der Dienerschaft würden sich schon das Maul zerreißen?

Wela bemerkt, dass Eleonora nachdenkt. „Ich weiß, dass meine Frage sehr indiskret ist, und ich verstehe es, wenn du mir darauf keine Antwort geben möchtest. Aber falls du Sorge hast, dass ich es weitertragen würde, dann sei dir bitte dessen gewiss, dass ich dein Vertrauen niemals ausnutzen würde. Keiner der Herrschaften hat mich jemals so herzlich behandelt wie du. Du hast dich sogar meinetwegen mit dem Prinzen angelegt. So ein besonderes Verhalten würde ich niemals durch Gerede beschmutzen."

„Wela, du bist wundervoll und ich vertraue dir." Eleonora steht auf und nimmt Wela in den Arm. „Ja, es ist tatsächlich passiert." Jetzt dreht sie sich um die eigene Achse, so wie Wela am Vorabend.

Wela hält sich die Hand vor den Mund und beginnt vor Aufregung auf und ab zu hüpfen. „Und? Wie war es? Ist er wirklich so ein toller Liebhaber, wie alle erzählen?"

Eleonora gerät ins Schwärmen. Sie ist überglücklich, endlich jemandem davon erzählen zu können. „Er ist noch viel besser. Ich hatte ja keine Ahnung, was man alles so fühlen kann."

Beide lachen.

„Wenn ich geahnt hätte, was du vorhast", Wela lächelt, „dann hätte ich dir eine Safa-Beere bereitgelegt. Oder hattest du eine dabei?"

Eleonora versteht nicht. „Safa-Beere?"

„Eleonora, du wirst dir doch wohl eine Safa-Beere gesteckt haben."

„Gesteckt?" Eleonora wird immer verwirrter.

„Du meine Güte, ihr aus dem Norden wisst aber viele Dinge nicht. Oder habt ihr vielleicht ein anderes Verhütungsmittel?"

„Verhütungsmittel?"

„Ja, die Safa-Beere steckt sich die Frau, na du weißt schon, unten rein. Sie bildet dann einen klebrigen Saft. Darin verfängt sich der Samen des Mannes. Später kommt alles von ganz allein wieder raus."

Eleonora schaut verlegen zur Seite.

„Oh nein, ich habt gar nicht verhütet!"

„Hör zu, Wela, das Ganze war nicht geplant. Es ist einfach passiert. Wir hatten wohl zu viele Robs getrunken."

„Jetzt verstehe ich, was der Prinz mit dir beim Seher will."

Eleonora zuckt mit den Schultern.

Wela schüttelt den Kopf. „Ich bin überrascht, der Prinz ist sonst in allen Angelegenheiten immer so gewissenhaft." Dann lächelt sie. „Wobei – es überrascht mich nicht. Er hat einfach den Verstand verloren wie alle Avesmänner auf dem gestrigen Fest. Für uns war es eine Wonne zu beobachten, wie Ares aus dem Hause Lakes ins Abseits geschoben wurde und alle nur Augen für dich hatten."

„War das so?"

„Und ob."

„Na ja, ich habe nur einen deutlich bemerkt", fügt Eleonora hinzu.

„Ja, Lonn aus dem Hause Frant. Der hat seinen Standpunkt sofort deutlich gemacht. Schließlich war er auf dem Fest nach König Okor und Prinz Eirik der ranghöchste Avesmann. Daher hat sich auch kein anderer mehr getraut, dir näher zu kommen, so deutlich war Lonn aus dem Hause Frant."

„Oh, ich wusste nicht, welchen Rang Lonn hat." Eleonora räuspert sich.

Wela grinst. „Also, als er dir seine Beute anbot, dachte ich, er würde gleich um deine Hand anhalten."

Eleonora muss lächeln. Um es zu verbergen, beißt sie sich auf die Unterlippe.

Wela entgeht das nicht. „Nein, das ist jetzt nicht wahr! Er hat um deine Hand angehalten?" Ihre Stimme quietscht regelrecht.

Als Eleonora nickt, fasst sich Wela an den Kopf und fängt an zu lachen. Eleonora stimmt in das Lachen ein.

„Ich muss schon sagen, du bist wirklich eine bemerkenswerte Frau. Du hast es geschafft, dass dir die begehrtesten und hochrangigsten Avesmänner aus der Hand fressen." Welas Stimme klingt nun wieder ernst. „Hast du angenommen?"

„Aber nein, wo denkst du hin? Ich kenne ihn doch gar nicht. Außerdem ..." Eleonora verstummt.

„Außerdem gefällt dir Prinz Eirik besser", beendet Wela den Satz.

Auch Eleonora hat aufgehört zu lachen. Sie heftet ihren Blick auf das Fenster und atmet tief durch. Dann sagt sie:

„Selbst wenn es so wäre, es macht ja doch keinen Unterschied. Er ist versprochen und wird Ares heiraten."

„Und ob es einen Unterschied macht."

„Was meinst du damit?"

„Du kannst doch mit ihm zusammenbleiben, selbst wenn er Ares aus dem Hause Lakes heiratet."

Eleonoras Blick ist fragend. Sie versteht nicht, was Wela ihr sagen will. „Was meinst du damit?"

„Also: So, wie ich den Prinzen heute erlebt habe, glaube ich, dass er auch etwas für dich empfindet. Dann bleibst du einfach hier als seine Geliebte."

„Ich soll was?"

„Ja, das ist doch bei den Adeligen nichts Besonderes. Keiner von denen heiratet aus Liebe, deshalb haben fast alle eine Geliebte."

„Ja klar, womöglich mache ich mit Ares noch einen Zeitplan, um abzustimmen, wann er in welches Bett darf."

„Da brauchst du keinen Zeitplan. Er wird sich mit Ares nur vereinigen, um einen Nachkommen zu zeugen. Sobald das erledigt ist, werden sie mit Sicherheit nicht mehr zusammenkommen. Die zwei können sich nicht ausstehen, das weiß jeder."

„Wela?" Eleonora kann nicht glauben, was sie gerade gehört hat. „Du glaubst doch nicht im Ernst, ich würde die Geliebte an seiner Seite spielen. Wer bin ich denn?"

„Genau, Eleonora. Wer bist du denn, dass du es nicht kannst?"

Eleonora traut ihren Ohren nicht. „Wie bitte?"

„Ja. Wer bist du, dass du es nicht kannst? Der Prinz hat seinem Volk gegenüber und auch dem Volk, welches dem Hause Lakes zugehört, eine Verpflichtung. Er kann keinen

Krieg riskieren. Und du darfst auch nicht so egoistisch sein."

Eleonora reißt ihre Augen auf. „Egoistisch?"

„Wem schadet das schon?" Wela zuckt mit den Schultern.

„Niemandem. Du kannst mit dem Mann, den du willst, zusammen sein. Und Prinz Eirik hat die Dame, die er will. Dem Volk wird es gut gehen. Alles gut."

„Alles gut?"

Wela wiegt den Kopf hin und her. „Na ja, eine Kleinigkeit gibt es schon noch zu beachten ..."

„Und welche Kleinigkeit soll das sein?"

„Du darfst keinen Nachwuchs von Prinz Eirik bekommen, sonst ist euer Leben in Gefahr."

„Na prima. Ares will mich bereits töten, und wenn ich jetzt auch noch schwanger sein sollte, dann hat sie sogar einen Grund mehr, es zu tun."

„Überleg es dir, Eleonora. Ich finde, es wäre keine schlechte Lösung. Dir würde es an nichts mangeln, du wärst versorgt. Soll ich dir jetzt die Haare machen?"

Eleonora nickt ergeben. Es hat ihr die Sprache verschlagen.

Wela plappert munter weiter. „Du könntest natürlich auch das Angebot von Lonn aus dem Hause Frant annehmen. Er ist ein stattlicher Avesmann. Bei ihm wärst du an erster Stelle und es würde dir ebenfalls an nichts mangeln."

Vor einigen Tagen war ich einfach nur Eleonora Bender, gern auch El genannt. Plötzlich bin ich in einer fremden Welt, umgeben von Aves und sonstigen Wesen. Der eine will mich heiraten, für den anderen soll ich die Geliebte werden, und vielleicht bin ich ja auch schwanger und werde daran sterben. Mir wird das langsam echt zu viel.

Als Wela mit Frisieren fertig ist, klopft es an der Tür.

Eleonora schaut Hilfe suchend zu Wela.

Die nickt ihr aufmunternd zu. „Das ist bestimmt Prinz Eirik. Biete dich ihm als Geliebte an. Gewiss wird er zustimmen." Wela geht zur Tür und öffnet sie. Es ist tatsächlich Eirik, der geklopft hat. Wela senkt den Kopf. „Prinz Eirik." Danach dreht sie sich zu Eleonora, den Kopf weiterhin gesenkt. „Herrin. Mit Ihrer Erlaubnis würde ich mich zurückziehen."

Eleonora erinnert sich an die Abmachung. „In Ordnung, Wela. Danke, ich brauch deine Dienste nicht mehr."

Wela macht einen kleinen Knicks und eilt an Eirik vorbei zur Tür hinaus.

Eirik tritt ein und schaut Eleonora prüfend an. Dann stellt er ihr eine Frage: „Tut es sehr weh?"

Eleonora schaut ihn überrascht an. „Was soll mir denn wehtun?"

„Na, ich frage mich, ob es dir gerade wehgetan hat, unsere Regeln zu befolgen."

Eleonora kneift die Augen zusammen. „Falls du hergekommen bist, um mit mir zu streiten, kannst du sofort wieder gehen."

Eirik lächelt und schließt die Tür. „Immer angriffslustig ... Nein, ich bin nicht hergekommen, um mit dir zu streiten. Im Gegenteil. Ich bin nur überrascht. Ich hätte nicht erwartet, dass du einlenkst, was das Verhalten der Dienerschaft gegenüber betrifft."

Eleonora ist verwirrt. Sie weiß nicht, ob sie sauer sein soll oder nicht. Sie lenkt vom Thema ab. „Können wir jetzt zum Seher gehen? Ich will endlich wissen, was Sache ist."

„Ja, das können wir. Das Problem ist nur, dass der Seher, sobald er dich berührt, wissen wird, dass du ein Mensch bist."

„Können wir ihm nicht trauen?"

Eirik presst die Lippen zusammen. „Das ist eine gute Frage, Eleonora. Welchem Seher beziehungsweise welcher Seherin können wir trauen? Sie sind uns zwar unterstellt und geben uns Ratschläge, sie befragen die Quelle des Lichts und erhaschen immer wieder einen Blick in die Zukunft, aber ob wir ihnen trauen können, das ist eine schwierige Frage. Manche Seher sind wirklich loyal, andere hingegen verfolgen eher eigene Ziele."

„Verstehe. Und wie wäre es, wenn wir einfach abwarten? Ich meine, irgendwann wird sich auf natürlichem Wege zeigen, ob ich schwanger bin oder nicht."

„Eleonora, das können wir nicht tun! Solltest du in anderen Umständen sein, dann müssten wir sofort mit der Suche nach der Avesblume beginnen. Und wir müssten meinen Vater sowie unsere Gäste aus dem Hause Lakes informieren."

„Oh, und was würde das dann bedeuten?"

„Der Erstgeborene wird auch gleichzeitig meine Nachfolge antreten. Falls du also ein Kind von mir unter deinem Herzen trägst, dann ist dieses Kind mein Nachfolger."

Eleonora begreift. „Das heißt, die Familie Lakes wäre nicht sehr erfreut darüber, richtig?"

„Ach, El, meine liebe unwissende El. Das käme einer Kriegserklärung gleich."

„Ich will das nicht. Ich will doch nicht, dass meinetwegen ein Krieg entsteht."

„Wille? Verstehst du denn noch immer nicht, wie zweitrangig der freie Wille in dieser Position ist?"

Eleonora ist fassungslos. „Gut, dann lass uns sofort zu diesem Seher gehen. Wo finden wir ihn?"

„Er ist im Haus der Seher. Dort sind alle Seher untergebracht."

„Wie viele habt ihr denn?"

„Nur einen, der uns unterstellt ist, aber unsere Gäste, die gestern bei uns waren, haben ihre eigenen Seher mitgebracht, und die befinden sich alle im Haus der Seher."

Eleonora wird nachdenklich. „Jeder Gast? Meinst du wirklich jeder?"

Eirik nickt.

„Auch Ares?", hakt sie nach.

Stirnrunzelnd antwortet Eirik: „Ja, auch Ares. Warum?"

„Eirik", Eleonora ist ganz aufgeregt, „erinnerst du dich an den Abend, als wir geflohen sind. Da wollte uns Granada etwas erzählen. Es hatte etwas mit Sakkara zu tun."

Eirik kneift die Augen zusammen.

„Ja, du hast recht. Granada erwähnte Sakkara und du sagtest, sie sei deine Tante. Ich verstehe das nicht. Was hast du mit Sakkara zu tun?"

„Hör zu, Eirik. Bitte organisiere ein Treffen mit Sakkara. Ich vertraue ihr."

„Bist du von Sinnen?" Eirik ist entsetzt. „Sakkara kann man ganz sicher nicht trauen. Sie ist die Seherin der Lakes."

„Bitte vertraue mir, Eirik. Ich weiß nicht, was Tante Sakkara ist und warum sie was macht, aber ich weiß ganz sicher, dass wir ihr vertrauen können. Sie war bei meiner

Geburt dabei. Sie begleitet mich schon durch mein ganzes Leben. Ich weiß einfach, dass sie nichts tun würde, was mir schaden könnte."

„Sie war bei deiner Geburt dabei?"

„Ja, meine Mutter hat mich bei einem Unwetter in einer Höhle entbunden und Tante Sakkara war zufällig dort. Sie hat meinen Eltern geholfen und seitdem sind sie eng mit ihr verbunden. Sie wird uns helfen, ganz sicher. Bitte, Eirik, bitte vertraue mir."

Eirik ist ratlos. „Ich verstehe es zwar nicht, aber du klingst so überzeugt, dass ich dir gern vertrauen möchte. Nur habe ich leider keine Ahnung, wie wir uns unbemerkt mit ihr treffen sollen. Wir können da nicht einfach hineinstolzieren und sie herausbitten. Das würde Fragen aufwerfen. Ungute Fragen."

„Aber ich weiß es."

Wieder runzelt Eirik die Stirn.

„Du? Du weißt, wie wir uns mit Sakkara treffen können?"

Als Eleonora stolz lächelt, werden Eiriks Gesichtszüge weich. „Was machst du nur mit mir?", fragt er sie versonnen, um sogleich wieder zum Thema zurückzukommen. „Also, was ist dein Plan?"

„Alle Gäste haben hier im Schloss übernachtet, richtig?"

„Ja. Mehr oder weniger. Die einen im Haupthaus, die anderen in den Nebenhäusern."

„Prima. Das heißt, Anees hat auch hier geschlafen. Kannst du mir ihr Zimmer zeigen?"

„Nein, Eleonora, denn ich weiß nicht, wo jeder einzelne Gast untergebracht ist."

„Gut, dann muss ich Wela fragen, die weiß das bestimmt. Aber du kannst mir sicher einen Stift und etwas Papier besorgen. Könnt ihr eigentlich die gute alte menschliche lateinische Schrift lesen?"

„Nicht alle können das. Nur die, die mit der Menschenwelt etwas zu tun haben. Warum fragst du?" Während Eirik mit Eleonora spricht, begibt er sich zu der Kommode neben der Tür. Er öffnet die oberste Schublade und holt einen Block sowie einen Kugelschreiber heraus.

„Jetzt bin ich aber enttäuscht." Wieder wundert sich Eleonora, wie ähnlich hier alles der Menschenwelt ist. „Ich dachte, du bringst mir ein Stück Leder und eine Feder mit Tinte."

Eirik reicht ihr den Block und den Stift und lacht. „Wenn dir das lieber ist, lasse ich es dir bringen. Aber ich muss zugeben, dass wir Aves gern mit euch Menschen Handel betreiben, weshalb wir die eine oder andere menschliche Sache hier im Avesreich haben."

Ja, genau, das Toilettenpapier zum Beispiel.

Eleonora lächelt und setzt sich an den kleinen Tisch. „Wo wäre denn ein guter Treffpunkt?", will sie wissen. „Ich meine, habt ihr hier so etwas wie ein öffentliches Café? Oder fällst du überall auf?"

Eirik atmet tief ein und aus. „Ja, ich falle überall auf, Eleonora. Wir müssen einen Ort ohne Zuschauer wählen. Am hinteren Ende des Schlossgartens gibt einen geschlossenen Pavillon. Ich zeige dir den Weg. Du läufst da sicher gute zwanzig Minuten. Sakkara hat es vom Seherhaus nicht ganz so weit. Ich fliege über einen Umweg hin, dann fällt es am wenigsten auf."

„Findet Sakkara den Pavillon?"

„Ja, es führt ein direkter Pfad vom Seherhaus dorthin. Außerdem kann sie sich in alle möglichen Köpfe einklinken. Schreibe ihr nur, wo sie hinkommen soll, und sie findet es ohne Wegbeschreibung."

Eleonora ist erstaunt. Während Eirik ihr über die Schulter schaut, schreibt sie:

Hallo Sakkara,
Bitte komme zum Pavillon am Ende des Schlossgartens. Es ist sehr dringend.
Danke.

„Ich unterschreibe bewusst nicht. Sakkara kennt meine Schrift." Sie faltet das Stück Papier und dreht sich zu Eirik um. „Bitte schicke Wela zu mir. Sie soll mir Anees' Zimmer zeigen. Den Zettel übergebe ich dann Anees, sie soll die Nachricht zu Sakkara bringen. Die alte Dame wird von allen unterschätzt und ich bin mir sicher, sie freut sich auf ein kleines Abenteuer. Und bevor du mich fragst: Ja, Anees kann man vertrauen."

Eirik legt Eleonora eine Hand auf die Schulter. Seine Berührung löst ein wohliges Ziehen in ihrem Unterleib aus. „Ob das eine gute Idee ist, weiß ich nicht. Da ich aber keine bessere habe, machen wir es so." Er nimmt die Hand von ihrer Schulter.

Sofort vermisst Eleonora die Berührung.

„Gut, ich schicke Wela umgehend zu dir. Am besten, du kommst, nachdem du bei Anees warst, hierher zurück. Dann verläufst du dich nicht. Gehe bitte zu dem Aufzug, der auch zum Festsaal führt. Du musst neununddreißig Etagen nach unten fahren, bis zum Erdgeschoss. Steige dann ab. Direkt vor dir siehst du den Ausgang nach draußen. Es ist eine Doppelflügeltür. Von dort führen mehrere Pfade weg. Du nimmst den ganz links außen.

Laufe immer geradeaus, dann kommst du direkt zum Pavillon."

„Ist das der gleiche Weg, den Sakkara nimmt?"

„Nein, Sakkara kommt von der anderen Seite."

„Hoffentlich verwechsle ich nichts, womöglich lande ich noch direkt bei Ares." Als Eleonora Eiriks ernste Miene sieht, stupst sie ihn. „Hey, das war nur Spaß! So orientierungslos, wie du vielleicht meinst, bin ich nicht." Sie steht auf und bemerkt, wie nah sie vor Eirik steht. Ein immer stärker werdendes Kribbeln durchflutet ihren Körper. Kurz glaubt sie, Eirik würde sie küssen, doch dann macht er einen Schritt nach hinten und verabschiedet sich.

„In Ordnung, Eleonora. Wie gesagt, ich beauftrage Wela, zu dir zu kommen." Mit diesen Worten öffnet er die Tür und verlässt den Raum.

Die Enttäuschung, die Eleonora jetzt fühlt, schmerzt. Ein Blick zu ihrem Bett verrät ihr, dass es bereits gemacht ist. Ihr ist gar nicht aufgefallen, wann Wela das getan hat. Am liebsten würde sie sich jetzt irgendwo verkriechen. Eine plötzliche Nervosität lässt ihre Hände feucht werden. Sie legt den Zettel auf die Kommode und geht ins Bad, um sich die Hände zu waschen. Währenddessen betrachtet sie sich im Spiegel. Erst jetzt entdeckt sie, wie wundervoll Wela ihr Haar geflochten hat. Als sie den Wasserhahn zudreht, hört sie es klopfen. Schnell trocknet sie sich die Hände ab und ruft: „Komm herein, Wela."

Es ist tatsächlich Wela. Ganz außer Atem tritt sie ein.

„Wela, was ist los? Bist du etwa gerannt?"

„Ja, das bin ich. Prinz Eirik sagte, du bräuchtest dringend meine Hilfe und ich möge mich beeilen."

„Ach, du bist ein Schatz, und du bist wirklich schnell." Eleonora will keine Zeit verlieren und kommt daher gleich zum Punkt: „Sag mal, weißt du, wo Anees übernachtet hat?"

„Du meinst Anees aus dem Hause Korin?"

„Genau die meine ich. Kannst du mich wohl zu ihr bringen?"

Wela ist verwirrt, sie nickt aber.

„Prima, dann lass uns gleich losgehen. Und, Wela, bevor ich es vergesse: Bitte erzähle niemandem, dass ich heute Kontakt zu Anees hatte."

„Bitte mache dir darüber keine Gedanken, Eleonora. Ich erzähle kein einziges Wort über dich. Ich habe auch gestern niemandem erzählt, dass du so freundlich zu mir bist. Ich bin dir gegenüber absolut loyal."

Eleonora weiß, dass Wela die Wahrheit spricht. Sie lächelt, nickt ihr kurz zu und nimmt den Zettel wieder in die Hand. Wela hält ihr die Tür auf. Eleonora verlässt den Raum und wartet, bis Wela die Tür abgeschlossen hat.

Sie gehen in die gleiche Richtung los wie am Vorabend.

Wieder betrachtet Eleonora die Gemälde. Jetzt ist ihr klar, warum Eiriks Mutter ohne Flügel und in einem anderen Raum abgebildet wurde. Sie hat nicht viel Zeit, ihren Gedanken nachzuhängen, denn Wela läuft sehr schnell und es bereitet Eleonora Mühe, mit ihr Schritt zu halten.

Sie gehen an dem ihr bekannten Aufzug links vorbei und folgen einem langen Gang, an dessen Ende sie nach rechts abbiegen. Dort befinden sich drei weitere Aufzüge.

Ein echtes Labyrinth ...

Wela nimmt den mittleren Aufzug. Eleonora folgt ihr wenig später. Sie fahren zwei Stockwerke hinunter und treffen dort links und rechts auf mehrere Türen.

Vor der zweiten Tür auf der rechten Seite bleibt Wela stehen. „Hier ist es", flüstert sie etwas außer Atem.

„Danke, Wela. Du brauchst nicht auf mich zu warten, ich finde allein zurück."

Wela nickt und geht zurück zu den Aufzügen.

Eleonora holt tief Luft, dann klopft sie.

Einmal.

Niemand reagiert.

Ein zweites Mal.

Wieder keine Reaktion.

Ein drittes Mal. Langsam wird sie unruhig.

Was mache ich, wenn Anees nicht da ist? Mist, ich hätte Wela nicht wegschicken sollen. Sie hätte im Notfall die Nachricht überbringen können.

Mitten in Eleonoras Gedanken geht die Tür auf. Anees steht vor ihr. Gut gelaunt macht die elegante alte Dame eine einladende Handbewegung. „Schätzchen, komm herein! So früh habe ich gar nicht mit dir gerechnet. Aber es freut mich, dich zu sehen."

Eleonora tritt ein. Anees' Zimmer ist deutlich kleiner als ihr eigenes, im Stil ist es aber ähnlich.

„Setz dich doch bitte, Eleonora." Anees zeigt auf einen Stuhl.

Nachdem Eleonora Platz genommen hat, setzt sich Anees ihr gegenüber und betrachtet ihren Gast. Sie lächelt. „Lass mich raten, Schätzchen: Dein Objekt der Begierde hat dich noch letzte Nacht besucht, richtig?" Anees dreht den Kopf leicht zur Seite und blinzelt Eleonora mit schelmischem Lächeln an.

„Woher weißt du das?", fragt Eleonora verblüfft. „Ich meine, wie kommst du darauf?"

Anees lacht laut. „Ach, Schätzchen, wenn du mal so alt bist wie ich und dir den Spaß an der Männerwelt nicht nehmen lässt, dann hast du irgendwann die nötige Erfahrung. Und weißt du was? Ich freue mich zu sehen, dass die Männer früher wie heute die gleichen sind."

Eleonora lächelt und schüttelt leicht den Kopf. Sie fasst sich aber schnell und kommt gleich zum Wesentlichen. „Anees, könntest du mir vielleicht einen weiteren Gefallen erweisen?"

Anees wird ernst. „Ja, selbstverständlich helfe ich dir gern. Wobei ich zugeben muss, ich hatte mich schon auf eine heiße Geschichte vorbereitet."

„Ach, Anees, ich hoffe, irgendwann einmal länger mit dir plaudern zu können, und wer weiß, vielleicht habe ich bis dahin nicht nur eine heiße Geschichte für dich."

Anees lacht wieder laut auf. „Schätzchen, du gefällst mir immer besser. Also sag schon, wie kann ich dir behilflich sein?"

„Kennst du Sakkara, die Seherin?"

Anees' Gesichtszüge werden bitterernst. „Redest du etwa von der Lakes-Seherin?"

„Ich fürchte ja. Könntest du ihr bitte eine Nachricht zukommen lassen?"

Anees kneift die Augen zusammen. „Sag mal, Eleonora, jetzt bin ich doch überrascht. Was hast du mit der Lakes-Seherin zu tun?"

„Das ist echt kompliziert und ich würde dir gern jede Einzelheit genau erklären, aber ich habe keine Zeit." Eleonoras Stimme klingt flehend. „Es ist wirklich dringend. Ich muss mich mit Sakkara treffen und niemand darf das wissen. Ich kann dir nur eines versichern: Sakkara ist auf unserer Seite und sie ist die Einzige, die mir helfen kann. Nur dürfen Ares und all die anderen nichts davon erfahren, sonst ist womöglich Sakkaras Leben auch noch in Gefahr. Bitte, Anees, hilf mir und händige Sakkara diese Nachricht aus." Eleonora überreicht Anees den Zettel, die ihn skeptisch entgegennimmt.

Eleonora wird unwohl unter den prüfenden Blicken. „Anees, bitte! Ich weiß nicht, an wen ich mich sonst wenden könnte, und du hast in meinen Augen einen besonderen Bonus. Du siehst aus wie die liebe, nette, unschuldige reifere Dame. Niemand wird vermuten, dass du etwas vorhast, wenn du zum Haus der Seher gehst."

Plötzlich platzt Anees heraus: „Ach, Schätzchen, du hast schon recht. Ich bin lieb und nett – und unschuldig sowieso. Nur reif bin ich nicht. Ich bin alt, sehr alt sogar. Und weißt du was? Ich helfe dir gern. Mir ist so langweilig und ich freue mich auf ein wenig Abwechslung. Jedoch unter einer Bedingung."

Eleonora horcht auf.

„Du besuchst mich mal auf dem Korin-Anwesen und dann erzählst du mir alles. Ich liebe aufregende Geschichten."

Eifrig nickt Eleonora. „Die Einladung nehme ich gern an. Ich weiß zwar noch nicht, wie und wann, aber ich werde mich darum bemühen, dich zu besuchen." Sie steht auf.

Anees tut es ihr gleich und Eleonora schließt die alte Dame fest in ihre Arme. „Danke! Du weißt gar nicht, wie sehr du mir hilfst. Ich hoffe, ich kann das irgendwann wiedergutmachen."

„Ach, jetzt hör schon auf. Da gibt es nichts wiedergutzumachen. Schließlich hast du mich nicht kaputt gemacht." Wieder lacht die alte Dame und nimmt einen wohlgeformten Gehstock zu Hilfe.

Eleonora lächelt. Sie mag den Humor der alten Dame.

Gemeinsam gehen sie zur Tür.

„Schätzchen ich muss nach rechts. Ich kann mich hier in diesem Labyrinth nur zurechtfinden, indem ich immer wieder zu meinem Ausgangspunkt zurückkehre. Von dort aus weiß ich dann auch, in welche Richtung ich muss."

Eleonora nickt. „Mir geht es ähnlich. Auch ich muss zuerst zu meinem Orientierungspunkt. Sonst weiß ich nicht wohin."

Anees klopft Eleonora auf die Schulter, wendet sich nach rechts und geht los. Eleonora schaut ihr einen Moment lang nach, dann begibt sie sich zu den drei Aufzügen.

Seltsam, warum sind hier eigentlich drei Aufzüge? Die gehen doch alle in die gleiche Richtung – nach oben und nach unten. Das heißt, ich müsste eigentlich mit jedem fahren können, oder?

Noch während sie darüber nachdenkt, kommt ein Avesmann – wie sie an seiner Kleidung erkennt, ist er aus der Dienerschaft – mit dem linken Aufzug von oben heruntergefahren. Sofort springt sie in den mittleren Aufzug. Sie hofft, dass sie schnell genug oben ist, damit der Diener sie nicht erkennen kann.

Sie zählt zwei Stockwerke und steigt wieder aus.

Wie merken die sich bloß, wo sie sich gerade bewegen? Hier sieht doch alles gleich aus – ein Gang ist wie der andere.

Hoch konzentriert geht sie den Weg zurück zu dem anderen Aufzug. Sie atmet auf, als sie die bereits bekannten Gemälde entdeckt. Das gibt ihr ein Stück Sicherheit.

Neununddreißig Stockwerke muss ich runter. Ja, ich glaube, er hat neununddreißig gesagt. Verrückt. Also dann ...

Eleonora springt in den Aufzug und beginnt zu zählen. Den Gang zum Ballsaal erkennt sie sofort. Alle anderen Gänge sehen so aus wie der, in dem Anees wohnt. Wie in einem großen Hotel befinden sich links und rechts Türen. Im vorletzten Gang hört sie Geklimper und riecht Essen. Sie vermutet, dass hier gekocht wird. Laut ihrer Rechnung muss sie in der nächsten Etage aussteigen. Sie bückt sich leicht, damit sie früher sehen kann, was sie erwartet. Tatsächlich sieht sie große Türen, die in alle Richtungen führen. Es sieht hier wirklich nach Erdgeschoss aus. Als sie abgestiegen ist, bemerkt sie, dass es noch weiter hinuntergeht. Sie fragt sich, was sie wohl dort unten zu sehen bekäme.

Wenn sie geradeaus schaut, blickt sie auf eine besonders große Doppelflügeltür.

Das wird es wohl sein. Er sagte, direkt vor mir sehe ich den Ausgang. Er hat wohl vergessen, dass das im Prinzip alles Ausgänge sind.

Sie erschrickt, da ein Diener sie anspricht.

„Verehrte Dame, welche Tür darf ich für Sie öffnen?" Unterwürfig schaut er an ihr vorbei.

Eleonora schluckt. „Ähm, die hier vor mir. Die große meine ich."

Der Diener geht sofort los und öffnet die Tür.

Schnell huscht Eleonora hindurch. Draußen bleibt sie erst einmal stehen, um sich zu orientieren. Sechs Wege führen von hier weg. Sie schaut zu den anderen Ausgängen, von denen jeweils drei Wege wegführen.

Du meine Güte, was für ein Wirrwarr! Den ganz links außen soll ich nehmen. Hoffentlich ist das richtig. Ich habe nicht erwartet, dass es so viele Türen gibt und so viele Pfade. Wird schon richtig sein ... hoffe ich ...

Eleonora läuft los. Sie gibt sich Mühe, nicht zu schnell zu sein, denn sie will nicht auffallen. Doch es fällt ihr schwer, sie fühlt sich wie auf einem Präsentierteller. Dabei ist weit und breit niemand zu sehen. Eine seltsame Stille umgibt sie. Als sie sich umdreht und nach oben schaut, sieht sie das Schloss von unten. Sie kann nicht fassen, wie groß und mächtig der Baum und das Schloss sind. Es hat den Anschein, als wären beide miteinander verwachsen. Sie erkennt erst jetzt, dass sich die Tür, aus der sie gekommen ist, in einem Wurzelstück des Baumes befindet. Diese Tatsache lässt sie zumindest erahnen, wie groß dieses Gebäude tatsächlich ist. Sie dreht sich um und geht schnellen Schrittes weiter. Die Wege, die anfangs eng nebeneinander verliefen, gehen nun immer weiter auseinander. Wie bei einem Fächer. Eleonora dreht sich noch mal um und sieht, dass das ganze Schloss quasi auf der Baumwurzel aufgebaut ist. Oder mit der Baumwurzel verwachsen ist. Rings um das Schloss führen Wege von ihm fort, und sie befindet sich auf einem davon. Ihr ist mulmig zumute.

Eleonora setzt ihren Weg fort. Der Himmel ist strahlend blau. Die Luft riecht herrlich frisch und die Sonne wärmt sie.

Ob das wohl dieselbe Sonne ist wie unsere auf der Erde?
Bald sieht sie Wiesen und Wälder und hört Vögel. Es sind ganz andere Laute, als sie es gewohnt ist, aber es hört sich wundervoll an. Auf einmal fliegt ein großer Schatten über sie hinweg. Dann noch einer. Sie schaut hinauf und sieht zwei Avesmänner, die sie jedoch nicht erkennt, da die Sonne sie blendet. Sie bemerkt, dass sich die zwei ihr nähern. Ihr Herz beginnt zu rasen, als sie Lonn erkennt. Er landet direkt vor ihr und lächelt sie an.
Er ist sehr attraktiv!
Neben ihm landet der zweite Avesmann. Es ist König Okor. „Eleonora, was machst du hier draußen?", fragt er. Seine Stimme klingt besorgt.
„Ich ... ähm ... ich wollte nur ein wenig spazieren gehen."
„Darf ich dich begleiten?", hakt Lonn nach.
Erschrocken blickt Eleonora zum König.
Dieser räuspert sich. „Lonn, ich kann dich gut verstehen, dass dir der Kopf eher nach der schönen Eleonora steht, aber ich würde gern noch unsere Unterredung zu Ende bringen."
Eleonora hatte die Luft angehalten und atmet jetzt wieder aus.
Lonn geht einen Schritt auf sie zu und greift nach ihrer Hand. Er gibt ihr einen sanften Kuss auf ihren Handrücken, ohne dabei seinen Blick von ihr zu wenden. „Die Hochzeitsverhandlungen finden nachher beim Mittagessen statt. Darf ich dich darum bitten, während des Essens meine Begleitung zu sein?"
Eleonora hat es die Sprache verschlagen, sie blickt wieder zum König, der leicht versetzt hinter Lonn steht. Der König bläst die Wangen auf und zuckt mit den Schultern. Dann

sagt er: „Ich glaube, das lässt sich einrichten, oder, Eleonora?"

Eleonora nickt verlegen.

„Gut, dann entferne dich bitte nicht allzu weit vom Schloss. Ich werde Eirik darum bitten, dich später abzuholen."

Eleonora sagt nichts, sie nickt wieder nur.

Lonn hält ihre Hand noch immer fest. Nachdem sich der König wieder in die Luft begeben hat, beugt sich Lonn leicht vor und haucht ihr ins Ohr. „Eleonora, du bist auch bei Tageslicht eine wunderschöne Frau. Vielleicht können wir nach dem Essen unser Gespräch von gestern fortsetzen."

Eleonora schluckt und schaut ihn mit großen Augen an, bis er ihre Hand loslässt und sich ebenfalls wieder in die Luft begibt. Sie schaut den beiden Avesmännern nach. Mit ihren Flügeln sehen sie hoch oben in der Luft sehr eindrucksvoll aus.

Nach einer Weile setzt Eleonora ihren Weg fort.

Wie werde ich nur diesen Lonn los? Er ist wirklich nett. Und er sieht gut aus. Aber Herrgott noch mal, ich bin ein Mensch, und EIN Avesmann ohne Zukunft genügt mir. Wahrscheinlich flippt er aus, wenn er erfährt, dass ich ein Mensch bin. Menschen sind hier nichts wert. Wobei – die Königin war auch ein Mensch. Aber ob der Rest damit einverstanden war? Wann ist dieser Albtraum bloß endlich vorbei? Was mache ich hier nur? Wo bin ich hier reingeraten?

Eleonora bleibt stehen. Sie ist in den letzten Minuten gedankenverloren weitergestapft, ohne darauf zu achten, wie weit sie gelaufen ist. Sie blickt sich um und stellt fest, dass sie sich inmitten von Wiesen und wundervollen

Blumen befindet. Sie hört das Surren von Fliegen und Bienen und ist umgeben von pinkfarbenen und blauen Insekten. Diese landen auf den farbenprächtigsten Blumen, die sie je gesehen hat, und trinken deren Nektar. Eleonora ist ergriffen von dem Naturschauspiel.

Sie lächelt, als sie vor sich den Pavillon sieht.

Ob Eirik schon da ist?

Allein bei dem Gedanken spürt sie Schmetterlinge im Bauch. Als sie sich zum Pavillon begibt, entdeckt sie einen kleinen See. Eleonora ist gefesselt.

Diese Idylle!

Ein solches Gefühl von Zufriedenheit hat sie noch nie zuvor verspürt. Das Licht. Die Farben. Die Geräusche. Die kleinen Tiere und Insekten, die sie sieht. Das alles hat sie verzaubert.

Dann hört sie Eiriks Stimme. „Wunderschön, nicht wahr?"

Eleonora dreht sich um und sieht Eirik. Er muss soeben gelandet sein, seine Flügel sind noch weit geöffnet. Mit glänzendem Gefieder steht er da und lächelt.

Er sieht umwerfend aus, wenn er so lächelt.

Eleonora kann nicht anders. Sie rennt los. Sie rennt zu ihm. In seine Arme. Er nimmt sie auf. Er hält sie fest. Er küsst sie. Immer wieder. Sie erwidert seine Küsse. Sie riecht seinen Duft, atmet tief ein. Sie spürt seine Haut. Am liebsten würde sie ihn nie mehr loslassen.

Auf einmal knackst etwas laut. Beide erschrecken und der Zauber ist verflogen.

„Lass uns hineingehen." Eirik blickt sich nochmals um und schiebt Eleonora zum Pavillon.

Eleonora öffnet die Tür. Der Pavillon ist aus weißem Holz und Glasfenstern. Eine Inneneinrichtung gibt es nicht. Ihr fällt der Boden auf, ein wunderschöner Mosaikholzboden. Sie geht zur Mitte des Raumes und schaut sich um.

„Was war das eben für ein Geräusch?"

Eirik zuckt mit den Schultern. „Vielleicht war es gar nichts, vielleicht einfach nur der Wind. Oder ein Tier."

„Ein Beutetier?", hakt sie nach.

„Möglich", antwortet Eirik.

„Machst du das auch?"

„Was meinst du, Eleonora?"

„Na, jagen meine ich."

Eirik schweigt kurz, bevor er antwortet. „Ja, ich jage auch."

„Und was jagst du?"

„Alles Mögliche." Ihm ist das Thema unangenehm.

Aber Eleonora lässt nicht locker. „Isst du das Tier dann auch?"

„Warum willst du das wissen?"

„Sage es mir, bitte. Isst du das Tier dann?"

„Ja, ich esse meine Beute. Du isst doch auch Fleisch. Was soll die Fragerei?"

„Aber isst du es so wie gestern Lonn und Ares?"

Eirik schaut Eleonora direkt in die Augen. „Ja, ich esse es so, wie du es gestern gesehen hast."

Beide schweigen einen Moment lang.

„Schmeckt das denn?"

Eirik muss lachen. „Eleonora. Ich habe jetzt erwartet, dass du mir sagst, wie eklig ich sei und dass das Tierquälerei sei und was weiß ich, was du mir sonst noch an den Kopf knallen könntest. Stattdessen fragst du mich, ob es schmeckt?"

Eleonora zuckt mit den Schultern. „Na ja, für euch ist das normal. Ich finde es schon ein wenig eklig, wenn ich ehrlich bin. Andererseits sind die Menschen nicht viel besser. Die Japaner zum Beispiel. Fangen einen Fisch, schneiden diesen mit einem extrem scharfen Messer, noch während er lebt und zappelt, und dann nehmen sie sich Stückchen für Stückchen von diesem noch zuckendem Fisch herunter und essen es. Sie beschreiben es als Delikatesse. Ich meine, deshalb muss ich das ja noch lange nicht auch so machen."

Die Tür geht auf.

„Tante Sakkara!", ruft Eleonora und rennt zur Tür.

Sakkara tritt ein und breitet ihre Arme aus. „Eleonora! Meine liebe Eleonora! Den Mächten sei Dank, dass es dir gut geht."

Sie nehmen sich herzlich in die Arme.

Eirik beobachtet die Szene. Er traut der Situation nicht.

Die beiden Frauen lösen sich aus ihrer Umarmung, aber Sakkara hält Eleonoras Hand noch fest.

„Eleonora, du solltest dich von der Seherin nicht so lange anfassen lassen. Sie liest sonst deine Gedanken und fasst deine Gefühle auf." Eirik versucht nicht einmal, sein Misstrauen zu verbergen.

„Stimmt das, Tante Sakkara? Kannst du so etwas?"

Sakkara lächelt. „Ich fürchte ja, Eleonora."

„Aber ich habe doch Blaubeeren gegessen."

„Das hindert uns Seher nicht. Wir können diese Blockade durch eine Berührung umgehen."

„Heißt das, du hast schon immer meine Gedanken gelesen?"

„Nein, nicht immer. Nur manchmal."

„Wie konntest du nur?", empört sich Eleonora.

Sakkara lächelt. „Was glaubst du, wie sonst unser Spiel funktioniert hat, das wir früher immer gespielt haben?"

Eleonora erinnert sich. Sie hat sich damals Dinge vorgestellt und Sakkara musste sie erraten.

„Eleonora, wenn es nicht sein muss, lese ich keine fremden Gedanken."

Eleonora ist erleichtert, das zu hören, und sie ist erleichtert, jemanden aus ihrem persönlichen Umfeld zu sehen. Sie fällt Sakkara nochmals um den Hals. „Ich bin so froh, dass dich die Nachricht über Anees erreicht hat und du nun hier bist."

„In Anees hast du eine gute Freundin gefunden. Aber bitte sage mir, warum und wie du in diese Welt gekommen bist."

„Oh, Tante Sakkara, es ist so schrecklich! Diese Ares, die hasst mich, die will mich töten." Während Eleonora das ausspricht, lässt sie Sakkara los und tritt einen Schritt zurück. „Und nun sag mir: Wie kannst du nur die Seherin für diese Person sein. Sie ist ein richtiges Miststück. Eiskalt und berechnend, brutal obendrein – und du dienst ihr?"

„Pst, Eleonora. So was darfst du nicht mal denken, geschweige denn sagen. Dafür könnte man dich auspeitschen lassen oder Schlimmeres. Schließlich hört dir ihr zukünftiger Mann zu." Sie schaut zu Eirik, der mit ernster Miene dasteht und zuhört. „Um deine Frage zu beantworten: Ich diene nicht ihr, sondern König Lent aus dem Hause Lakes. Gade ist nun mal seine Frau und Ares seine Tochter."

„Wo ist da der Unterschied?"

„Es ist sogar ein großer Unterschied. König Lent hat ein ganz anderes Wesen. Er heißt das Verhalten seiner Frau und seiner Tochter nicht gut. Deshalb ist er auch nicht hier."

„Ha, ha, dass ich nicht lache. In meinen Augen ist er wohl ein richtiger Schlappschwanz. Traut sich nicht, den zwei Weibern die Grenzen aufzuzeigen, und hat nicht mal genug Mumm, hier an diesen Verhandlungen teilzunehmen. Da hast du dir aber einen tollen König ausgesucht." Eleonora kommt richtig in Fahrt.

„Zügle dich, Eleonora! Du weißt nicht, von wem du sprichst. Warum interessieren dich eigentlich diese Verhandlungen?" Sakkara blickt Eleonora herausfordernd in die Augen.

Eleonora schaut verlegen zur Seite und presst ihre Lippen aufeinander.

Sakkaras Blick geht zu Eirik, der noch immer in der gleichen Position dasteht. Sie nickt. „Das darf doch nicht wahr sein! Ich muss keine Seherin sein, um zu erkennen, was hier los ist. Eirik aus dem Hause Oris, wo ist dein Ehrgefühl? Was ist mit deinem Pflichtbewusstsein?"

Eirik schaut schwer atmend zu Eleonora.

„Habt ihr etwa ..." Sakkara versteht. „Natürlich habt ihr. Deshalb habt ihr mich geholt. Ihr wart also nicht mal in der Lage zu verhüten." Sie ist wütend. „Eirik aus dem Hause Oris, wie konntest du so verantwortungslos sein? Wie kannst du so viele Leben aufs Spiel setzen, einschließlich dem von Eleonora?"

Eirik senkt den Blick und starrt auf den Boden. Er schüttelt den Kopf. „Das war nicht geplant, ich wollte es nicht?"

„Was heißt hier, das war nicht geplant? Du bist nicht irgendjemand. Du bist Eirik aus dem Hause Oris und hast Verpflichtungen. Wie konntest du das alles vergessen?"

Eleonora hat Sakkara noch nie so in Rage erlebt.

„Es tut mir leid." Hilflos schaut Eirik zu Eleonora.

Sakkara ist noch immer wütend. „Was tut dir leid?", schreit sie ihn an.

„Alles!" Auch Eirik schreit jetzt. „Einfach alles! Ich weiß, das hätte nie passieren dürfen. Ich habe nicht erwartet, Liebe zu finden. Ich habe es nicht erwartet, mich in Eleonora zu verlieben, und das, obwohl ich genau weiß, dass ich nicht lieben darf. Das weiß ich alles, und ich habe es nicht geplant. Ich habe mich so lange es ging dagegen gewehrt, aber es ist trotzdem passiert. Jetzt stehe ich da und habe Angst. Das erste Mal in meinem Leben habe ich Angst um jemanden, den ich aus vollem Herzen liebe."

Eleonoras Augen füllen sich mit Tränen. Das war die schönste Liebeserklärung, die sie je in ihrem Leben gehört hat.

Sakkara ist ebenfalls gerührt. Sie ist nicht mehr wütend. „Ich verstehe euch. Das Schicksal ist oft hart." Sie wendet sich Eleonora zu. „Sollen wir gleich überprüfen, ob du ein Leben unter deinem Herzen trägst?"

Eleonora nickt.

Sakkara fragt nun Eirik: „Darf ich etwas von deiner Energie dafür verwenden? Mein Energievorrat ist ziemlich aufgebraucht."

Auch Eirik nickt. Er nähert sich den beiden Frauen und reicht Sakkara die Hand.

Eleonora ist mulmig zumute. Sie weiß nicht, was gleich passieren wird.

Sakkara fasst an Eleonoras Bauch, während sie mit der anderen Hand Eiriks Hand ergreift. „Eirik, bitte ziehe deine Flügel ein. Du solltest später auch nicht fliegen, denn das würde dich zu sehr schwächen. Morgen dürftest du deine volle Kraft zurückerlangt haben."

Eiriks Flügel verschwinden und sein Halischmo passt sich seinem Oberkörper an.

Sakkara schließt die Augen.

Eleonora sieht, wie ein Licht, das ihr bekannt vorkommt, von Eiriks Hand zu Sakkara fließt und von dort zu ihrem Bauch. Dort spürt sie für einen kurzen Moment eine wohlige Wärme, dann ist es auch schon vorbei. Sakkara lässt Eiriks Hand los und nimmt die andere Hand von Eleonoras Bauch. Sie lächelt.

Oh je, dieses Lächeln kann beides bedeuten!

Eleonora schluckt, ihr Herz klopft ihr bis zum Hals.

„Ich kann euch beruhigen. Es ist alles in Ordnung, du bist nicht in anderen Umständen. Vom Zyklus her bist du im Moment auch gar nicht fruchtbar. Übermorgen wird deine Blutung eintreten."

Erleichtert atmet Eirik aus.

Eleonora ist verwirrt. „Wie? Das hast du jetzt alles gesehen? Ich verstehe das nicht."

Sakkara streicht Eleonora sanft über die Wange. „Um genau zu sein, habe ich es nicht gesehen, sondern gespürt. Dein Körper hat es mir verraten." Sie zieht ihre Hand zurück und schaut zu Eirik, der seinen Blick nicht von Eleonora lösen kann, die ihn ebenfalls gebannt ansieht.

„Ihr zwei liebt euch wahrhaftig. Das sehe und spüre ich." Sakkaras Blick wird ernst. „Aber ihr dürft nicht, und es bricht mir fast das Herz. Ihr müsst an das Wohl der anderen denken und eure Liebe für unzählige Leben opfern. Ich wünschte, ich könnte euch etwas anderes sagen. Aber, Eirik, du musst Ares heiraten, und du, Eleonora, du musst zurück in dein altes Leben. Diese Welt ist nichts für dich. Deine Eltern sind schon ganz krank vor Sorge."

Eleonora erschrickt.

An Mama und Papa habe ich ja noch gar nicht gedacht!

„Oh ja, meine armen Eltern, die machen sich sicher große Sorgen, schließlich bin ich einfach verschwunden, und das nach dem Tod von Granada. Tante Sakkara, stell dir vor, Ares hat Granada mit einem Pfeil getötet."

„Ich weiß, Eleonora. Ich weiß."

„Granada wollte uns noch etwas sagen, aber dazu kam sie nicht. Sie sagte, Eirik müsse mit mir zu Quelle des Lichts, und dann starb sie."

Sakkara runzelt die Stirn. „Sie hat euch zur Quelle des Lichts geschickt? Nein. Nein, dort dürft ihr nicht hin! Ich glaube, das wäre falsch. Eleonora, bitte, diese Welt ist nichts für dich, ich habe dein ganzes Leben lang versucht, dich zu beschützen, und das möchte ich auch weiterhin gern tun." Sie wendet sich an Eirik. „Du musst Ares heiraten, Eirik. Verhandle heute bitte klug und weise. Wenn sich hier alles beruhigt hat, bringe ich Eleonora zurück. Und jetzt muss ich gehen, bevor jemandem auffällt, dass ich weg war. Eirik, du wirst ein guter König sein. Ich gebe dir mein Versprechen, dich stets zu unterstützen."

Sakkara nimmt Eleonora in den Arm und geht zur Tür, wo sie sich noch einmal umdreht. „Auch ihr solltet zurückgehen. Eirik, das Essen und die Verhandlungen beginnen in Kürze." Sie schaut von einem zum anderen und fügt mit einem Lächeln hinzu: „Bitte macht keine Dummheiten mehr."

Es ist still im Raum. Eleonora würde Eirik gern anschauen, traut sich aber nicht. Plötzlich zieht er sie zu sich heran. Er küsst sie. Er küsst sie wie ein Verdurstender. Ihr wird heiß. Ihr Körper will ihn. Am liebsten hier und jetzt. Ihr ganzer Körper sehnt sich nach ihm. Die Erinnerung an letzte Nacht lässt sie noch mehr glühen. Doch genauso plötzlich, wie er sie geküsst hat, drückt er sie von sich weg. Er atmet schwer.

„Ich muss damit aufhören. Sakkara hat recht. Keine Dummheiten mehr. Wir hatten Glück. Großes Glück. Ich muss Verantwortung übernehmen. Ich muss aufhören, dich zu lieben."

Eleonora schnürt es die Kehle zu. Wieder presst sie die Lippen aufeinander.

Eirik nimmt sie in die Arme und wiegt sie hin und her. „Wir haben ein Geschenk, Eleonora. Das Geschenk der Erinnerung. Ich werde unsere gemeinsame Zeit fest in meinem Herzen verschließen und niemand wird es mir nehmen können."

Eleonora weint. Auch Eirik laufen Tränen über die Wangen.

„Eirik, ich kann aber nicht aufhören, dich zu lieben. Ich weiß auch nicht, wie ich ohne dich leben soll. Ich habe Angst. Angst, dass mich die Erinnerung kaputt macht."

„Nein, Eleonora. Die Erinnerung wird dir Kraft geben. So, wie sie auch mir Kraft geben wird. Das beste Beispiel ist mein Vater. Ich habe ihn all die Jahre nicht verstanden. Aber jetzt verstehe ich ihn. Er ist dankbar. Dankbar für die Zeit, die er mit meiner Mutter hatte. Das gibt ihm Kraft, und das wird auch uns Kraft geben." Mit dem Handrücken wischt er sich über die feuchten Wangen, um gleich darauf mit dem Daumen behutsam Eleonoras Tränen wegzuwischen. Er nimmt ihr Gesicht zwischen seine Hände, blickt ihr tief in die Augen und küsst sie. Ganz sanft. Es ist ein Abschiedskuss. Das spürt Eleonora durch und durch.

„Lass uns nun zurück zum Schloss gehen. Als Freunde", schlägt Eirik vor. „Als Freunde, die ein gemeinsames Geheimnis haben, das ihnen niemand nehmen kann." Er löst sich von ihr, geht zur Tür und öffnet diese.

Ganz leise wiederholt Eleonora: „Freunde."

„Du sagst das so traurig, El. Meine liebe El. Ich bin glücklich. Glücklich, dich kennengelernt zu haben, und dankbar. Lass uns versuchen, so unbeschwert wie möglich damit umzugehen."

Eleonora ringt sich ein Lächeln ab. Sie geht durch die Tür.

Draußen empfängt sie die gleiche Idylle wie vorher. Aber es ist anders. Vorhin hatte sie noch nicht die Gewissheit der Trennung. Aber jetzt. Jetzt weiß sie, dass Schluss ist.

Sie gehen den Weg gemeinsam zurück. Es ist ein angenehmer, ruhiger Spaziergang. Sie unterhalten sich zwanglos. Eirik erklärt Eleonora einige der bunten Insekten, die herumschwirren. Keine Spannung. Keine falschen Erwartungen und Hoffnungen. Ganz entspannt gehen sie nebeneinander her. Jeder für sich. Seltsam entspannt.

Kurz vor dem Schloss, als die vielen Pfade wieder enger beieinander sind, bleibt Eirik kurz stehen. „Wir müssen einen anderen Eingang nehmen. So kommen wir schneller zum Verhandlungsraum."

Eleonora schaut Eirik überrascht an.

„Gerade als ich losfliegen wollte, traf ich meinen Vater und Lonn. Sie unterrichteten mich darüber, dass sie dich getroffen hatten. Lonn sagte mir, dass du heute seine

Begleitung sein wirst, und mein Vater bat mich, dich abzuholen."

Eleonora sagt nichts, ihr Blick ist auf den Boden geheftet.

Eirik schaut in die Ferne und schüttelt den Kopf. „Wären die Umstände anders, so würde ich dir als Freund zu Lonn aus dem Hause Frant raten. Er ist ein angesehener und sehr wichtiger Aves. Aber du bist nun mal ein Mensch und hättest mit ihm dasselbe Problem mit den Nachkommen. Somit rate ich dir, ihn freundlich zurückzuweisen – irgendwie. Sakkara, die Seherin, hat recht. Diese Welt ist nichts für dich. Du musst zurück in dein altes Leben."

Eleonora ist überrascht. Sie hätte erwartet, dass Eiriks Worte ihr wehtun würden. Aber das tun sie nicht. Sie fühlt nichts als Leere. „Wo müssen wir entlang?", hört sie sich selbst fragen.

Eirik geht voraus und sie folgt ihm. Sie geht ihm einfach nach. Als sie in das Schloss eintreten, hat sie keine Ahnung, wie sie hereingekommen sind. Die Leere in ihrem Körper hat auch von ihrem Kopf Besitz ergriffen.

Schweigend gehen sie nebeneinander her. Wieder einen langen Gang entlang. Wieder in einen Aufzug. Er voran. Sie hinter ihm. Sie zählt die Etagen nicht. Sie sind ihr egal. Er steigt ab. Er reicht ihr die Hand und hilft ihr beim Absteigen. Seine Berührung bedeutet nichts. Es bedeutet auch nichts, als er ihre Hand wieder loslässt. Wieder ein langer Gang. Wieder eine Doppelflügeltür. Zwei Diener öffnen die Türen. Alle sind schon versammelt. König Okor. Lonn. Königin Gade. Ares und noch jede Menge Personen, die sie nicht zuordnen kann. Die eiskalten Augen von Ares treffen sie sofort. Aber es bedeutet nichts. Sie senkt den Kopf.

Lonn kommt schnellen Schrittes auf sie zu. „Prinz Eirik, vielen Dank, dass Sie mir meine Begleitung bringen."

„Lonn aus dem Hause Frant, es freut mich, dass ich Ihnen eine Freude machen konnte. Ich finde übrigens, wir sollten nicht so förmlich sein, ein Du wäre doch viel angebrachter."

„Das Angebot nehme ich gern an." Freudig streckt Lonn Eleonora seinen Ellbogen hin.

Eleonora hängt sich ein. Er ist warm. Seine Nähe ist irgendwie angenehm. Sie ringt sich ein Lächeln ab. Langsam führt er sie zu ihrem Platz. Sie spürt, dass Ares sie nicht aus den Augen lässt.

„Eleonora, was ist los mit dir?", fragt Lonn sie leise und er klingt besorgt. „Du wirkst verändert. Was sorgt dich?"

Wieder ringt sich Eleonora ein Lächeln ab. „Es ist nichts, Lonn. Alles ist in Ordnung. Und danke noch mal für die Einladung."

Lonn schaut sie ungläubig an. Er wendet seinen Blick zur Tafel. Ihm fällt auf, wie Ares sie anstarrt. „Hab keine Angst wegen Ares. Die bekommen wir schon in den Griff. Lass uns was essen." Er streichelt ihre Finger in seiner Armbeuge.

Eleonora blickt in Lonns blaue Augen. Es sind gute Augen. Es sind treue Augen. Sie lächelt und nickt.

König Okor setzt sich und alle folgen ihm.

Eleonora sieht, dass die Tafel reich gedeckt ist. Sie ist froh, dass keine ganzen toten Tiere auf dem Tisch liegen. Es herrscht eine seltsame Stimmung am Tisch. König Okor und Königin Gade unterhalten sich. Genau genommen unterhalten sie sich nicht, sie diskutieren, und zwar immer lauter werdend.

Lonn beugt sich zu Eleonora. „Ich befürchte, die befinden sich bereits in der Verhandlung. Das heißt wohl, heute wird von diesen Leckereien nichts gegessen. Keine Sorge, wir zwei können später noch eine Runde jagen gehen."

Eleonora schluckt und lächelt bemüht.

Ares mischt sich nun auch ein. Sie schreit herum.

Eleonora traut sich nicht aufzublicken. Sie hat Sorge, einem der Anwesenden ungewollt in die Augen zu schauen.

Plötzlich haut jemand mit voller Wucht auf den Tisch. Sie erschrickt. Im Augenwinkel sieht sie, dass es König Okor gewesen ist. Sie sieht auch, dass Eirik ihn zu beruhigen versucht.

Lonn schnauft genervt und beugt sich wieder zu ihr herüber. „Entschuldige, dass ich dich zu diesem unschönen Treffen eingeladen habe, aber bei dir habe ich das Gefühl, ich müsste jede noch so kleine Chance nutzen, da du mir ansonsten verloren gehen könntest."

„Niemals!", hört sie König Okor schreien.

Ares lacht höhnisch.

Plötzlich zieht Lonn sie samt Stuhl nach hinten. Im gleichen Moment brüllt König Okor erneut und schmeißt die gesamte Tafel um. Es gibt einen fürchterlichen Krach, als die Tischkante direkt vor ihren Zehen landet.

Eleonora erschrickt.

Bei dem Gewicht dieses Tisches hätten meine Zehen ab sein können!

Ares lacht noch immer und wendet sich an Eleonora. Alle anderen stehen jetzt und verhalten sich leise. Dann spricht Ares: „Eleonora aus dem Hause Bender. Was ist los mit deiner Reaktion? Mit diesem Instinkt wirst du nicht einmal einen Wurm erlegen können."

Okay, alle stehen und haben es bemerkt. Nur ich nicht, ich sitze. Schlechtes Bild.

Eleonora steht auf und blickt Ares an. „Ares aus dem Hause Lakes. Was kümmern dich meine Jagdkünste? Du bist doch hier, um deine Hochzeit zu besprechen."

Ares kneift die eiskalten Augen zusammen und bewegt sich langsam in Eleonoras Richtung. „Du wagst es, mich mit ‚du' anzusprechen, und das vor allen anderen?"

Mist! Das habe ich wohl getan.

„Verzeihung! Dort, wo ich herkomme, duzt man zurück, wenn man selbst geduzt ..."

Lonn fällt Eleonora ins Wort. „Ares, was soll das? Konzentriere deine Energie auf das Wesentliche."

Ares geht weiter auf Eleonora zu.

Eleonoras Herz klopft immer schneller. Sie hat das Gefühl, als könnte sie Ares' Wut regelrecht spüren.

Lonn, der neben ihr steht, ist ebenfalls angespannt.

Ares bleibt direkt vor Eleonora stehen. Sie wiegt den Kopf von links nach rechts, wendet dabei aber den Blick nicht von Eleonora ab. Dann beginnt sie zu schmatzen. „Ich erinnere mich noch genau an den Geschmack deines Blutes." Während sie das sagt, ist sie mit ihrem Gesicht ganz nah an dem von Eleonora, ihre Augen hat sie weit aufgerissen.

Wieder mischt sich Lonn ein. „Ares, was redest du da? Seid ihr zwei euch vorher schon mal begegnet?"

„Oh, hat sie dir das nicht erzählt?", säuselt Ares und tritt einen Schritt zurück. „Mein lieber Lonn, es gibt da wohl so einiges, das du von deiner Herzensdame nicht weißt."

Auf einmal steht Eirik neben Ares und packt sie am Unterarm. Jeder einzelne Muskel in seinem Gesicht ist angespannt. „Lass sie in Ruhe! Sie hat mit all dem hier nichts zu tun", presst er durch seine Zähne.

Wieder wiegt Ares ihren Kopf hin und her. „Eirik, du weißt, was du zu tun hast."

„In Ordnung, Ares." Eirik nickt. „Du hast gewonnen. Ich gehe auf all deine Forderungen ein."

Empörung macht sich im Raum breit.

„Auf all meine Forderungen?", fragt Ares. „Auch auf die, die ich noch gar nicht ausgesprochen habe?", hakt sie nach.

Eirik senkt den Kopf. „Ja! Auf all deine Forderungen. Aber lass Eleonora in Ruhe."

„Gut, ich lasse sie in Ruhe." Ares streckt Eleonora die Hand hin. Die wiederum schaut zu Eirik, der seinen Blick bedrückt auf den Boden richtet. Lonns Blick hingegen ist fassungslos. Sie ergreift die ihr gereichte Hand. Plötzlich durchzuckt sie ein Schmerz an ihrem Mittelfinger. Augenblicklich zieht sie ihre Hand zurück und schaut auf ihren Finger. Eine Schnittwunde. Sie blutet. Das Blut tropft auf den Boden.

Eirik, der das Geschehen verfolgt hat, brüllt Ares an: „Was hast du getan?"

Ares hebt ihre Hand, sodass Eleonora etwas Scharfkantiges sieht, das von einem schwarzen Ring absteht. Ihr wird schwindelig. Sie kann sich nicht mehr auf den Beinen halten. Sie kippt.

Lonn fängt sie auf. „Eleonora, hörst du mich?" Er legt sie vorsichtig auf den Boden.

„Entschuldige, Lonn", hört Eleonora sich selbst flüstern. Sie schaut zu Ares, die zufrieden und kalt lächelt. Eleonora ist klar, dass es Gift ist, das sich in ihrem Körper ausbreitet. Ihr ist klar, dass Ares ihre Drohung wahr gemacht hat. Ihr ist klar, dass sie jetzt sterben wird. Sie weiß, jetzt ist endgültig Schluss.

Eirik stürzt zu ihr auf den Boden herunter. Vor ihren Augen spielt sich alles wie in Zeitlupe ab. Sie hört, wie Eirik verzweifelt ihren Namen ruft und wie er fleht, dass das bitte nicht wahr sein darf. Er nimmt ihr Gesicht in seine Hände. Ein letztes Mal. Er blickt in ihre Augen. Sie sieht noch einmal seine schönen dunklen Augen. Sie sieht, wie sich diese mit Tränen füllen. Immer wieder ruft er: „Nein!" Es klingt wie ein Echo. Ein letztes Mal formt sie ihre Lippen und sagt: „Ich liebe dich, Eirik aus dem Hause Oris." Dann schließt sie ihre Augen.

Stille. Im Raum herrscht absolute Stille. Eirik zieht Eleonora zu sich hoch. In seine Arme. Er wiegt ihren leblosen Körper.

Lonn sitzt geschockt daneben. „Ares, was hast du getan?", fragt er.

„Nichts", antwortet Ares gelassen. „Ich habe mich an alle Regeln gehalten."

„Wie bitte?", schreit Lonn wütend.

Ares nimmt den Ring vom Finger und klappt das scharfe, kleine Messer ein.

„Alle sind Zeuge dessen, was ich getan habe. Alle haben gehört, dass Prinz Eirik aus dem Hause Oris auf all meine Forderungen eingegangen ist. Eine meiner Forderungen wäre gewesen, dass Eleonora sterben muss und ich sie danach in Ruhe lasse."

„Du kannst doch nicht einfach eine Aves töten!", ruft Lonn.

„Richtig, eine Aves kann ich nicht töten. Das hätte ich auch nicht getan. Eleonora ist – besser gesagt war – kein Aves, sie ist lediglich ein Mensch."

Ein Raunen geht durch den Saal.

„Stimmt doch, König Okor, oder?" Ares richtet ihren Blick auf den König.

Lonn ist fassungslos und erwartet wie die anderen die Antwort des Königs.

König Okor ballt seine Hände zu Fäusten. Dann spricht er. „Stimmt! Aber, Ares, spiele hier nicht das Unschuldslamm. Du wolltest meinen Sohn Eirik aus dem Hause Oris töten." Den letzten Teil des Satzes brüllt er.

„Na, na, na. Nicht so hart mit dem Urteil. Wir zwei waren so schön mit dem Hochzeitstanz beschäftigt. Da verlor Eirik das Gleichgewicht und fiel."

Der König ist in Rage. „Ich warne dich, Ares. Du hast ihn angegriffen, nur deshalb fiel Eirik. Und Eleonora hat ihn gerettet. Ohne sie wäre Eirik tot, und nun musste sie mit dem Leben bezahlen."

„Ja, ja, so ist das. Ein Leben für das andere. Aber was ist ihr Leben schon wert?", flötet Ares. „Sie war nur ein unbedeutender Mensch."

Eirik springt auf Ares zu, er packt sie am Hals und hebt sie in die Luft. Er drückt immer fester zu. Ares wehrt sich, aber gegen seine Kraft hat sie keine Chance.

Da kommen zwei andere Avesmänner aus der Runde hinzu und halten Eirik auf. Nur mit Mühe und Not schaffen sie es, Ares aus seiner Gewalt zu befreien.

„Prinz Eirik", spricht einer der Männer, „so nehmen Sie doch Vernunft an! Wenn die Dame tatsächlich ein Mensch war, hat sich Prinzessin Ares nicht strafbar gemacht."

Eirik ist rasend vor Wut. Er versucht sich mit aller Macht von den Avesmännern zu lösen.

Ares hustet. Sie braucht einen Moment, bis sie wieder einigermaßen atmen kann. „Ich werde nun gehen", sagt sie. „Prinz Eirik, wenn du dich beruhigt hast, besprechen wir die Feierlichkeit unserer Hochzeit."

„Ich werde dich nie heiraten!", brüllt Eirik aus vollem Leibe. „Niemals! Hörst du mich, Ares? Ich erkläre dir hiermit den Krieg! Alle Beteiligten sind hier und hören es aus erster Hand, und ich schwöre dir, ich töte dich eigenhändig."

Ares zeigt sich völlig unberührt. Sie zupft sich ihre Haare zurecht. „Nun gut. Dann eben Krieg, soll mir auch recht sein. Ich werde so schnell wie möglich mein Heer mobilisieren." Sie wendet sich Lonn zu. „Lonn, auf dein Heer kann ich, denke ich mal, zählen."

„Das kannst du mit Sicherheit nicht, Ares." Lonns Stimme bebt vor unterdrücktem Zorn. „Ich stelle mich auf die Seite des Hauses Oris. Auch mir hat Eleonora in dieser kurzen Zeit viel bedeutet. Mensch oder nicht Mensch – du hattest kein Recht, sie zu töten."

„Nun gut", sagt Ares hochmütig. „Unser Heer wird ausreichen müssen. Mutter, ich glaube, wir sind hier nicht länger erwünscht."

Gade nickt und begibt sich zu Ares.

Lonn kann sie nicht einfach so gehen lassen. „So leicht wirst du es nicht haben!", ruft er ihr hinterher. „Ich werde mit deinem Vater sprechen. Das letzte Wort ist hier noch nicht gesprochen!"

Ares bleibt kurz stehen. „Falls du es vergessen hast, Lonn aus dem Hause Frant, das Haus Oris hat uns den Krieg erklärt, nicht umgekehrt. Mein Vater wehrt sich nur. Er greift nicht an." Erhobenen Hauptes geht sie zur Tür hinaus.

Als die beiden Avesmänner Eirik wieder losgelassen haben, stürzt er zu Eleonoras leblosem Körper. Er hebt ihn hoch und trägt ihn hinaus.

A wie Anfang

Eirik bringt Eleonora in ihr Zimmer und legt sie auf ihr Bett. Er setzt sich neben sie und weint. Er weint stundenlang. Er weint, bis keine Tränen mehr kommen. Er lässt niemanden zu ihr und will auch niemanden sehen. Mittlerweile ist es Abend geworden und er sitzt im Dunkeln. Es klopft an der Tür.

„Ich will niemanden sehen!", schreit er.

Es klopft erneut. Die Tür geht auf.

„Hinaus, habe ich gesagt! Wage es nicht einzutreten!" Rasend steht er auf, um zur Tür zu laufen.

Es ist Sakkara, die eintritt. Er fasst sie grob an der Hand und will sie hinausschieben. „Und so was wie du will Seherin sein. Wie konntest du übersehen, dass deine Herrin Eleonora töten wird?", presst Eirik durch seine Zähne und schiebt Sakkara aus dem Raum.

„Beruhige dich, Eirik", flüstert Sakkara. „Sie ist nicht tot."

Eirik, der gerade im Begriff ist, die Türe zuzuschlagen, hält inne. Sakkaras Worte dringen in seinen Kopf. Er packt sie grob am Arm, zieht sie ins Zimmer zurück und schließt die Tür. „Was hast du gesagt? Habe ich dich richtig verstanden?"

Sakkara lächelt. „Ja, Eirik, das hast du. Sie ist nicht tot."

Eirik steht da wie gelähmt. Als er Sakkaras Lächeln sieht, lächelt auch er, schnappt sich die Seherin, hebt sie hoch und dreht sie mit sich im Kreis. Er lacht laut – hört dann aber abrupt auf. „Aber was ist dann mit ihr? Sie sieht so leblos aus. Ihr Herz schlägt nicht mehr."

„Ich wusste, dass Ares sie töten wollte, und zwar mit dem Gift Serra, das sie sich heimlich besorgt hat. Ich habe in einem unbeobachteten Moment die Flüssigkeit gegen Bloom ausgetauscht. Bloom fährt alle Körperfunktionen desjenigen herunter, dem es verabreicht wurde. Etwa einen Tag lang sieht es so aus, als wäre derjenige tot. Danach jedoch nimmt sein Körper nach und nach alle Vitalfunktionen wieder auf."

„Den Mächten sei Dank!" Eirik ist zutiefst erleichtert. „Danke, Sakkara. Danke, dass du ihr Leben gerettet hast. Danke, dass ich sie nicht verloren habe."

„Moment, Eirik, das, was du annimmst, stimmt nur zum Teil."

Eirik runzelt die Stirn. „Was meinst du damit?"

„Bloom hinterlässt Spuren."

„Was für Spuren?" Seine Miene ist erneut sorgenvoll.

„Es löscht das Gedächtnis."

„Wie weit löscht es das Gedächtnis?"

„Das weiß ich nicht. Wenn wir Glück, haben nur ein paar Tage."

„Ein paar Tage? Das heißt, sie wird sich an nichts mehr erinnern? Sie wird sich an mich nicht erinnern?" Eirik sackt in sich zusammen.

„Ja, Eirik, so wird es vermutlich sein. Ich fürchte, sie wird nicht wissen, dass du existiert."

Eirik fährt sich mit den Händen durchs Haar und stößt einen Fluch aus.

„Es hat auch sein Gutes", versucht Sakkara ihn zu beruhigen. „Eleonora kann einfach in ihr altes Leben zurückkehren und das alles hier hinter sich lassen."

Eirik nickt und sagt erst mal nichts. „Und jetzt? Wie geht es weiter?", fragt er nach einer Weile.

„Wir müssen sie zurückbringen."

„Aber wie?"

„Ich zeige dir ein geheimes Portal, das ich öffnen und wieder schließen kann."

„Du kannst ein Portal öffnen und schließen? Wie ist es möglich, dass eine einfache Seherin wie du so viel Macht hat?"

„Eirik, bitte frage mich nicht. Hast du genügend Kraft, dass du Eleonora auf den Berg Tanem bringen kannst?"

„Ja! Ich denke, ich schaffe das."

„Gut, dann zeige ich dir einen Plan. Darauf ist eine Höhle, und in diese bringst du sie. In dieser Höhle kann ich ein Portal zu einer anderen Höhle öffnen."

Eirik denkt kurz nach. „Du meinst die Höhle, in der Eleonora auf die Welt gekommen ist?"

„Ja, genau diese Höhle. Ihre Eltern warten dort bereits, ich habe ihnen Bescheid gegeben."

„Gut, dann zeige mir jetzt den Weg."

Sakkara lehnt ihre Stirn gegen die von Eirik. Sie übermittelt ihm aus ihrem Kopf den genauen Weg aus der Vogelperspektive in seinen.

Eirik nickt. „Ich weiß wohin. Aber, Sakkara, wie machst du das? Du hast weit mehr Gaben als eine einfache Seherin."

„Bitte frage nicht. Lass uns nur an Eleonoras Wohl denken."

Eirik hat noch so viele Fragen, doch er weiß, dass es jetzt gut sein muss. Eine letzte Frage stellt er aber noch: „Warum bist du Seherin der Lakes? Ich würde es sehr begrüßen, dich als Seherin haben zu dürfen."

Sakkara lächelt. „Das ehrt mich, Eirik. Aber ich werde damit aufhören, als Seherin zu dienen. Ich werde Granadas Posten übernehmen. Sobald es offiziell ist, werde ich nur noch in der Menschenwelt verweilen – als Wächterin."

Eirik nickt.

„Und nun verliere keine Zeit, Eirik. Ich warte in der Höhle auf dem Berg Tanem auf dich."

Eirik rätselt, wie Sakkara dort hinkommen wird. Aber er fragt nicht. Er ist sich sicher, dass er wieder keine Antwort bekommen würde.

Sakkara begibt sich zur Zimmertür und öffnet diese vorsichtig. Sie überprüft, ob die Luft rein ist. Dann huscht sie hinaus und verschwindet.

Eirik starrt auf die Tür. Er zuckt kurz zusammen, als diese ins Schloss fällt. Als ob ihn das Geräusch aufgerüttelt hätte, eilt er zum Bett. „Meine liebe Eleonora. Darf es wirklich wahr sein, dass du lebst?" Er legt den Kopf auf ihre Brust. Er hört nichts. Er nimmt ihren Arm und fühlt nach ihrem Puls, spürt aber nichts. Er versucht ihren Atem zu spüren. Aber da ist nichts. Skeptisch schaut er sie an. Doch dann hebt er nochmals ihren Arm. Er lässt sich ganz einfach bewegen. Freudig bewegt er ihr Handgelenk hin und her. Mit jeder Bewegung strahlt er mehr.

Keine Starre ... Eleonora, du lebst! Meine Liebe lebt!

Schnellen Schrittes begibt er sich zur Balkontür und öffnet sie. Eilig geht er zurück zu Eleonora. Er dreht sie auf den Rücken und steigt auf sie drauf. Als er seine Stirn gegen den Metallring ihres Halischmas lehnt, vereinen sich ihr

Halischma und sein Halischmo. Beschwerlich schleppt er sie zum Balkon und hält Ausschau am Himmel. Auf keinen Fall will er Wachen begegnen. Als er sicher ist, dass ihn niemand beobachtet, lässt er seine Flügel wachsen und fliegt mit Eleonora los. Er fliegt so schnell er kann. Erst einmal will er nur weit weg vom Schloss. Permanent kontrolliert er sein Umfeld, um sicherzugehen, dass ihm niemand folgt. Sein Vorteil ist, dass er in eine Gegend fliegt, die sehr dünn besiedelt ist und in die sich niemand freiwillig begibt. Die Gegend kommt einer Wüste gleich. Erst als das Schloss außer Sichtweite ist, fliegt er etwas ruhiger.

Nach mehr als zwei Stunden, in denen er ohne Pause geflogen ist, spürt er, wie seine Kraft langsam nachlässt. Er ist froh, dass in der Ferne bereits der Berg Tanem zu erkennen ist. Eine freudige Nervosität macht sich in ihm breit. Er weiß, dass er schon sehr bald seine Liebe ans Ziel gebracht haben wird. Er weiß, dass er sie bald gerettet hat. Er weiß, Ares wird Eleonora nicht mehr verfolgen, schließlich weiß sie nicht, dass Eleonora noch lebt. Augenblicklich denkt er an ihre erste Begegnung zurück. Er fragt sich, wann eigentlich der Moment war, in dem er sich in sie verliebt hat. War es, als sie ihn aus dem Wasser gerettet hat? Ihre Schönheit fiel ihm bereits auf, als er sie auf dem Rad fahren sah. Sie fuhr diesen Berg hinunter und streckte ihre Arme weit von sich. Sie hob ihr Gesicht dem Himmel entgegen und das Sonnenlicht spiegelte sich fast auf ihrer Haut. Da konnte er schon seinen Blick nicht von ihr abwenden. Er hätte sich auf seinen Hochzeitstanz konzentrieren sollen, doch er konnte es nicht. Eleonora hatte ihn da bereits in ihren Bann gezogen. Aber ab wann war es

Liebe? Er weiß es nicht genau. Seine Gedanken helfen ihm, sich abzulenken. Abzulenken von der Anstrengung, mit der er Eleonora ihrem Ziel näher bringt. Der Berg ist zum Greifen nahe. Es ist nicht mehr weit. Gleich hat er es geschafft.

Keine Sorge, Eleonora ich bringe dich in Sicherheit. Ich bringe dich zurück in dein altes Leben. Ich werde für uns beide leiden. Hauptsache, dir geht es gut. Die Erinnerungen an unsere schönsten Momente werden mir die Kraft geben, um weiterzumachen und meinen Pflichten nachzugehen.

Eirik sucht. Er sucht den Höhleneingang. Der Weg ist fest verankert in seinem Gedächtnis, gerade so, als wäre er schon Tausende Male dort gewesen. Da! Er entdeckt den Eingang. Er fliegt schnell, aber nicht zu schnell. Er weiß, dass seine Kraft am Limit ist, und er will kein Risiko eingehen. Kurz bevor er landet, schiebt er den einen Arm unter Eleonoras Kopf und den anderen unter ihre Kniekehle. So kann er leichter landen. Geschafft! Er hat festen Boden unter den Füßen. Er keucht. Er bekommt fast keine Luft mehr. Schweißperlen tropfen von seinem Körper. Er zieht seine Flügel wieder ein.

„Eirik, du hast es geschafft, den Mächten sei Dank! Komm schnell, ich helfe dir." Sakkara kommt aus der Höhle und geht direkt zu Eirik.
Das Halischma und das Halischmo lösen sich voneinander. Jedes formt sich wieder um den eigenen Besitzer.
Eirik kann nicht reden. Er kann fast nicht mehr atmen, aber er lässt Eleonora nicht los. Mit letzter Kraft folgt er Sakkara in die Höhle. Erst kann er nichts erkennen, doch als sie tiefer in die Höhle gehen, entdeckt er Fackeln, die den Weg

ausleuchten. Nach einigen Gehminuten sieht er das grüne Licht eines Portals.

„Können wir mit ihr denn eintreten?", fragt Eirik besorgt. „Ist das nicht gefährlich für Eleonora? Sie dürfte doch eigentlich nur aus eigenem Willen eintreten."

„Genau deshalb müssen wir zu dritt durch", antwortet Sakkara. „Eirik, du trägst sie und ich gebe ihr den Willen."

Eirik versteht nicht, aber er vertraut Sakkara.

Sakkara ergreift Eleonoras Hand. Sie schließt die Augen und murmelt etwas. Dann gibt sie ein Zeichen, damit sie eintreten können. Gemeinsam betreten sie das Portal. Eiriks Körper krampft. Er ist fast nicht mehr in der Lage, Eleonora zu halten. Die Anstrengung, das Gewicht und das Zerren des Portals sind fast zu viel für ihn.

Nein, nein, ich lasse dich nicht los, Eleonora. Ich schaffe das. Ich bringe dich zurück in dein altes Leben.

Diesen Satz sagt er im Geiste immer wieder. Das gibt ihm die Kraft, die er braucht.

Sie werden langsamer. Eirik weiß, dass die Qual gleich ein Ende haben wird. Gleich hat er es geschafft. Gleich sind sie in Sicherheit. Weit genug weg von Ares und allen anderen. Er kann ihn schon sehen, den Ausgang.

Sie landen mit einem gekonnten Sprung. Als er sich aufrichtet, blickt er in die verquollen Augen von Eleonoras Eltern. Er schaut sich um und sieht, dass sie in einer anderen Höhle sind, die ebenfalls mit Fackeln ausgeleuchtet ist.

Allem Anschein nach hat Sakkara Eleonoras Eltern über alles aufgeklärt, sonst wären sie wohl überraschter.

„Leg sie hier hin, Eirik", hört er Eleonoras Vater sagen, der auf ein Bett aus Stein deutet. Es liegen Decken darauf.

Eirik geht ein paar Schritte und legt Eleonora vorsichtig ab. Seine Hände zittern.

„Bitte tritt einen Schritt zurück, ich möchte sie untersuchen", hört er wieder ihren Vater.

Er geht zurück und das schmerzt ihn. Nicht der Körper schmerzt ihn, sondern sein Herz. Er hat sie losgelassen und ihm ist bewusst, dass es endgültig ist. Er zittert am ganzen Körper. Sein Blick geht zu Eleonoras Mutter, die wie eine Statue dasteht und der Tränen die Wangen herunterlaufen. Er weiß, dass er schuld ist an all dem Leid, welches er dieser Familie zugefügt hat. Das bedauert er. Dann wandert sein Blick zu Eleonoras Vater. Er hat sich über sie gebeugt und untersucht sie. Plötzlich lächelt er. Sein ganzes Gesicht hellt sich auf.

Eirik atmet aus. Er weiß, dass dies ein gutes Zeichen ist.

„Anni, sie lebt", haucht Paul. „Sie lebt, Anni! Sie ist sehr schwach, aber sie lebt!"

Anni lacht und weint gleichzeitig. Sie geht an Paul vorbei, beugt sich über Eleonora und streichelt ihr Gesicht.

„Ich rufe jetzt die Bergwacht", sagt Paul. „Ich schätze, dass sie in einer halben Stunde hier sein werden. Sie helfen uns, El runterzubringen." Er sucht nach seinem Mobiltelefon.

Sakkara wendet sich Eirik zu. „Es ist Zeit für dich. Eleonora sollte dich nicht sehen, wenn sie zu sich kommt. Sie wird dich nicht zuordnen können. Sobald du durch bist, werde ich das Portal schließen."

Eirik nickt und blickt ein letztes Mal auf Eleonora.

Sakkara greift nach seiner Hand. „Warte, ich möchte dir etwas Energie zurückgeben." Sakkaras und Eiriks Hand umgibt wieder dieses Licht. Eirik hört auf zu zittern.

Dann sagt Sakkara: „Eirik, du darfst dich gern von Eleonora verabschieden. Ich bin mir sicher, Paul und Anni haben nichts dagegen."

Sofort springen Paul und Anni auf und treten ein paar Schritte zurück. Paul hat das Handy bereits am Ohr. Eirik hört, dass er etwas hineinspricht, aber er achtet nicht darauf. Anni hält sich an ihrem Mann fest.

Eirik geht auf Eleonora zu. Er sieht fast nicht, wohin er tritt. Seine Augen sind voller Tränen. Er schaut sie an. Ihre Wangen sind leicht gerötet. Es bricht ihm das Herz zu wissen, dass er sie nie wiedersehen darf. Er beugt sich zu ihr herunter und küsst sie auf den Mund. Ein letzter Kuss. Ein letztes Mal spürt er ihre warmen, weichen Lippen. Er lehnt seine Stirn gegen ihre und bedankt sich.

Danke.

Er atmet tief ein und aus. Er hört sein eigenes Wort wie ein Echo durch seinen Kopf hallen. Schweren Herzens löst er sich von ihr. Er richtet sich auf und geht in Richtung des Portals. Eleonoras Vater nickt ihm mit freundlichem Blick zu. Anni weint noch immer. Eirik nickt zurück. Noch einmal schaut er zu Eleonora.

Ich werde dich nie vergessen ...

Mit diesem Gedanken betritt er das Portal. Er schließt die Augen und spürt die Geschwindigkeit. Freud und Leid haben den gleichen Weg genommen. Wie oft hat er den Spruch von seinem Vater gehört, immer dann, wenn er fragte, warum seine Mutter gestorben sei. Jetzt spürt er es selbst. Er spürt die Freude und das Leid. Er will das nicht. Er will nichts fühlen. Er darf nichts fühlen. Er lebt nur für das Wohl des Volkes. Das ist seine Aufgabe und dieser wird er sich nun endgültig fügen.

Eirik spürt, dass er langsamer wird. Er öffnet die Augen und landet. Er tritt aus dem Portal. Er bleibt einfach stehen. Er weiß nicht, wie lange er steht. Er sieht, dass das Licht des Portals schwächer wird. Sogleich dreht er sich um und bemerkt, dass sich das Portal schließt. Er schaut zu, wie das Licht im Kreis immer kleiner wird. Bis es verschwunden ist. Bis ein dunkles Nichts vor ihm ist. Erst jetzt nimmt er wahr, dass die Fackeln ebenfalls nicht mehr brennen. Langsam begibt er sich in Richtung Ausgang. Er muss vorsichtig gehen, da er nichts sehen kann.

Irgendwann ist er draußen. Er schaut zum Himmel, sieht, dass die Sonne bald aufgehen wird. Er lässt seine Flügel wachsen und begibt sich in die Luft. So fliegt er zurück. Zurück zum Schloss. Zurück zu seinem Schicksal.

Eleonora wacht auf. Ganz langsam öffnet sie die Augen. Währenddessen hört sich das Wort „Danke", wie ein Echo hallt es in ihrem Kopf. Um sie herum ist es hell. Ihre Mutter sitzt neben ihr und hält ihre Hand.

„Hallo, mein Schatz", sagt Annie und weint.

„Mama? Was ist denn los? Warum weinst du?"

In diesem Moment geht die Tür auf und ihr Vater und Sakkara kommen herein. Eleonora sieht, dass auch sie ganz verquollene Augen haben.

„Papa? Tante Sakkara? Was ist denn los?"

Sakkara geht zu Eleonora und nimmt die andere Hand. „Hallo Liebes. Sag mal, woran erinnerst du dich?"

Eleonora überlegt. Ihr Kopf tut schrecklich weh. Dann fragt sie sich selbst, woran sie sich erinnert. „Hm, ich weiß nicht so richtig. Was ist denn heute eigentlich für ein Tag? Ich dachte, ich hätte morgen Geburtstag. Aber wenn du schon da bist, Tante Sakkara, dann habe ich wohl heute Geburtstag. Oder?" Ich verstehe das alles nicht. Was ist denn passiert?"

Paul, Anni und Sakkara schauen sich an.

Paul räuspert sich. „Es ist so einiges passiert. Eleonora, dein Geburtstag liegt schon über eine Woche zurück. Du bist gestürzt und anfangs sah es so aus, als wärst du in Ordnung. Du hast sogar angefangen, im Granny's zu arbeiten. Aber dann ..." Paul stockt.

Sakkara übernimmt das Wort. „Aber dann hat sich herausgestellt, dass du dir den Kopf viel stärker gestoßen hattest, als wir alle angenommen haben. Du bist in eine Art Koma gefallen. Wir sind sehr froh, dass es dir nun wieder besser geht."

Wieder räuspert sich Paul. „El, du hast einen Gedächtnisverlust erlitten. Kann sein, dass du dich nie wieder an die letzten Tage erinnern wirst. Das solltest du auch nicht versuchen."

Eleonora schaut zu Anni, der ununterbrochen Tränen über die Wangen laufen. Sie lächelt ihre Mutter an. „Mama, mir geht es gut." Mit einem Blick in die Runde fragt sie: „Wie habe ich denn mein Gedächtnis verloren?"

Paul ergreift das Wort. „Du bist mit deinem neuen Rad gestürzt."

„Oh, ich hab ein neues Rad?"

Paul lächelt etwas verlegen und nickt.

„Und ich habe wirklich schon im Granny's angefangen?"

Paul nickt wieder.

„Wie lange war ich denn im Koma?"

„Zu lange", antwortet Sakkara.

„Und wann kann ich wieder ins Granny's gehen, um zu arbeiten?"

„Eleonora, wir müssen dir noch etwas sagen", meldet sich unerwartet Anni zu Wort.

Eleonora schaut ihre Mutter an.

„Granada wurde überfallen."

„Oh. Haben sie etwas gestohlen?"

„Schlimmer, Anni. Granada wurde dabei tödlich verletzt."

Geschockt reißt Eleonora ihre Augen auf und starrt ihre Mutter an.

„Es gibt noch eine kleine Überraschung", sagt Sakkara.

Neugierig schaut Eleonora zu Sakkara.

„Ich werde das Granny's übernehmen und fortan im gleichen Ort wohnen wie ihr."

„Das ist ja wundervoll! Ich meine, es tut mir echt leid, was mit Granny passiert ist." Eleonora ist total verwirrt.

„Schon gut, El. Das zeigt nur, wie gern Freud und Leid den gleichen Weg nehmen."

Eleonora empfindet alles als sehr durcheinander und seltsam. Die drei starren sie an, und jedes Mal, wenn sie den Blick erwidert, scheint diejenige Person verlegen zu sein. Ihr Mittelfinger der rechten Hand schmerzt. Sie nimmt ihre Hand hoch und schaut sich den Finger an. Er ist geschwollen, blau und pocht. Sie entdeckt eine kleine Schnittwunde. „Was ist denn das? Habe ich noch mehr Verletzungen?"

Paul kratzt sich am Hinterkopf. „Ich weiß auch nicht so genau, wo du dir diese Verletzung zugefügt hast. Deine anderen Verletzungen sind übrigens bereits abgeheilt."

Eleonora nickt und gähnt. Von der einen Sekunde auf die andere wird sie unheimlich müde.

Anni beugt sich nach vorn und gibt ihr einen Kuss auf die Stirn. „Ruhe dich aus, Eleonora. Die letzten Tage waren sehr anstrengend für dich. Du hast viel erlebt und wieder vergessen. Wir lassen dich jetzt in Ruhe und gehen raus."

Eleonora erwidert nichts. Sie schaut zu, wie ihre Eltern und ihre Tante langsam das Zimmer verlassen.

Viel erlebt? Alles wieder vergessen? In was für einem Wahnsinn bin ich hier? Jedenfalls bin ich sehr müde ...

Eleonora gähnt und schläft sofort ein.

Sie träumt. Sie träumt vom Fliegen, aber dieses Mal ist es völlig anders. Es ist so real und sie fliegt nicht allein. Jemand ist bei ihr. Sie kann die Person nicht sehen, aber sie fühlt sich glücklich. Am liebsten würde sie immer und ewig weiterfliegen. Aber sie wacht auf – langsam. Zwischen Schlaf und Wachsein hört sie wieder das Echo. Das Echo des Wortes „Danke".

Nachwort

Danke.

Danke dafür, dass du dieses Buch in der Hand hältst.

Ich habe zwar Eleonora und all die anderen Charaktere erschaffen, aber erst durch dich sind sie zum Leben erwacht.

Beim Schreiben berührte mich jedes Gefühl, das ich beschrieb. Ich hoffe, dir ging es beim Lesen ähnlich.

„Aves" hat mich so in seinen Bann gezogen, dass ich mich nur mit Mühe und Not zurückhalten kann weiterzuschreiben. Die Fortsetzung drückt jedoch ständig in meinen Gedankenraum, und ja, mindestens die Hälfte eines weiteren Bandes ist bereits fertig gedacht.

Ich habe mir allerdings ein Ziel gesetzt.

Eine magische Zahl.

Es ist ein Wunsch.

Bitte hilf mir.

Hilf mir, meine magische Zahl an Lesern zu erreichen.

Bitte schenke mir ein „Like" auf Facebook und teile den Aves-YouTube-Trailer mit deinen Freunden.

Und ich verspreche dir eine fesselnde Fortsetzung.

https://de-de.facebook.com/dragana.thibaut

YouTube-Kanal: Dragana Thibaut

https://www.youtube.com/channel/UCTiRD4EjmHNNUlRgPa--3uw